Der Autor

Satyam S. Kathrein ist spiritueller Coach, Therapeut, Lehrer, Seminarleiter und Gründer der *Akademie für Lebensthementherapie* in München. Er ist bekannt aus Fernsehsendungen und Zeitungsartikeln zum Thema Gesundheit und hält Vorträge und Seminare in ganz Deutschland. Aus seiner jahrzehntelangen Erfahrung in den Bereichen Therapie, Energiearbeit und Meditation hat er das GYMNATION-Programm entwickelt.

Von Satyam S. Kathrein sind in unserem Hause erschienen:

Erlösung der Lebensthemen – Der Schlüssel zu Liebe,
Gesundheit, Berufung und Glück

Leben wie ein Buddha – Vom alltäglichen Umgang
mit dem Erleuchtungsweg

Reiki-Therapie

GYMNATION Gymnastik & Meditation

SATYAM S. KATHREIN

EGO-CRASH

KNACK DEN EGO-CODE!

Ullstein

Besuchen Sie uns im Internet:
www.ullstein-taschenbuch.de

Allegria im Ullstein Taschenbuch
Herausgegeben von Michael Görden

Umwelthinweis:
Dieses Buch wurde auf chlor- und säurefreiem Papier gedruckt.

Ullstein Taschenbuch ist ein Verlag
der Ullstein Buchverlage GmbH
© 2009 by Ullstein Buchverlage GmbH, Berlin
Umschlaggestaltung: FranklDesign, München
Gesetzt aus der Baskerville
Satz: Keller & Keller GbR
Druck und Bindearbeiten: GGP Media GmbH, Pößneck
Printed in Germany
ISBN 978-3-548-74441-4

Inhalt

Vorwort 9

Einleitung 11

Die Schrecken der Traumata 15

Panic Room, »heiliges Tabernakel«, die Selbstlüge vom
scheinbaren inneren Kern 22

Übergriff: Gewalt, Missbrauch – Hypnose, Zugangscodes,
Angst 26

Schluss mit dem Drama – die Traumata hinter sich lassen 33

Die Lebensthementherapie 47

Transformationsschritte 49

Transformation führt uns in die Liebe – Fälle aus der
therapeutischen Praxis 61

Kindliche Liebe – ich werde erwachsen 61

Traumatisierte Liebe – die wahre Liebe finden 67

Unglückliche Liebe – Transformation oder Wahnsinn 69

Leidenschaftliche Liebe – All-Eins-Stehen, in Liebe sein 85

Liebe – Freundschaft 98

Ich backe mir meinen Traumpartner! 100

Wahre Liebe, was ist das eigentlich? 100

Begegnung von Seele zu Seele – Liebe fließt! 106

Liebe im Spiegel der Lebensthemen 110

Sicherheit und Kompromisse 120

Illusionen – jeder spielt sein Programm 122

Der freie Wille – das universale Gesetz 129

Liebe und Angst als Instrumente der Lebensthemen 130
Die romantische Liebe – vom Traum zur Wirklichkeit 132
Schritte in die Liebe 139
Tantra – die hohe Kraft der Sexualität 142
Energiestopp – direkter Draht und der Knackpunkt 152
Sicherheitsdenken – der Verrat an sich selbst 156
Wenn die Liebe endet! 159
Wenn die wahre Liebe beginnt! 160
Intimität – Aufrichtigkeit riskieren 165
Intimität und tantrischer Raum 166
Liebe im Sinne von Religion, Politik und gesellschaftlichem
Wandel 170
Ehe, Familie und Kinder – zukunftsweisende
Alternativen 192
Gesunde Grenzsetzung – Traumata vermeiden 197
Partnerschaft in einer veränderten Gesellschaft 200
Körperliche, psychische und spirituelle Freiheit – für eine
glückliche Gemeinschaft 203
Die Kraft des Hier und Jetzt 217
Das Tabernakel – der Glaube daran, zu sein, was wehtat 224
Der Tod des Scheinselbst – die Auferstehung ins
wahre Sein 226
Das ewige Papa-/Mama-Syndrom 229
Der Elfenbeinturm – gefangen im Ego 234
Mein Alkoven – der geheime Schlafplatz 237
Ich bin Täter – die Heimzahlung des Unerlösten 240
Kontrolle oder Disziplin 243
Das Energiefeld der Entscheidung – die Schöpferkraft 244
Hingabe und Vergebung im kraftvollen Freiraum von
Gegenwärtigkeit 246
Gedankenstille – Meditation 248
Neue Energiebahnen – den Aktionspunkt verschieben! 251

Knack den Ego-Code mit der Lebensthementherapie 253
  Ego-Crash – das Seminar 253
Das Programm der Akademie 255
  Die Quantensprung-Seminare 255
  Nachfolgetreffen und Retreats 261
  Therapiesitzungen mit der Lebensthementherapie 261
  Die Lebensthementherapie: Ausbildung zum
    Therapeuten 262
  Die Quantensprung-Seminare: Ausbildung zum
    Seminarleiter 262
  Der Forschungskreis: Aufbruch ins Goldene Zeitalter –
    der Neue Mensch! 263
  Arbeits- & Lebensgemeinschaft für innovative
    Schulung e. V. 264
  GYMNATION – Gymnastik & Meditation 264
  Ausbildungskurse in der tibetischen Energie-Medizin 266
  Anschrift – Info – Anmeldung 269

Vorwort

Wohin führten und führen traumatische Ereignisse? Gibt es eine Lösung, eine Erlösung? Es scheint nur eine Antwort zu geben: So ist halt das Leben! Das hat mir im Alter von zwanzig Jahren jedenfalls ein kluger Arzt auf meine Fragen im Hinblick auf meine Ängste, Enttäuschungen und die Folgen meiner traumatisierten Jugendzeit geantwortet. Und er hatte irgendwie recht, so ist halt das Leben – so funktioniert das Leben halt! Ich verließ die Praxis, fühlte mich geheilt! Vorerst jedenfalls ging es mir wesentlich besser …

Doch diese Restschatten von Zweifeln, Angstlöchern und scheiternder Liebesbeziehung trieben mich weiter hinaus aufs offene Bewusstseinsmeer. Hinter die Kulissen von Konsequenzen kaum aushaltbarer Geschehnisse der frühesten Kindheit. Mein kleines Lebensboot wurde damals so gut wie immer von mir angeblich nahe stehenden Schiffen bombardiert. Sie entpuppten sich als Galeeren der Sklaverei. Mein Lebensfluss war voll von diesen feindlichen Booten, kaum eine Nische des Rückzugs blieb.

Jahrelang studierte ich die westlichen und östlichen Psycho- und Weisheitslehren, um zu meiner großen Freude letztendlich vollends hinter die Dimension des Sinns des Lebens zu gelangen. Meine Forschungsarbeit eröffnete mir Einsichten in die tiefsten Ebenen menschlichen Daseins: in den Urgrund einer Entwicklung, die seit Anbeginn der Erdenzeit unaufhörlich weiterläuft und mit den Jahrtausenden in die Evolution vom Neandertaler zum Buddha, den erleuchteten Meistern, überging. Diese einzigartigen Unikate der

Seelenreife versuchten immer ihr Bestes, wollten den Bewusstheitsgrad der Mitmenschen erfolgreich anheben. Es gelang allerdings meist nur relativ geringen Kreisen rund um einen Erwachten der Durchbruch zur höchsten Transformationsklasse.

Ganz anders im Heute: Die Zeit scheint trotz aller Widrigkeiten reifer denn je für ein mehrheitlich geistiges Wachstum, einen Quantensprung des Kollektivs, das Erwachen vieler gleichgesinnter Erdenbürger in ihre Buddha-Natur!

Um den größtmöglichen therapeutischen Erfolg bei traumatischen Folgen sicherzustellen, haben Therapeuten, Psychologen, Lebensberater und andere in diesem Bereich Tätige das Ganze, den Sinn des Lebens mit in Betracht zu ziehen. Ohne diesen ganzheitlichen Ansatz bleibt Therapie ein unvollkommenes Fragment. Es geht nicht darum, den Menschen in ein System rückzugliedern, sondern der Sinn des Lebens, die Lebensthemen, Berufung und Lebensvision stehen vielmehr im Mittelpunkt.

Dieses Buch möchte Einblicke in die hohe Kunst der Verwandlung von Traumata vermitteln und den Bereich der Liebenden beleuchten, in dem kurz vor der Glückseligkeit die Angst noch dermaßen hohe Schatten wirft, gleichermaßen von unbedarfter natürlicher Leidenschaft erzählen, die in authentisches All-Eins-Sein und den Höhepunkt des Tantra, die Meditation, fließt.

Es enthält die Art von Offenbarungen, die wir für ein Leben in Wahrheit, in glücklicher Zweisamkeit und dem stillen Sein in Frieden mit der Realität, so dringend benötigen. Sie können mit dieser Anleitung Ihr Ego crashen und sich selbst den Schatz der Selbstfindung offenbaren, bis hin in die unendliche Verbindung der liebenden Seele mit der göttlichen Instanz!

Einleitung

Sehnen, Hoffen, Wagen, Loslegen, Gefühle, sprudelnde Emotionen – von Anbeginn der körperlichen Präsenz auf diesem Planeten dreht sich alles um dieses unglaubliche Spüren und Erleben einer Energie, die sowohl im Inneren des Neuankömmlings als auch bei den anderen Erdenbürgern jeder Altersstufe eine dermaßen große Rolle spielt.

Selten erreicht und oft schmerzvoll vermisst, machen wir uns auf die Suche nach der wirklichen, einmaligen, nie endenden Liebe unseres Lebens. Wir müssen die Widerstände und bitteren, schlimmen oder peinigenden Kindheitserlebnisse und ihre Folgen überwinden, Trauma um Trauma ablegen, in immer höhere Sphären aufbrechen.

Denn die Erfahrung lehrt, dass sinnvolle Wachstumsschübe einen Teil des Erdenlebens darstellen, sie sind als wichtig einzustufen, da sie in Richtung Transformation weisen. Es steckt eben mehr dahinter, als erkennbar einleuchtend von den Altvordern zu diesem Thema vorgetragen wurde.

Es geht letztendlich um die alles umfassende höchste Form der Liebe ohne Ego-Schatten. Die Liebe, die sich selbst findet, die in die erfüllte Zweisamkeit trägt und sich übersprudelnd in die Herzen der Menschen ergießt. Die nur ein unabhängiger, geläutert authentischer Mensch zu erleben imstande ist. Für die er sich aufgemacht hat, den mitunter beschwerlichen Pfad des persönlichen Wachstums voranzuschreiten!

An dieser Stelle treffen die so wertvollen Grundfeste einer glücklichen, erfüllten Erdenliebe mit der himmlischen Dimension ihre Übereinkunft, bilden ein dreischenkeliges Gebilde gleicher Werteinheit, der Liebe, Freiheit und Meditation.

Vorbei das Verzehren nach Energie aus eventueller Unterernährtheit vergangener finsterer Tage. Der Mensch hat gelernt, sein Schicksal erkannt, einen Blick in die Mysterien des Lebens geworfen und nimmt voller Verantwortungsbewusstsein die Transformation bis zum erfolgreichen Ende in die eigenen Hände. Man kann von höchstem Ankommen sprechen, das ist die Art Liebe, für die es sich wirklich lohnt zu leben und die vor allem für jeden erreichbar ist!

Das Einzige, was wir dazu brauchen, erzeugt der unabdingbare Wille, etwas anderes als bisher kennenzulernen und dann ungeniert voranzuschreiten. Oder wie es bei den Bremer Stadtmusikanten heißt: »Etwas Besseres als den Tod werdet ihr überall finden!«

Denn wer kennt sie nicht, zum Beispiel die langen frustrierenden Zeiten, die nach den ersten Wochen einer neuen Liebschaft fast automatisch über einen hereinbrechen – the honeymoon is over! Ähnliche Nuancen unserer persönlichen Geschichte können wir hier alle beisteuern!

Aber mit dem Überwinden anfänglicher Unwissenheit und dem Annehmen der Auseinandersetzung mit der diesbezüglich individuellen Lebensthematik entsteht in jedem Menschen ein Tor der Begegnung!

Ein Durchgang hinauf auf die Ebene der höchsten Liebesfähigkeit. In dem so bereiteten Nährboden treffen irgendwann die stimmigen Seelenpartner wirklich erfolgversprechend aufeinander, die lang erträumte innige Verschmelzung zweier authentischer Wesen beginnt!

Manch einer hat allerdings jetzt bereits die selig machende gedankliche Stille in tiefer Meditation erfahren, sodass ihn die goldene Zweisamkeit dieser Art nicht mehr allzu sehr verlockt! Das All-Eins-

Sein formt die sich selbst genügende Ausgeglichenheit der männlichen und weiblichen Energien. So geschehen bei vielen Buddhas, die auf Erden wandelten. Sie fanden die Vollendung in sich selbst und benötigten zur Erfüllung nicht mehr das andere Geschlecht. Doch dies ist kein unbedingtes Muss!

Wir brauchen jedenfalls jetzt für das Erreichen der höchsten Liebesebene erstens sehr viel Mut und zweitens die Informationen über die Mysterien der Liebe, die geheimnisumwobene Realität dieses ewigen Rätsels, der unendlichen Liebe des göttlichen Universums in uns, durch uns und um uns herum.

Genau diese göttliche Verbindung, das Aufgehobensein, erfährt man nur im Hier und Jetzt. Zu jeder Zeit können wir so im köstlichen Zustand des erlösten All-Eins-Seins, der unabhängigen Freiheit mit der tiefen Gedankenstille der Meditation, schwingen. Die synergetische Kraft der Liebe verbindet uns mit dem Partner, den Kindern, der Familie, mit Freunden und Arbeitskollegen und all denen, die in Begegnungen diese freudvolle Form des Miteinander teilen. Und das Beste daran? Völlig ohne Ego!

Die Schrecken der Traumata

Traumatische Schrecken verändern den Menschen, ob jung oder alt. Da ein Großteil der Menschheit mit Übergriffen von außen konfrontiert wird, trifft die Behauptung zu, dass dadurch so gut wie niemand in der Authentizität seines wahren Seins steht.

Aufarbeitung, Erklärungsversuche, Heilung, Transformation geschehen vergleichsweise selten, da die Familiengeheimnisse oder Scham und Schande lieber in der Dunkelheit und Verdrängung gehalten werden, als dass die geschlagenen Wunden an der Luft und im Licht heilen.

Dazu werden die Opfer bewusst oder unbewusst von den Tätern so zu Tat und Täter gestellt, dass diese meist unerkannt ihre zwanghaften Taten über diverse Zeiträume fortsetzen und damit die gesunde Individualität des Gepeinigten zerstören. Ob in der Kindheit im Elternhaus, dem Umfeld oder der Schule, lediglich die Spitze des Eisberges wird an der Oberfläche ersichtlich.

Die Zeitungen sind voller konkreter Fälle, doch wie weit der Handlungsbedarf einer psychologischen Aufarbeitung wirklich reicht, bleibt ebenso im Dunkeln. Nach meinem Ermessen liegt die Dunkelziffer in der Bevölkerung bei 98 Prozent!

Der weitverbreiteten Vorstellung, über Angst machenden Gehorsam Abhängige gefügig zu halten, wird leider weithin viel zu wenig widersprochen. Und das Elternhaus gilt als Tabuzone. Das elterliche Hoheitsrecht ließe sich leicht als despotischer Hofstaat bezeichnen. Man glaubt es kaum, in wie vielen Familien energetische, körperliche und sexuelle Übergriffe an der Tagesordnung stehen. Generationenübergreifend pflanzt sich die Opfer-Täter-Opfer-Reihe fort, erschafft fortwährend kriminelle Verstöße gegen die Menschlichkeit. Überholte Weltanschauungen und religiöse Eingrenzung beeinflussen ebenfalls die Freiheit der Erdenbürger. Elternhäuser sind nach wie vor die größten Brutstätten für Manipulation, Unterdrückung, Energieraub, Abhängigkeit, Ersatzbefriedigung, ödipale Übergriffe, selbstverständliche Errichtung lebenslanger Zugangscodes, damit Kinder auch im Erwachsenenalter die Abnabelung unterlassen, zum Selbstbedienungsladen der Eltern mutieren.

In den meisten Fällen des Übergriffs verlieren die Opfer innerlich den Bezug zur Realität, leben fortwährend in einem Scheingebäude, ihrem Drama-Kokon. Dabei kommt es dann oftmals noch zusätzlich zur krankhaften Verbrüderung mit dem Despoten und der Schuldübernahme seitens des Opfers. Das alles geschieht unter den Augen der Öffentlichkeit, doch unbesehen tut man so, als hätte alles seine Ordnung.

Und man beachte hier bitte auch die Gutmenschen, die über die Hintertür der Manipulation von Mann/Frau, Kindern etc. ihre eigene Politik verfolgen! Dem kann man erst recht nicht vertrauen, im Gegenteil, man muss hier noch genauer hinschauen, um den vielfach innewohnenden Ego-Missbrauch aufzudecken!

Dass wir Menschen so sehr an unseren Sicherheitsbereichen festhalten und keine Veränderung wünschen, ist die eigentliche Katastrophe. Trotz besseren Wissens halten wir Dinge aufrecht, die viele Menschen ins Unglück stürzen, so als ob niemand dafür verantwortlich wäre. Beschäftigen wir uns doch ganz kurz mit folgenden Fragen:

• Warum wird so vieles für das Wohl der Menschen nicht geändert?

• Wem dient das Festhalten an Unsinnigem?

• Kann ich anders entscheiden?

Die Antwort ist ganz einfach! – Wir alle sind aufgerufen, zu handeln, Zivilcourage zu zeigen!

Vergessen Sie nicht die Tatsache, dass wir alle Seelenwesen sind, die ihren Entwicklungsweg beschreiten. Die uns anvertrauten Kinder, die durch uns auf die Erde gelangen, sind ebenso weitgereiste Seelenwesen und nicht unser Eigentum. Wir haben die Verpflichtung und die Verantwortung, sorgsam im Sinne der Evolution als Begleiter zur Verfügung zu stehen. Den gebührenden Respekt vor der Spiritualität der Neuankömmlinge zollen wir am besten, indem wir uns selbst aus dem Drama-Kokon befreien und uns mit den Informationen zur Bewusstseinskristallisation bestücken, sie integrieren und uns als optimale Wegbegleiter auszeichnen.

Hilflosigkeit und dauerhafte Erschütterung von Welt- und Selbstverständnis sind die Folgen von grenzverletzenden Traumata, und zwar egal in welchem Alter. Absichtlich vom Täter herbeigeführte bedrohliche Situationen vermitteln dem Opfer sofort das Gefühl von Schutzlosigkeit. Die überwältigende Tateinheit versetzt unmittelbar in den Angstschock und führt zu einer panischen Umpolung im Inneren des Opfers, es lässt jede Kontrolle seines wahren Seins fallen, wird zum Spielball des Täters. Dazu gesellt sich dann das elende Gefühl des Versagens und des Makels. In besonders schweren Fällen findet keine aktive Informationsverarbeitung mehr statt. Das Opfer ist in gewisser Weise tot, die Selbstbestimmung zerstört. Angst bestimmt jetzt alles!

Es geht oft sogar so weit, dass die Angststruktur etwaige positive Ereignisse oder vertraute Menschen, die unmittelbar nach der Traumatisierung hilfreich sein könnten, völlig ausblendet. Der Strippenzieher Täter erreicht in vielen Fällen überdies, dass sein Opfer das eigene Leben und wichtige Freunde, die kurz zuvor noch eine große Hilfe und wichtig waren, plötzlich als Bedrohung ansieht und alles wunderbar Erlebte umdreht. Der Täter wird zum Guten, die Liebenden zu den Bösen...

Damit werden alle positiven Schätze vergraben. In der Abhängigkeit im Elternhaus zum Beispiel, wo Abnabelung kläglich scheitert, wird das Opfer von seinen Peinigern gnadenlos gezwungen, deren Realitätskonstruktion zu übernehmen. Der Gepeinigte muss es über die Personamaske gutheißen. Er ist für eine Flucht oder einen bewussten Auszug meist noch zu jung.

Es entsteht eine traumatische Bindung mit dem verzweifelten Versuch, über Unterwürfigkeit etwas Ruhe zu erlangen. Wenn die Gefahrensituation dann auch noch lebensbedrohende Züge annimmt, kommt es zu dem Phänomen der Hinwendung an den Täter um der Scheinhilfe, Ruhe, Fürsorge willen und sogar zur Übernahme der Sinngebung des Missbrauchenden.

Das Drama formt einen Ring der negativen Kraft um den darin Gefangenen. Wie immer die augenblickliche Situation auch ausgeht, der Mensch bleibt meist über Jahre vom Trauma umzingelt. Von seinen Erlebnissen verformt, braucht es die geballte Kraft eines Menschen mit einem starken Willen zur Veränderung, der die Ketten unter allen Umständen sprengen will, damit der Geschundene endlich in die Freiheit des selbstbestimmten wahren Seins zurückfindet oder aufbricht. Sowohl Täter als auch Opfer befinden sich hier ständig im Ego-Modus.

Das Unglaublichste dabei ist, dass, auch wenn die Bedrohung jahrzehntelang zurückliegt, der Betroffene nach wie vor exakt aus denselben damals entstandenen Ego-Mechanismen heraus handelt.

Der Evolutionsdruck der Seele antwortet zwar ständig darauf, um mit weiteren leidvollen Erfahrungen, guten Erlebnissen oder Zusammenbrüchen in eine andersartige gesunde Handlungsweise zu drängen, doch dessen ungeachtet versuchen die meisten, sich irgendwie vor dieser Aufgabe zu drücken, akzeptieren lieber ein Dasein unterhalb der menschlichen Würde, das heißt, harren in einer Lebenssituation aus, die dem Willen des wahren Seelenseins bei weitem nicht entspricht.

Wir können nun von außen eingreifen oder der Mensch sprengt die Ego-Ketten von innen. Doch wem die Befreiung gelingt, so muss er doch oft noch die recht lange anhaltende Hochburg des in seinem Inneren entstandenen Kunstgebildes des Ego-Sicherheitskokons im Auge behalten. Die Überwindungsangst vor diesem Bereich entspricht meist dem Schrecken der damals zugefügten und verantwortlichen Traumata.

Ein weiterer Punkt ist die seltsame Identifikation mit dem Pool des Leidens und das Gefühl des Verrats an dieser seelenähnlichen Ego-Kunstfigur. Diese vom Peiniger im Opfer eingeimpfte Struktur einer Stolperfalle für Aufräumung wird noch unterstützt von der Meinung des Opfers, mit den Mitteln, die ein Überleben zugelassen haben, nun auch dieses Elend irgendwann zu überwinden. Gerade das stellt sich dann allerdings als ausweglos heraus. Es ist lediglich der Gedankenmüll eines nach wie vor kraftvollen Opfer-Egos. Man muss tatsächlich Neues wagen, um erfolgreich sein Lebensthema zu transformieren!

Es ist schon merkwürdig, wie viele Täter sich auf der einen Seite genauestens damit auskennen, wie das »Computersystem« Mensch zu manipulieren ist, es sich weder wehren kann noch später die Verblendung der Taten durchschaut, und es dem Opfer und den psychologischen Fachleuten auf der anderen Seite unendlich schwerfällt, dieselben Bahnen für den Umkehrschwung, die Erlösung der Dramafolgen und die Transformation der darin enthaltenen Lebensthemen aufzudecken. Es bleibt also dem Opfer meist nichts anderes übrig, als mit den Folgen in einem ihm nicht gebührenden Leben weiter voranzuschreiten.

Völlig von Ersatzhandlungen des eigenen Ego eingenebelt, wie ferngesteuert, entdeckt man nicht sein wahres Sein, die wirkliche Berufung, auch Glück findet nur scheinbar statt. Das Horten von Dingen sowie ein unstillbares Bedürfnis nach Macht oder angstvolles Vermeiden von selbstständiger Lebensfähigkeit verstellt die Sicht auf das eigentlich Wichtige. Das, was den Menschen wirklich nährt, die Liebe, bleibt ihm verschlossen…

Eltern, Lehrer, Priester und alle, die als Täter von Übergriffen infrage kommen, wissen ganz genau, wie ein missbrauchtes Kind in tiefer Abhängigkeit gehalten wird, x-fach wird es sogar um diese Pseudoliebe betteln und trotzdem in späteren Jahren keine Ahnung haben, warum es ihm selbst ständig so »komisch« geht! Ja, oft genug bemerkt es nicht einmal, dass dem so ist!

Man möchte meinen, dass die Manipulierenden einen regelrechten Instinkt besitzen, wie sie unerkannt an die Energie des Opfers herankommen. Es liegt vielleicht sogar im Blut, in den Genen. Es sind dies mit großer Wahrscheinlichkeit Informationen, die sich in den Zellen der Menschen angesammelt haben. So, wie man als Neugeborener nicht bei Adam und Eva anfängt, sondern ein gewisses instinktives Grundwissen seit der Inkarnation in den neuen Körper mit sich trägt. Diese Informationen sind ein Teil des Körpers, entstammen der Ahnenreihe der Eltern!

Dieses angestammte Grundwissen kann nun so oder so benutzt werden. Als Weiteres lernt der neue Erdenbürger äußerst schnell, all die negativen Einflüsse seitens der prägenden Umwelt in Überlebensstrategien umzumünzen. Sehr früh bereits werden diese Mechanismen eingeübt und angewandt. Gegen wen? Brüder, Schwestern oder Klassenkameraden, aber ebenso, um das bisschen Restliebe bei Eltern, Lehrern etc. zu erwirtschaften, die es, um physisch existieren zu können, benötigt.

Und das Schlimmste daran ist, dass der derart Behandelte wie süchtig nach der Liebe der Peiniger im Elternhaus wird. Gerade weil diese nach Übergriffen ihre Energiebahnen komplett zurückziehen, bleibt eine geknechtete Seele zurück, die alles darum gäbe, um irgendeinen Energiestrahl, ob positiv oder negativ, vom »Angebeteten« zu erhaschen. Auch dies ist wiederum eine Energie, nach der die Peiniger süchtig sind. Damit wird das Opfer, mit jetzt wieder angelegten künstlichen Nabelschnüren, wie eine Kuh gemolken und seiner Lebenskraft beraubt.

Und wenn dann die wirkliche Liebe ihm tatsächlich in irgendeiner Form einmal begegnet, meidet sie das ehemalige Opfer meist, als ob sich dahinter das Böse versteckt. Lieber verkriecht man sich im bleiernen Niemandsland, wo keinerlei Gefühle herrschen. Dort und nur dort fühlt man sich zu Hause. Genau darum ist Heilung hier so immens schwierig.

Nicht weil da keine neuen positiven Lebenselemente wären, nein, der Klient stirbt lieber einen langsamen psychischen Tod, um über die vermeintliche, im Endeffekt vielleicht doch erwirtschaftbare »Liebe« des Vaters oder der Mutter im Paradies aufwachen zu können. Die feste Überzeugung, direkt von den Eltern oder einer Ersatzinstanz Pseudoliebe abzustauben, geht oft mit dieser geplagten Seele unter.

In einem Fall ging eine Klientin, eine Altenpflegerin, so weit, statt ihr Ego die ihr anvertrauten alten Menschen so zu knacken, dass diese wie hypnotisiert mit einem komischen Grinsen im Gesicht ihr alle Liebe spendeten, derer sie mit ihrem Trick habhaft werden konnte. Dabei zeigte sie sich im Inneren als eiskalter, diabolischer »Engel«. Zu echter Liebe war sie nicht fähig. Sie hielt wie drogensüchtig daran fest und ließ lieber alles Umgebende, was eher wahrer Liebe entsprach, zunichte werden. Sogar eigene Kinder können dieses Krankheitsbild meistens nicht erlösen.

In einem anderen Fall bewegt sich eine Mutter lieber an der Armutsgrenze, wurde Fußpflegerin und dann Altenpflegerin, weil sie als geplagtes Kind ganz selten zumindest den Fuß ihres Vaters für wenige Sekunden als Liebestentakel poussieren durfte – auf dem Boden rutschend und nach Liebe winselnd –, und später darauf hoffte, ihn im Alter zumindest pflegen zu dürfen. Doch der Vater will davon nichts wissen und so weiht sie ihr Leben lieber dem Untergang, als in das darin verborgene Lebensthema aufzuwachen und in die freie unabhängige Liebe aufzubrechen. Trotz spiritueller Literatur und aller möglichen Selbsthilfegruppen bleibt dieser Bereich für sie unerforscht. Damit hat die dunkle Ego-Seite der Macht stets bei ihr die Oberhand in allen Lebensfragen und die Seele ist eingeschlossen in einem Eisberg. Wer sie wirklich ist, kommt nicht zum Ausdruck.

Auch wenn wir mit der Lebensthementherapie dorthin einen Lichtkegel senden, ist es doch jederzeit der Klient selbst, der seinen Absprung ins wahre Sein bewerkstelligen muss. Und jede Seele hat stets ihren freien Entscheidungswillen. Ob man dafür Hilfe entgegennimmt oder nicht, die Transformationstür kann immer nur allein durchschritten werden!

Die besten Werkzeuge dafür sind der bewusste innere Beobachter, auch innerer Zeuge genannt, und die absolute Kraft, die nötig ist, um den Zustand der Transformation aufrechtzuerhalten.

Panic Room, »heiliges Tabernakel«, die Selbstlüge vom scheinbaren inneren Kern

Der häufigste Grund, warum sich Menschen vom Miteinander abhalten lassen, ist Unwissenheit über die Realität des Daseins, verbunden mit den damit untrennbaren Widerspiegelungen auf der individuellen Lebensbühne. Wir vermuten und handeln aufgrund unserer Erfahrungen der scheinbaren Deckungsgleichheit vom verletzten, traumatisierten inneren Kind und dem Platz der Seele.

Es existiert zwar schon etwas unserem innersten Kern Ähnliches, doch es ist nicht unser Wesen, sondern nur ein Kunstprodukt der Traumaprägung.

Es ist das von uns als so wichtig angesehene »heilige Tabernakel«, auch Panic Room genannt, ebenfalls als Teil des Ego unterwegs. Dort sind alle negativen Erlebnisse fein säuberlich aufgebahrt wie in einer Bibliothek des Grauens. Eingeigelt im hintersten Privatstübchen, umgeben mit einer starken Schutzhülle, immun gegen jegliche liebevolle Berührung, sitzt dort zuweilen ein Gnom, der beleidigte Wicht, unser verletztes inneres Kind, der innere Tyrann, und schluchzt seit Urzeiten gerne auch mal in dieser Nachbarnische seines eigentlichen Platzes vor sich hin.

Egal welche Wahrnehmungen nach einer schwierigen Kindheit erlebt wurden, diesen Platz der Trauer und der »gefühlten« Realität nimmt der Mensch als sein wertvollstes Inneres an. Sobald die Aufmerksamkeit in diese Ecke katapultiert, fühlt der kleine Tyrann in ewiger Kampfbereitschaft mitunter gute Gelegenheiten, zurückzuschlagen.

Das Wichtigste dabei ist allerdings, dass die ganze Chose im Unterbewussten abläuft und damit so gut wie nie dieses Elend wirklich infrage gestellt wird. Alle altbackenen therapeutischen Rettungsversuche oder sogar Berührungen voll der Liebe dringen selten bis in diese Tiefe vor, bleiben relativ oberflächlich. Das ist der Hauptgrund, warum viele Austherapierte, Meditationsgeschulte oder Selbstfinder auf den letzten Metern ihrer nahen Erlösung stranden. Bitteres Erwachen und doch keinen Rat parat haben löst ein verzagendes »Mehr war halt nicht drin« aus.

Der aktivierte Panic Room negiert im wahrsten Sinne des Wortes augenblicklich jegliche bewusste Stärke, sobald der Impulsknopf berührt wird. Das beendet sofort die Seelenkraft des wahren Seins, wenn man nicht mit einer geballten Bewusstseinspower gegensteuert. Dieser künstliche Raum hat eine ähnlich negative Ladung wie die Abwehrmechanismen, nur hoch zehn!

Wir befinden uns jetzt also dort unten oder weit hinten drin im Hoheitsgebiet der dunklen Seite der Macht, im sogenannten Panic Room. Ein Raum, gebildet durch panische Angst, als Schutzschild, letzte Instanz des Rückzugs damals in den Kindertagen, in den Augenblicken schrecklicher Traumatisierung. Erstellt als letzter

Überlebensraum vor dem scheinbar drohenden Tod, wie in dem gleichnamigen Kinofilm mit Jodie Foster.

Das Schlimmste daran ist nicht einmal die damals zeitgleich entstandene Dreiteilung in Tyrann, Personamaske und wahres Sein, sondern die heillose Identifikation mit diesem Panic Room als innerstem Wesenskern bis ins Heute. Akzeptiert als anscheinend gottgegebenes Tabernakel, das meist lebenslang unerkannt dafür sorgt, dass der hin und wieder transformationsbereite Mensch immer wieder in letzter Sekunde lieber das Weite sucht, statt seine Erlösungshürde mit einem gehörigen Sprung abzuschließen.

Angst, Angst, Angst, Wut und Trauer sind die vom Panic Room ausgesendeten Energiefäden. Der Betroffene wird aus dem eigenen Inneren förmlich zu Tode erschreckt und bleibt daher meist in den sicheren Grenzen des »Überlebenskokons«! Die Prägung hat einen Platz der lebenslangen Selbsthypnose geschaffen! Der angreifende Feind kommt längst nicht mehr von außen, sondern wir traumatisieren uns künstlich selbst, machen uns unnötig selbst Angst, halten uns im Ego gefangen! Und weil das alles unbewusst abläuft, ist dies der wahre Hauptgrund dafür, warum so viele Suchende versagen und die Evolution Jahrhunderte braucht, bis jeder Einzelne eine größere Drehung auf der Bewusstseinsspirale hinzufügt.

Der innere Tyrann fabriziert dort seine geheime Chefpartie. Er symbolisiert den Drachen auf seinem Schatz, als Hüter des Drachenhorts – des Panic Rooms.

Dies erklärt auch, wofür der Sucher jahrelange Qualen durchmacht. Genau dadurch entwickelt und lädt in ihm eine ungeheure innere Kraft ihre Energie, die sich dann in einem gewaltigen Sprung über individuelle Transformationshürden endlich Luft bereitet, entlädt. Mit Blitz, Donner und Getöse erschafft der Mutige einen ganz neuen Aggregatzustand. Der Drache ist tot, der Drachenhort verwandelt in leuchtendes Bewusstsein! Jetzt kann alles aufgedeckt, erkannt werden. Das war es also, was einem damals widerfuhr, was ganz hinten drin Überleben garantierte und zur Verselbstständigung einer bestimmten Selbstsicht führte. Von außen geprägt und eventuell zusätzlich von den mitgebrachten Aspekten der Wiederholung einer verweigerten Thematik aus früheren Leben unterstützt, führte dies in das aufgebauschte Ersatzgebilde des tatsächlichen Seelenseins.

Hinzu kommt aber noch ein weiterer Aspekt des Versagens: der persönliche dicke Trauerkloß des Makels, der Unwürdigkeit und Schuld, der als Sühne für nicht erschlossene Elternliebe ein miserables Leben verlangt. Eine grandiose Selbstgeißelung im Namen des damals im Inneren gewachsenen Herrschaftsbereiches des Panic Rooms und die Auswirkung der Dreiteilung in Personamaske, Tyrann und wahres Sein. Das entfacht relativ leicht die Herabsetzung des Hoheitsgebiets des wahren Seins. Was folgt, sind die Kapriolen des verletzten und mutierten inneren Kindes, des heute ausgewachsenen Tyrannen.

Ins Leben gerufen von den Quälgeistern der Lebensthemen, ist der Mensch ohne Transformation verdammt zur Marionette von Tabernakel und Tyrann bis an die Schwelle des körperlichen Todes. Daher diese gewaltige Masse von unerledigten Seelen auf unserem Planeten. Unwissenheit heißt der Energieträger der eingeschlafenen Transformationsvagabunden. Doch kein Mensch ist von Erlösungsaufgaben ausgenommen oder kann sich davor verstecken. Im Gegenteil, alle sind wir für das eigene und weltweite Seelenheil mitverantwortlich.

Doch auf Unwissenheit und Verblendung lässt sich gesellschaftlich die allseits geschätzte Heiligkeit einer Kirche des Leidens so großartig bauen. Damit stellt sich der vielerorts propagierte Kreuzweg von Krankheit und Misslingen einer Lebensvision als Verweigerung von evolutionärem Wachstum heraus. Es ist tatsächlich aber nur die heraufbeschworene Idiotie, lieber in den Zusammenbruch, den

Abgrund zu springen, als über die selbst erwählte Transformationshürde in die Glückseligkeit aufzubrechen.

Übergriff: Gewalt, Missbrauch – Hypnose, Zugangscodes, Angst

Eine relativ große Anzahl von Menschen entwickelt nur sehr bedingt ihr Dasein auf der Lebensbühne, sie können nicht bis in ihre hintersten inneren Ecken vordringen. Die Realität ihrer Traumatisierung wurde von den Übeltätern, den »Gehilfen« der Lebensthemen, geschickt im Panic Room versteckt.

Mit der Ausführung ihrer Taten installieren diese Misshandelnden geschickt gewisse »Stellwände« rund herum um die Tat, auf denen dann komplett andere Bilder entstehen, ähnlich einer Diashow. Damit wird eine Bewusstseinsspaltung initiiert, wobei das Opfer nicht mehr weiß, was Realität ist. Mit dem Schmiermittel der höchst bedrohlichen Todesangst wird dabei meist bereits im Kindesalter das Opfer so in einen inneren, unsichtbaren Kokon gepresst, aus dem ein Entrinnen schwer möglich ist. Wenn der Missbrauchte versucht, sich an das zu erinnern, was ihn unterschwellig in den Angstbereich befördert, tauchen höchstens die installierten Kunstbilder auf. Die Realität ist vertuscht!

Bei einem sexuellen Übergriff im Wald zum Beispiel kann das bedeuten, dass das Opfer auch im Erwachsenenalter gerne im Wald Pilze sammelt, aber wenn es sie dann essen soll, es ihn unbändig würgt und keinen Bissen hinunterschlucken kann.

Oder ein Mädchen wird von seiner Mutter als »ihr Püppchen« gehalten und mit ständiger Gewaltandrohung bis ins Erwachsenenleben energetisch vor sich hergeschoben. Die Abnabelung der Tochter kann nicht stattfinden, weil die Mutter die übergriffigen Zugangscodes zu ihr immer wieder aktiviert.

In anderen Fällen wiederum arrangiert sich das Opfer mit der Situation und beginnt, den langsam angebotenen kleinen Freiraum auszufüllen. In ganz klaren Verhaltensgrenzen darf es so etwas wie »Freiheit« wieder spüren. Allerdings muss es sich bewähren. Mit kleinen Tests wird scharf beobachtet, ob es zu Zuwiderhandlungen kommt. Bewährt sich das Opfer und findet sich mit dieser Situation ab, wird ihm erlaubt, das »neue« Leben zu führen, natürlich unter permanenter Aufsicht und weiterhin innerhalb genau vorgegebener Grenzen. Das Opfer kann dabei so in die Außenwelt gestellt werden, dass es scheinbar normal wirkt, und doch kommen bei näheren Bekannten und Freunden hin und wieder Zweifel auf, ob das hier Gespielte dem wirklichen Willen entspricht. Doch das Opfer kann sogar dazu gebracht werden, den Gewalttäter zu decken. Ein geschickt fein gesteuertes Netz von Lügen verbirgt dann die Dinge, die hier nur als hinterhältiges Verbrechen bezeichnet werden sollten.

Jeder von uns hat seine eigene Geschichte, seinen eigenen Kreuzweg hier beizutragen. Nach meiner Erfahrung ist nur eine sehr geringe Prozentzahl Menschen nicht von Übergriffen in ihrer Kindheit betroffen. So gering, dass es kaum ins Gewicht fällt. Deswegen ist es so wichtig, die Mechanismen aufzudecken und kriminelle Methoden zu erläutern, die weltweit gang und gäbe sind!

Davon erfahren, das Tabu des Schweigens brechen, Verständnis für den desolaten Bereich der Liebe entwickeln und damit zur Selbstaufräumung schreiten – dies hilft dem Betroffenen und den Tätern. Grenzen setzen, Verbrechen aufdecken und über die Anzeige auf eigentliche Hilferufe aufmerksam machen, dies könnte mit den richtigen Antworten beide Seiten in die Erlösung bringen.

Es gilt den Erkenntnissen ins Auge zu schauen und weiter auf der Spur zu bleiben, versteckte Übergriffe, dementsprechende Mechanismen und sonstige Manipulationen, Energieraub, Machtmissbrauch, Mobbing etc. ebenso als Tendenzen in dieselbe Richtung zu betrachten.

Freiheit ist das höchste Gut des Menschen! Höher als die Liebe! Nur wo fängt jetzt die Freiheit einschränkende Manipulation an? Es wirken die Konditionierungen seitens der konditionierten Eltern, die Kindergärten samt den konditionierten Kindergärtnern, das konditionierte Schulsystem, das nicht infrage gestellt wird, die Arbeitswelt mit dem ewigen Gesetz des Stärkeren und die Religionen mit ihren jahrhundertealten Dogmen.

Mehr Transparenz, Änderungswille, Einsatz für gesunde menschliche Werte, die das Glück aller ins Auge fassen, und dann über Experimente herausfinden, was eher zu dem führt, was alle wollen: Liebe, Gesundheit, Berufung und Glück – das ist angesagt!

Die von mir entwickelte Lebensthementherapie kann hier einiges bewirken. In den meisten meiner Therapiefälle haben wir es mit energetischen, psychischen oder körperlichen Übergriffen als Grundlage für eine lebenslange Schieflage zu tun. Und das erlebt fast jeder, der mal in sich, im Freundeskreis, unter den Bekannten oder Kollegen nachfragt. Die hohe Prozentzahl macht das ganze Ausmaß der Misere sofort klar. Somit können die Menschen gar nicht lieben, sind nicht fähig, das gewünschte Gold miteinander erlebbar zu gestalten.

Wo sollen sie es denn jetzt lernen, im Fernsehen, im Kino? Und was nützt die in den Medien angepriesene Art der Liebe, ohne dass die persönlichen Details der Lebensthemen aufgeklärt und erlöst werden? Nicht viel! Sie erweckt die zauberhaftesten Wünsche, Liebe und Sexthemen steigern die Auflagen, aber trotzdem stehen viele Liebende vor einem Scherbenhaufen. Und auch wenn es zu Trennung, Scheidung kommt, versucht man sein Glück immer wieder auf die gleiche Weise. Das nennt man dann Evolution, stimmt ja auch, aber mit dem Schneckentempo der Transformation braucht man hier für ein und dasselbe Thema als Seele mindestens zehn Leben.

Wenn eine Frau, statt ihrer Berufung zu folgen, unglücklich den Beruf ergreift, den auch der Vater ausübt, so versucht sie damit auch im Erwachsenenleben noch, endlich an die Liebesenergie vom Vater zu kommen, die sie schon als Kleinkind schmerzlich vermisste. Auch dem selbst traurigen und unerlösten, also nicht glücklichen Vater dient die Liebesverweigerung der Tochter gegenüber als lebenslange Energiegewinnung. Er hält Abstand und erntet die Verzweiflung der Tochter. Dahinter verbirgt sich natürlich wiederum eine Heimzahlung seitens des Vaters, der selbst keine Liebe bekommen hatte. Doch ob das nun bewusst oder unbewusst geschieht, es nimmt niemanden aus der Verantwortung! Die Tochter fühlt sich in ihrem Beruf niemals wohl und ebenso in der Wahl ihrer Liebschaften vergreift sie sich des Öfteren. Ein nicht endender Teufelskreis…

Der Ausstieg aus der Traumata-Kette gelingt meistens nur mit therapeutischer Hilfe. Die traumabedingte Spaltung der Persönlichkeitsstruktur erfordert, an die Hand genommen zu werden, um den Sprung aus dem Teufelskreis des Drama-Kokons erfolgreich anzugehen. Der eine Teil der Ich-Erfahrung fährt eine minimale Überlebensstrategie, klammert sich aus Angst vor weiteren traumatischen Angriffen an den begrenzten Raum des Dramas, der andere Teil fordert das Loslassen der alten Mechanismen, möchte sich in ein gesundes Sein fortentwickeln.

Bei sexueller Traumatisierung sprengt der Missbrauchstäter die Grenzen der sexuellen Selbstbestimmung und damit wird das Hoheitsgebiet eines intakten Selbstgefühls im Kern getroffen. Dabei verschiebt sich das innerlich erhabene Selbstverständnis, reagiert plötzlich genau umgekehrt. Das bis dahin angenommene Sein verschwimmt vor dem inneren Auge des Opfers. Nicht selten kommt es zu einer Realitätsverschiebung oder einer außerkörperlichen Wahrnehmung, als ob man das Geschehnis von außerhalb betrachtet. Eine Art Überlebensmechanismus lässt die Seele aus dem Körper fahren. Dort hat der Peiniger keinen Zugriff.

Noch lange nach dem Missbrauchserlebnis bleibt eine körperliche Gestörtheit bestehen. Freudvolle und freie Sexualität existiert nicht mehr. Wenn überhaupt, ist der Zugang zur eigenen Sexualität oft nur über die »negative« Schiene möglich – harter Sex bis an die Gewaltgrenze, sei es mit sich selbst oder mit dem Partner. Oder die Totalverweigerung gleicht einer Versteinerung.

Verwischende Grenzen bieten dem Täter die Gelegenheit, gerade bei Missbrauch in der Familie oder deren Umfeld, das Bild des »Liebens« und des Angstmachenden automatisch zu installieren. Wenn dabei ebenso bunte lustige Sichtblenden beim Kindesmissbrauch wie Kulissen hin und her bewegt werden, kann das Opfer nur mehr durchs Leben taumeln. Jegliche Stabilität ist ihm genommen.

Eine weitere Folge ist, dass man, statt sich konsequent gegen den Peiniger aufzubäumen, bei einer gänzlich unbeteiligten Person den ganzen Müll dieses Lebensthemas ablässt. Aber auch Selbstanklagen und Schuldgefühle von Seiten des Opfers führen nicht selten bis in den Selbstmord.

Wenn das Bewusstsein über die Erlösung der Lebensthemen wächst, verändern sich automatisch die Umstände! Dann braucht es keine Gewalt, Zerstörung. Dann bewegt uns die Liebe und das Licht! Einzig die Kraft des Bewusstseins kreiert den Einklang und das Gold der Liebe!

Als Träger einer Traumatabestimmung sollte man mit der Tatsache der universellen Realität arbeiten. Diese Tatsache besagt, dass wir nicht unser gemarterter Körper und Psyche sind, sondern eine unverletzbare Seele, die der verschiedensten Erfahrungen bedarf, um in ihr höchstes Bewusstsein aufzusteigen. Nichts kann also die Seele wirklich schädigen, es ist ihr goldener Kreuzweg, der zur Transformation führt.

Der Sinn des Lebens ist die Bewusstseinsentwicklung bis hin ins Christus-Bewusstsein, die Buddha-Natur. Wer das versteht, hat die Verpflichtung, diese Einsicht in neues Handeln umzusetzen. Der

Kokon des Dramas muss verlassen werden, genau dann erwächst eine freudig-fröhliche Stimmung im gesamten Energiesystem des Menschen. Das ist die Befreiung und der Mensch erschafft danach ein völlig neues Gebilde seiner selbst, das mit den alten Grenzen, Emotionen, Traumata und geprägten Mechanismen oder Vorstellungen nichts mehr gemein hat. Es erwächst ein neuer Mensch, entlastet, geläutert und zum Positiven verändert.

Schluss mit dem Drama –
die Traumata hinter sich lassen

Meist wälzen wir uns ein Leben lang in den Folgen unserer Traumata. Gänzlich identifiziert mit dem Spektrum der verbliebenen Seinsweise, ist ein Blick über den akzeptierten Tellerrand kaum denkbar. Wir befolgen vorgegebene Handlungsbahnen, als ob sie absolute Gültigkeit besitzen. Infrage stellen? Nein, niemals!

Oder doch? Die einzig richtige Antwort in Anbetracht der darin schlummernden Lebensthematik ist ein lautes und deutliches Ja.

Das Infragestellen bedeutet die lebensnotwendige Auseinandersetzung mit den von außen installierten Schatten. Das setzt allerdings das Wahrnehmen des daraus entstehenden eingrenzenden Kokons voraus. Und ob es bereits Zeiten gibt, die man außerhalb dieser Befestigungsanlage verbringt. Das sind die Tage, an denen man sich so richtig gut fühlt, an denen es einem gelingt, den Verstandesdialog abzustellen. Meditationsgeschulte freuen sich sehr über solche segensreichen Auszeiten.

Meist jedoch verzagen wir sogar noch nach der Ausbeute reichlich angestrebter Selbsterfahrungsseminare, ziehen irgendwann resigniert den Kopf ein, weil man an den Problemkern einfach nicht herankommt. Darüber hinaus neigt der Suchende dazu, sich solche Schulungen auszusuchen, die lediglich an der Peripherie herumdoktern.

Wer zufällig oder ganz bewusst trotzdem in sich gräbt oder geeignete kompetente Hilfe erfährt, blickt vielleicht das erste Mal in seinen inneren Ego-Moloch, das Drama der unaufgeräumten Lebensthemen, und erkennt: Das sind meine Schattenmechanismen, die mich jeden Tag in Atem halten, Konzepte, die mich von morgens bis abends über den inneren Gedankendialog unter Kontrolle halten und freies Handeln ausschließen.

Über die so erfolgreichen Eingangscodes Makel, Schuld und mangelnder Selbstwert verstehen es die eigenen inneren Abwehrmechanismen, jedwede Chance von Wachstum und Veränderung, den Austritt aus dem Drama und seinen Folgen abzuwürgen. Denn der innere Tyrann, ein absoluter Boykotteur von Glück und Liebe, hat, bevor er seinen erkorenen Stammplatz aufgibt, einiges heimzuzahlen, noch Rechnungen offen.

Es ist wie eine Sucht, die einen in den Abgrund zieht. In der zwischenmenschlichen Kommunikation spielt sich dies in diversen Kontrolldramen ab. Es geht dabei immer um Macht. Entweder holt es sich das Tyrannische über aggressives Auftreten oder man erliegt einem zusammengefallenen Energiehaushalt der Bedürftigkeit, was genauso als eine Art Ego-Macht zu verstehen ist. Aber auch eine Mischung von beidem ist möglich.

Wenn wir hier in Bezug auf das Krankheitsbild von Sucht sprechen, trifft das ganz genau den Punkt. Es lauert im Inneren wie eine hungrige Ratte auf sein Opfer oder wie ein Trüffelschwein schnuppert der immer noch innen beheimatete Ego-Tyrann, das vor langer Zeit verletzte innere Kind, nach Beute. Geschickt versteckt er sich hinter seinem Vorhang in einer Nische, wartet auf den Absprung. Wer seinem bewussten Beobachter jetzt auch nur eine kleine Auszeit gönnt, findet sich noch im selben Augenblick im Schlamassel der totalen Ego-Tätigkeit dieses Gesellen wieder, und nur wenn er Glück hat merkt er es überhaupt. Fehlt dieses Bewusstwerden gänzlich, driftet der Betroffene wahrscheinlich ständig unerkannt zwischen den Welten hin und her.

Ist der Bewusstseinsforscher bereits etwas fortgeschritten in seinen Bemühungen, wird ihn die Sucht des kleinen Tyrannen nach Geltungsbereich trotzdem öfters einholen als erwünscht. Es ist wie die alte Haut einer Schlange, in die sich der Süchtige immer wieder mit großem Erfolg hineinpresst. Der Puppenspieler, das Ego, lässt das wahre Sein wie eine Marionette nach seiner Pfeife tanzen. Halb blind fällt der Möchtegernerwachte auf jegliche Ausgeburt dieser Tatsache herein. Gegen die Kunst des Verhüllens und der Wahrheitsverdrehung seitens des Ego scheint kein Kraut gewachsen zu sein.

Hier ist der Coach, der gewiefte Therapeut, der Meister des Transformationsweges gefragt! Jemand, der die Sehkraft besitzt und obendrein noch überzeugend darlegen kann, dass der Klient wieder einmal auf das von den Abwehrmechanismen vor sein drittes Auge gehängte Schild, ALLES O. K., hereingefallen ist. Aus diesem Grund bin ich der festen Überzeugung: Wir brauchen den erwachten Therapeuten!

Das sind Zeitgenossen, die mit ihrer ganzen Kraft danach streben, hinter die Kulissen des Lebens zu blicken. Zusätzlich liegt ihnen viel daran, ihren Mitmenschen das Ganzheitliche, Erlebte, Erfahrene, vor allem das nahezubringen, was über die studierte Grundausbildung in Psychologie hinausgeht. Hier zählen der Sinn des Lebens, die Bewusstseinskristallisation, die universale Liebe, die erlösten Lebensthemen und die wiederentdeckte Buddha-Natur!

Ein Phänomen der Extraklasse und was noch positiv hinzukommt, wider alle Hoffnung befinden sich tatsächlich derzeit viele Seelen auf unserem Planeten, die ihrem Ruf »Erschließe das Potenzial der Bewusstseinsreise und trage es mit vollem Herzen weiter« folgen.

Ungeachtet der eigenen Sackgasse hält sich der schmerzvoll Traumatisierte immer für den ärmsten Mitbürger dieser Welt. Um dabei ganz selbstverständlich sein daraus erwachsenes Verhalten ungebremst an die Umwelt abzugeben. Karmische Entwicklungen nennt man das. Verwicklungen, die tief in das Schatzkästchen unserer Lebensthemen reichen. Dort, wo die Schätze auf Befreiung warten und meist ungebeten auf den Lebensweg fallen!

Wer sich dem verweigert, erlebt mitunter den karmischen Rundumschlag, wie vom Pech verfolgt, wird man dann als Uneinsichtiger sehr leicht einfach so vom Erdboden weggefegt.

Dieses »Spiel«, das fast dem russischen Roulette gleicht, ist allerdings für etwas ganz anderes vorgesehen: Wir sollen unsere Integrität erschaffen, finden, den Prozess der Transformation annehmen und damit die Geschenke aufsammeln, die überall nur so herumliegen. Sie so verspeisen, dass sie in uns aufgehen, wir zur transformierten Erfahrung werden, zurück zum wahren Sein erblühen.

Während die Erlösung der Lebensthemen uns den Weg aus dem Drama-Gefängnis zeigt, das zeitlebens in selbstzerstörerischen Bahnen das wahre Sein aus dem Verkehr zieht, setzt genau dieser Prozess die Heilung in Gang, die wir für unsere Selbstliebe und liebevolle Kommunikation dringend brauchen, ja die wir eigentlich als Seelenwesen ganz klar verdienen und genaugenommen immer in uns tragen. Freilich müssen wir sie uns erst angemessen mit Mut zum Risiko erwirtschaften. Ohne diesen Preis gibt es keine wirklichen Wohlfühl-Pluspunkte auf dem Transformationskonto.

Denn nur der so ans Licht gebrachte innere Frieden in Liebe und Freiheit lässt uns unsere Berufung und Visionen manifestieren, uns als Helfer des Göttlichen die volle Verantwortung tragen. Aus dem Inneren ergießt sich jetzt wie selbstverständlich der Lebensfluss, bringt uns stets an das richtige Ufer.

Mit vernagelter Blindheit geschlagen, wankt dagegen derjenige durchs Leben, der den Sinn des Lebens verpasst. Vergeudete Jahre zeugen von der Feigheit, dem Versteckspiel vor sich selbst, dem freiwilligen Untergang in menschenunwürdige Verhältnisse. Jeder Kompromiss und jeder kleinkarierte Kuhhandel verzögern das, wofür der Mensch auf Erden weilt. Er soll und will in seine wahre

Größe aufsteigen und nichts, was ihn traktiert hat, birgt nicht dennoch die Erlösung im Kern.

Zudem ist es immens wichtig, dass wir erkennen, wo wir als Rückzahlung oder aus Bequemlichkeit die kleine oder große Tyrannei für uns entdeckt haben. In welchen Fällen wir vom Opfer zum Täter mutierten. Uns Wohlfühlsituationen kreieren und dabei ganz unbewusst den Spieß der Traumata umdrehen.

Wie schwierig es sein kann, seine Lebenssituation klar zu erkennen, davon handelt die folgende Geschichte von einer Teilnehmerin der Wachstumsseminare. Vor dem, was deutlich auf der Hand liegt, verschließen die Abwehrmechanismen, und damit wir selbst, uns meist die Augen. Die Dame hatte etwa fünf Jahre vorher in einer Einzelsitzung bei mir im Grunde schon sämtliche Informationen erhalten, die im aktuellen Kurs eine Rolle spielten.

Als Leiterin einer großen Kindertagesstätte ließ sie ihrem Team zwar scheinbare Entscheidungsfreiheit, hatte aber letztendlich die Befehlsgewalt und das war ihr auch sehr wichtig. Sie ließ die Mitarbeiter im Glauben, genauso Verantwortung auszuüben, doch in Wirklichkeit waren sie wie Marionetten, die ständig ihrer geschickt getarnten Manipulation erlagen. Dabei wärmte sie sich an der verführerischen Sonne des strahlenden Gutmenschen, überhaupt schien alles hervorragend zu laufen. Der Wehmutstropfen dabei war, dass die Maske der Persönlichkeit langsam von ihrem Gesicht rutschte und eine Ego-Fratze der Ungeduld, Wut, Heimzahlung, Enttäuschung und Depression freilegte.

Im Seminar offenbarte sich die ganze Tragweite ihrer Kindheitstraumata. Nach wie vor steckte der Dame das Nichterleben von Liebe seitens Mama und Papa in den Knochen. Alles, was sie in der Kindheit tat, um die Liebe zu erwirtschaften, zeigte damals keinen Erfolg. Ganz im Gegenteil, sie wurde von ihnen zur Oma abgeschoben. Auch dort hatte sie nichts zu erwarten, wurde als wehleidig und weinerlich in die Ecke der Lieblosigkeit verbannt.

Anstatt nun ihre Herausforderung, in die wahre Liebe zu finden, im Erwachsenenalter anzunehmen, hatte sie sich von ihrer Feigheit leiten und ringsherum zu einem Verhalten der Lüge anstiften lassen. Mit 27 Jahren wählte sie sich einen Mann, mit dem sie in keinster Weise in wahrer Liebe verbunden war. Sechs Jahre später entschied sie sich dafür, genau von diesem »Geliebten« ein Kind zu empfangen. Es war eiskalte Berechnung, denn dieser Mann würde sie in Frieden lassen und sie könnte derweil ihr Kind in aller Ruhe groß-ziehen. Sie hatte sich aus sich selbst heraus einen neuen Geliebten erschaffen, den zu lieben sie fähig war. Jedenfalls gab sie ihrem Kind das weiter, was sie unter Liebe verstand.

Um diese Art der Familienplanung auch für die nächsten Jahre sicherzustellen, projizierte sie gegen den Ehemann Gefühle von emotionaler Einsamkeit und ließ ihrem Heimzahlungsnimbus ihm gegenüber freien Lauf. Die dabei im Mann ausgelösten Energie-Eruptionen erntete die Klientin gerne mit einem spöttischen Lä-cheln auf den Lippen. Nach dem Motto »Energie ist Energie, kann ich alles brauchen«. Auch der Mann, der ebenfalls keine Liebe ertragen und geben konnte, hatte als perfektes Spiegelbild zur Ehe-frau den Sohn zum Liebesersatz erkoren. So wuchs dieser heran, mit Eltern, die sich an ihn andockten und energetisch melkten, damit sie emotional überleben konnten.

Nun, da der junge Mann dabei war, das Elternhaus zu verlassen , und zwar so weit weg wie möglich, explodierten zwischen Mutter und Vater immer wieder viele unterdrückte Aggressionen. Über zwanzig Jahre hatte der Sohn als Liebesprellbock herhalten müssen, aber nun war die angespannte Situation für beide Elternteile nicht länger haltbar. Trotzdem hielten sie, eingebunkert in ihrem herr-schaftlichen Anwesen und jeder für sich in seiner Hoheitsecke, eisern an ihrer »Beziehung« fest.

Im Selbsterfahrungsseminar musste die Dame sich einem weite-ren Aspekt ihres Konzeptes von Schatten-Ego stellen. Der leitende

Posten in der Kindertagesstätte brachte ihr etwas äußerst Wichtiges ein, die Herzen der Kinder. Mit Bravour erlernte sie in den vielen Jahren ihrer Berufstätigkeit, Kinder immer wieder so zu sich zu stellen, dass ihr die Herzen zuflogen. Auf den ersten Blick scheint das ja wunderbar zu sein, wenn nicht untergründig das Krankheitsbild der Energiegewinnung durch die Kinder fortlaufend von ihr benutzt worden wäre.

Das heißt, dieser »gute« Mensch weidet sich an den Jugendlichen auf nicht einwandfreie Weise, da die Zuwendung gegenüber den Kindern nicht reinen Herzens geschieht. Sie werden benutzt und diese Art Missbrauch lehrt die anvertrauten Kinder eben auch nicht ein besseres Miteinander. Sie gewöhnen sich daran, auf eine bestimmte Weise in der Kommunikation untereinander und mit Freunden etc. genau das nachzuahmen, was ihnen jeden Tag vorgespielt wird, und zwar den Kuhhandel: Ich gebe euch etwas, wenn ihr mir dann ganz viel gebt. Und das fühlt sich ja auch irgendwie ganz toll an.

Viel Erfahrung und geschulte Sinne sind nötig, um diesen Ego-Missbrauch bis ins Kleinste aufzudecken. Von außen sieht nämlich alles fabelhaft aus, doch der erste, zweite und dritte Blick täuscht gewaltig.

In diesem Zusammenhang sei auf den Kinofilm »Die Kinder des Monsieur Mathieu« verwiesen. Grandios wird hier genau dieses Thema behandelt. Ein Lehrer korrumpiert eine »schwierige« Schulklasse, indem er sie zu einem Chor formiert. Er erobert die Herzen der Schüler mit der Nachsicht eines anscheinend gutmütigen, Geborgenheit ausstrahlenden Lehrers. Die Sängergemeinschaft liegt ihm quasi zu Füßen. Zum ersten Mal erleben die Kinder so etwas wie Liebe, antworten darauf in der Kindern eigenen Gutgläubigkeit, erhaschen endlich einen Zipfel von warmherziger Offenheit. Doch Monsieur Mathieu ist selbst eine traktierte Seele, die, statt mutig eine Musikerkarriere anzustreben, lieber den kleinen feigen Dorf-schullehrer mimt, der die Herzen der Kinder missbraucht, um sein kleines Echo der Kreativität umzusetzen. Da kann man zwar erst einmal sagen, immerhin, den Schülern geht's wirklich besser als vor-her. Aber welchen Preis zahlen die Kinder, vor allem, als der Lehrer sie dann im Stich lässt! Alles, was nicht aus wirklicher Liebe ge-schieht, ist keine Handlung der Liebe!

Im gerade beschriebenen Fall ließ sich das Lebensspiel nicht länger aufrechterhalten. Das Scheinsein unterdrückte jahrelang die Impulse des wahren Seins und somit wurde die Lebenskraft in eine Art Kampfmaske vergeudet. Mit dem Zusammenfallen der Perso-namaske bricht das Korsett entzwei. Die Kontrolle schwindet, der Wutpegel steigt.

Der Dame fehlte seit langem die komplette Vitalkraft der unteren Chakren. Sie ging zwar auf die Pirsch, aber es biss keiner an, der ihr, zumindest dem ersten Chakra, Energie in Form von Sex zuführte. Das heizte ihren inneren Vulkan über die Jahre immer weiter an bis auf höchste Temperatur, der Wutberg stieg unaufhörlich.

Ihre äußere Erscheinung war tadellos, doch ihr Gesicht zeigte bereits die holzschnittartigen Einfräsungen einer Maske, die ver-knöchert und verhärmt in Trauer versank. Dazu kam eine Angst, die furchtbare Einsamkeit des Alleinseins. Sie nagte ständig am seidenen Faden der Geduld und entfachte in ihr beim kleinsten Gedanken daran sofort panischen Schrecken. Es brodelte sozusagen unentwegt hinter ihrer Maskerade.

Die Hauptschwierigkeit lag allerdings in einer ungeheuren Bos-heit. Sie ertappte sich immer häufiger dabei, wie sie ihren Zorn an den ihr anvertrauten Schützlingen ausließ. Sie hatte sich im Laufe der Jahre tatsächlich zu einem süffisanten Drachen entwickelt.

Die wichtigsten im Seminar herausgearbeiteten Lebensthemen der Dame waren: bewusste Trennung von negativen Triebkräften und die Hinwendung an ein Finden in die Liebe des wahren Seins, das damit verbundene Erlernen des All-Eins-Seins, und die Gewahrwerdung des eigentlichen Selbst, der liebevollen, glücklichen, kräftigen und vor allem unabhängigen Seele, gelingt dann wie von allein.

Die Energie an der eigenen Quelle abholen, ihre Träume verwirklichen, diese Themen standen nun auf ihrem weiteren Lernprogramm: Als erste praktische Aufgabe erkannte sie das Aufstehen aus der Lüge in die wahre Realität. Die Trennung vom Gemahl und den Auszug aus dem gemeinsamen Heim beschloss sie in ihrer Roadmap ohne weitere Schwierigkeit. Auch andere Erkenntnisse waren ihr möglich.

Nur der Missbrauch am eigenen Sohn und die eingefangenen Herzen der Tageskinder wollten ihr nicht ins Verstehen. Sie ließ damit die wichtigste Information, nämlich wo sie vom Opfer zum Täter entpuppte, einfach nicht an sich heran.

Genau diesem zentralen Punkt galt nun als Therapeut meine ganze Aufmerksamkeit, einem erneuten Versuch, ihr die Augen trotz ihrer Ablehnung, zu erkennen, so weit zu öffnen, dass sie endlich begriff, ihres Handelns gewahr wurde.

Doch das Gegenteil traf ein, ihre ganze trotzige Abwehrkraft, wie ein tyrannisches Kleinkindverhalten, schlug mir plötzlich entgegen. Trotzdem gelang es mir noch einmal kurzfristig, durch den Schleier der Abwehr ihre Aufmerksamkeit auf die Tatsache zu lenken, dass eine Weiterentwicklung, wie sie sie sich ersehnte, nur über das Anschauen und Beseitigen des eigenen tyrannischen Verhaltens möglich sei.

Es bleibt dem Bewusstseinsrecken nichts anderes übrig, als sich in achtsamer Bewusstheit an sich selbst heranzupirschen und dann vor allem nicht wieder einzuschlafen. Diese unbeugsame Aufmerksamkeit müssen wir wagen und uns dabei permanent fragen, wie wir sonst noch dem eigenen verdeckten kleinen Tyrannen, dem Hang zur Tabernakelstruktur sowie der Sucht, weiter in alte Verhaltensweisen des Sicherheitskokons abzudriften, Einhalt gebieten können und wie wir unseren inneren, von den traumatischen Kindheitserlebnissen geprägten Mechanismen auf die Spur kommen.

Die Seminarteilnehmerin war gerade noch absolut hellwach, betrachtete die vor ihr ausgebreiteten Tatsachen, verstand, schien zum Wachstum bereit, strahlte mich an und doch… Im nächsten Moment bereits sah ich in ihren Augen die Transformationsenergie zusammenbrechen. Sie gleitete sichtlich in alte Dramen zurück. Bis mich plötzlich die hölzerne Personamaske mit einem gekünstelten Lächeln anblickte und meinte: »Alles wird gut!«

Der Würgegriff der Angst war wieder da! Von diesem Moment an sprudelte der Ego-Hauptaktionär der Abwehr, ihr Gedankenapparat, bis tief in die Nacht. Am nächsten Morgen reiste sie vorzeitig ab. Die alten Schatten hatten gesiegt… und ich hörte nie wieder etwas von ihr!

Noch einmal sei gesagt, egal welche Verletzungen uns jemals zugefügt wurden, wir haben nicht das Recht, selbst als Täter ähnlich zu handeln. Wir müssen die Traumaprägung als Schubkraft für die Lebensthemen anerkennen und Erlösung herbeiführen. Der einzig wirklich hilfreiche Schritt dabei ist, von einem Moment auf den anderen aus dem Drama auszusteigen. Als Nächstes gilt es bei der Innenschau vierundzwanzig Stunden täglich genauestens mitzubekommen, wann und vor allem wo überall der innere Tyrann, das Ego, seine Finger im Spiel hat.

Dagegen werden jetzt Nebel der Angst von den Abwehrmechanismen künstlich erzeugt, die aber keinen Bezug zur Realität haben. Die Peiniger der Kindheitstage sind im Heute zwar weit und breit nirgends mehr im Bild, doch die von der Abwehr vorgegaukelten falschen Tatsachen lassen uns schnell in den Überlebensmechanismus, den alten Sicherheitskokon der traumatischen Prägungszeit, überwechseln. Damit wird jegliche Transformation unterbunden. Der Überlebensmechanismus spielte in der Kindheit eine durchaus wichtige Rolle, garantierte er doch das Überleben, aber in den späteren Jahren steht er der Transformation im Weg, muss also außer Acht gelassen werden. Man darf dem Ego-Tyrannen keinen Millimeter Platz mehr einräumen und muss ihn mit unbeugsamer Kämpfernatur überall dort, wo man ihn im System erwischt, entfernen. Äußerste Entschlossenheit und Disziplin, nicht aus Bequemlichkeit in alte Gewohnheiten zurückzufallen, sind geboten, wenn der Transformationsschritt gelingen soll.

Natürlich ist dann alles neu, und der Mensch weiß gar nicht mehr, wer er wirklich ist. Aber genau das gilt es ja als wunderbare neue Aufgabe anschließend herauszufinden. Die Grenzen des Schattenkokons fallen weg, die Handlungspalette des wahren Seins wird völlig neu erkundet. Der Mensch wird förmlich neu geboren, entspringt als glorreicher Phönix der Asche. Füllt nun den weiten Raum des Himmels.

Wachen wir auf, begeistern wir uns, nach der erfolgreich abgeschlossenen Rückholaktion der in den Prägungen gefangenen Vitalkräfte, als Erstes in unserem neuen Leben für die Wiedergutmachung begangener Verletzungen aller Art. Damit befreien wir die in den alten Taten eingefrorenen Energien, sie stehen uns ab sofort als Lebenskraft für alles, was wir ab jetzt erschaffen wollen, zur Verfügung.

Habgier, Konkurrenzverhalten, Heimzahlungsriten etc. haben in der eigenen Lebensgeschichte bestimmte Mitmenschen tief getroffen. Dort mit Entschuldigung, Aussöhnung, Bitte um Vergebung und Wiedergutmachung anzufangen bringt großen Segen, Heil und vor allem inneren Frieden. Dies ist ein wichtiger Teil der Erlösungsarbeit zur höchsten Bewusstseinsklasse. Danach kann ein diesen Werten verpflichteter Mensch nicht mehr so leicht freveln. Anstatt zu straucheln, wird er zum Hüter und Hirten göttlicher Wertigkeit im Angesicht der Liebe, der Menschlichkeit, im Einklang mit der Natur, für die Tiere und die Umwelt!

Wer hier mit der Selbstfindung beginnt, sollte auch Folgendes im Blick behalten. Kann man Verletzungen, Übergriffe und Missbrauchserlebnisse von außen doch relativ gut in der Erinnerung behalten oder aus dieser vors innere Auge ziehen, so sind die Wunden, die man sich nebenbei auch noch selbst zufügt, oft langwieriger als vermutet. Aufgrund der Folgen der Traumaprägung entwickelt der Mensch Einsichten und Handlungen, die eher der Selbstkasteiung gleichen, als der Realität Genüge zu tun. Bei auf sich genommener Schuld und Nichtbeachtung der kindlichen Seele durch die Eltern sucht der Gepeinigte den Makel eher bei sich selbst, statt die Erziehungsberechtigten als Übelwerker zu bezichtigen. Dies führt in den Folgejahren zur Kopflastigkeit, der Gedankenapparat erweist sich als Unterstützungsorgan der Abwehrmechanismen vor wahrem Verstehen und Transformation. Bevor man nicht einsieht, dass hier ein Lebensthema wirkt, werden immer wieder Personen in den Bekanntenkreis gezogen, an denen man mit der vermeintlichen Schuld im Rücken versucht, sich die Liebe ähnlich wie bei den Eltern zu erschließen. Dieser Transformationsweg ist erfahrungsgemäß nicht begehbar, alles Handeln danach zum Scheitern verurteilt.

Erst Informationen von außen und die Veränderung über intuitives Verstehen erlauben den Ausweg. Jede weitere Missachtung dieser wunderbaren Beratungskraft der Intuition verhindert eine ständige exzellente Selbstversorgung der verschiedenen Ebenen des Systems Mensch, schlägt dafür permanent tiefere Wunden der Einsamkeit und des Gefühls von abgespaltenem Sein.

Dies verführt dann zu einem Rückfallen, zu einer Haltung der Selbstverleugnung und Selbstzerstörung, man sucht aus Gründen der Energiegewinnung wie bisher verzweifelt an Quellen, die keinen Tropfen hergeben, gänzlich versiegt sind. Dies führt gleichfalls nur tiefer in die Gedankenwelt des Versagens, der Depression oder sogar des Selbstmordes oder den allmählichen Untergang in Form von Krankheit oder finanziellem Ruin.

Ein anderer Aspekt zeigt deutlich, dass der Traumatisierte die Überlebenswerkzeuge der Kindheit nach wie vor als fähige Instrumente zur Bewältigung seiner Probleme benutzt und als wirksam betrachtet. Damals konnte er sich vor Lieblosigkeit und Übergriffen nach innen retten, hinter sich die Tür schließen und mit der Personamaske den Außenkontakt inszenieren. Heute bedeutet genau dieser Rettungsbereich seine Abkapselung vor der lebendigen Kommunikation mit der Außenwelt. Der Betroffene bewegt sich wie ein gut programmierter Roboter, scheinbar perfekt, doch für Freunde, Geliebte oder wohlgesinnte Mitarbeiter nicht wirklich erreichbar. Und ganz hinten verkrochen in der hintersten Ecke sitzt voller Trauer und Schmerz das wahre Sein, unbeachtet und fasst rettungslos verloren.

Es nützt also nichts. Es gilt Neues zu wagen, um aus dem Debakel auszusteigen. Raus aus dem Sicherheitskokon von Angst, Zaudern und Tyrannei, das Hinfinden in die Authentizität des wahren Seins ist angesagt!

Und was ist mit unseren Träumen, wenn wir sie verraten und verkaufen für einen Sicherheitsbereich, der das wahre Sein abtötet, die Vision opfert, sie auf dem Scheiterhaufen der Angst zurücklässt?

Auch wenn diese Entscheidungen unbewusst ablaufen, gehören sie genauso zu den Traumata, die wirkliches Leben verhindern. Im Alter von 45 Jahren liegen die Prägungserlebnisse lange zurück, doch wir halten uns immer noch an die damals als Antwort entwickelte Strategie des Rückzugs, der Anpassung oder einer Gegenwehr, die überdimensional die Ketten sprengt und vom verletzten inneren Kind, dem kleinen Tyrannen, gesteuert ebenfalls nicht die gesunde Mitte symbolisiert. Es gilt den Sinn hinter alldem anzuerkennen, die Seelenkristallisation.

Nur mit unserem wahren Selbst sollten wir irgendwann gewahr werden, dass wir uns diese letzteren Dinge im Heute selbst zufügen und uns damit ins eigene Fleisch schneiden. Der Hang zur Selbstbestrafung, zum Selbstverrat und der Zerstörung des wahren Seins wächst währenddessen unaufhörlich.

Die Seele bemerkt es tief drinnen und trägt derweil Trauer, wir folgen nicht dem roten Faden der Transformation unserer Lebensthemen, sondern vergehen uns jedes Mal an der selbst gewählten Bestimmung, der inneren Stimme, und gehen damit in die Verlängerung, erzeugen erneut das Drama voller Schmerzen auf der Lebensbühne. Das innere Schatzkästchen der Bewusstseinsthemen führt uns dann über diese Umlaufbahn in unser wahres Sein, wie lange das dauert, wissen die himmlischen Heerscharen!

Das wahre Sein ist unsere Seeleninstanz, sie ist identisch mit dem höheren Selbst, mit dem man jederzeit der Realität gewahr ist und dem ein stimmiges meisterliches Handeln und Gelingen folgt.

Um in diese geistige Höhen aufzusteigen, braucht es tiefgreifende Erlebnisse, die genügend Kraft entfalten, um den Menschen voranzutreiben. Aus dem himmlischen Paradies geworfen, spalten wir uns im Inneren bereits kurz nach der Geburt in die Dreifaltigkeit, Personamaske, den kleinen Tyrannen und irgendwohin im Körper verschwindet das wahre Sein, reduziert auf Erbsengröße. Die Begegnung mit den Bezugspersonen schockiert das Neugeborene sehr bald nach der Ankunft. Damit geht es in den Lebensthemen-Spannungsbogen, der uns dann im Erwachsenenalter vor die großen Herausforderungen der Aufräumung der Lebensthemen stellt. Wie ein Pfeil fliegen wir losgelassen von der Sehne des Lebensthemen-Spannungsbogens in die eigenständige Lebenszeit, versuchen uns von den Zwängen und Konsequenzen der Traumaprägung zu erlösen.

Dafür müssen wir beginnen, die Verantwortung für unsere persönliche Thematik voll anzunehmen, danach gilt es in der Selbstbeobachtung so weit voranzuschreiten, dass wir erkennen, dass wir eben auch zu den Übeltätern gehören und dass letztendlich einzig und allein wir selbst den Schritt aus der allseitigen Gewaltbereitschaft tun müssen.

Viele Menschen versuchen in ein anderes Leben aufzubrechen, es zu verändern, aus der Leidschiene auszusteigen, doch die meisten Angebote auf dem therapeutischen Sektor oder im Bereich der esoterischen Wellness helfen lediglich bis in die ersten Hautschichten. Alles, was darunter liegt, stinkt und kracht weiterhin, wird dadurch eher verdrängt. Ob Yoga, Stirnguss, edle Heilsteine oder Familienaufstellungen, was nicht die aus dem inneren Schatzkästchen heraus wirkenden Lebensthemen erkennt, sollte tatsächlich nur die Bezeichnung Wellness tragen.

Positives Denken, ein weiterer Meter Weisheitsliteratur oder jede Menge Selbsthilfeseminare gaukeln uns oft die Quantensprünge vor, auf die wir so gerne hereinfallen. Den Kopf voll, doch keine Erlösung in Sicht, bleibt ein frustrierter Glückssuchender übrig, der jetzt die Flinte am liebsten ins Korn wirft. Auch die unzähligen Stunden vor dem Antlitz eines Gurus nützen eben nur so viel, wie man mit den angebotenen Bewusstseinswerkzeugen in sich selbst die Schraubenschlüssel anlegt und das Schattentheater lahmlegt.

Wer das Drama des Ego nicht mit einem Schritt durchs Tranformationstor beendet, hat keine Chance. Denn vermeintliche homöopathische Dosen von Weiterentwicklung schaffen nicht den Durchbruch, sind deswegen nicht gerade sinnvoll. Es bringt genauso wenig, jeden Tag pünktlich die Meditationsglocke anzuschlagen, wenn wir über die Schuld- und Makelschiene und den ratternden Verstandesdialog permanent verhindern, die Zeit in unserem wahren Sein zu verbringen.

Einzig und allein ein geläutertes integres Leben erlaubt in die Glückseligkeit aufzubrechen. Erst dann ist die Basis gereinigt und darauf können wir erfolgreich unser Haus der Berufung und Visionen bauen. Es wird nicht einstürzen und kann viele Stockwerke aufnehmen. Träume werden wahr!

Wer dem nicht vertraut und lieber seine Zeit in der Lüge verbringt, schneidet sich von der Verbundenheit mit dem göttlichen Ganzen ab, errichtet eine weitere Mauer des Ego. Damit kappen wir uns ab vom Füllhorn Gottes, können die Seelenwünsche nicht mehr erfüllen, beschneiden uns in eine Kleinheit, die unsere innere Blüte unterdrückt oder verwelken lässt.

Die Lebensthementherapie

Auch wenn uns gewisse Therapieformen sehr nahestehen, geradezu ans Herz gewachsen sind, und wir es ebenso mit altbackenen Analysen bereits versuchten, müssen wir diese am Erfolg des Durchbruchs in unsere Glückseligkeit bemessen. Die schlimme Krankheit des Auf-der-Stelle-Tretens und das tyrannische Austeilen von energetischen, wortgewaltigen und sogar körperlich spürbaren Pfeilen des Heimzahlungsnimbus, das Lieblingsinstrument des Ego, vieler austherapierter oder überhaupt nicht an Therapie interessierter Zeitgenossen verunreinigen in gewaltigem Maße das morphogenetische Bewusstseinsfeld! Das Gleiche gilt für die riesige Anzahl von Therapeuten und Lebensberatern, die ihre eigenen Lebensthemen schmählich im Stich ließen und nun selbst als tickende Zeitbomben meinen, der Menschheit einen riesigen Gefallen zu tun. Doch sie vertiefen lediglich das Leid, halten ihr Klientel in der Abhängigkeit und damit die »dunkle Seite der Macht« aufrecht.

Die Lebensthementherapie ist ein ganzheitlicher Ansatz, der die Seelenreise des Menschen als wichtigen Hintergrund allen Erlebens auf Erden mit einbezieht. Es ist die Evolution der Seele, die als Klebstoff des Diesseits und Jenseits dient.

Tatsächlich ergeben die Kindheitsprägung und ihre Folgen ein sehr genaues Bild über die zu machende Seelenerfahrung. Wichtig ist nun, die Zusammenhänge zu verstehen, sich nicht gegen das Schicksal und den Lebensfluss aufzulehnen, sondern mit den auch traurigen und schmerzvollen Leiderfahrungen in das aufzubrechen, wofür sie geschaffen wurden. Jede Seele erwirtschaftet sich so über Zeiträume ihren eigenen heiligen Gral, das Zusammentreffen von leuchtender Bewusstheit und eine an Heiligkeit grenzende Ausstrahlung und Handlungsweise voll Liebe, Mitgefühl, gelebter höchster Werte samt einer glasklaren gesunden Grenzsetzung, dem Einhaltgebieten jeglicher tyrannischer Traumatisierung.

Mithilfe der ganzheitlichen Betrachtung der Lebensthementherapie können die Fachkräfte in wenigen Therapieeinheiten dem Klienten sein vollständiges persönliches Wachstumsbild darlegen. Wer Augen hat zu sehen und Ohren hat zu hören und den großen Wunsch zur Veränderung in sich trägt, kann nun mit leichten Schritten den mitunter holprigen Weg ins Glück bewältigen.

Die Lebensthementherapie geht davon aus, dass jede Seele vor der Inkarnation auf Erden eine Entscheidung trifft. Diese Entscheidung betrifft das anstehende Lebensthema, um auf der Evolutionsspirale gleich einer Seelenwanderung in höchste Etagen aufzusteigen.

Daran sind folgende drei Dinge gebunden: Die weltweit passendsten Eltern, die stimmige Zeitschiene und der richtige Geburtsort, die Einflüsse der Umgebung. Freunde, Schule, Umfeld spielen eine große Rolle. Ebenso sind der Zeitgeist und das Klima des morphogenetischen Feldes einflussreich für den Werdegang eines Menschen. Die Evolution versucht, die Seele mit dieser Unterstützung in Richtung Wandlung anzuschieben.

Die Prägungsjahre machen demnach definitiv Sinn, sind aber meist so voller traumatischer Erlebnisse, dass der Mensch nur mit äußerster Einsicht und Anstrengung in leichteren Bahnen an sein Ziel gelangt. Empfindlich stark weht der leidvolle Wind dem Erdenbürger ins Gesicht, und nur die wenigsten wollen ihn schnell und einfach für anstehende Transformationen nützen. Warum? Weil es bequemer ist, im Sicherheitskokon des alten Überlebensmechanismus zu bleiben, aus tyrannischer Befriedigung heutiger Heimzahlung, aus Feigheit, deren Ursache in Unwissen oder Angst zu suchen ist. So quält sich der Mensch lieber über Jahre und irrt in seinen Sackgassen herum. Gerne verläuft man sich auch in Scheinkarrieren oder krankheitsbedingte Aussetzer werfen einen aus der Bahn.

Hier setzt die Lebensthementherapie an, um mit neuen Informationen das Warten auf Godot, den Erlöser von außen, zu beenden. Mit dem klaren Bild der Zusammenhänge vor Augen und dem Mut der Verzweiflung im Rücken, kann der Klient seine Quantensprünge jetzt mit relativer Leichtigkeit vollziehen.

Transformationsschritte

Ja, wir können tatsächlich mit wissenschaftlichen Schritten den Prozess des Quantensprungs herbeiführen. Klingt einfach und ist auch leicht für denjenigen, der genügend persönliche Kraft anhäuft, um mit der geballten Ladung diesem Weg zu folgen. Das Abwehrgebrüll im Verstandeschaos lässt man bereitwillig links liegen und dann kann es auch schon losgehen. Der Aufbruch vom leidgeprüften Opfer der Traumata hin zum erlösten Seelenwesen hat bereits begonnen!

Nehmen Sie sich für die folgenden Übungen genügend Zeit, sitzen Sie dabei bequem auf einem Stuhl oder Meditationskissen, beruhigen Sie Ihren Atem. Ganz entspannt kann es nun losgehen. Etwas Papier oder Ihr Tagebuch und ein Stift sollten griffbereit neben Ihnen liegen.

ERSTER SCHRITT

Stimmen Sie sich meditativ darauf ein, den Weg in Ihr Inneres freudig und mit großer Aufmerksamkeit zu beschreiten. Lösen Sie sich von Ihrem Gedankenapparat und genießen Sie einen

Moment der Stille. Danken Sie bereits jetzt sich selbst und Ihrem höheren Selbst für die Einsichten und Informationen, die Ihnen zuteil werden. Beantworten Sie anschließend folgende Fragen schriftlich:

1.) Welche Problematik quält Sie im Moment?

2.) Falls Sie einen Karriereknick haben, wie macht er sich bemerkbar?

3.) Erleben Sie eine unbefriedigende Partnerschaft?

4.) Was stört Sie daran?

5.) Welche Dinge rauben Ihnen Lebenskraft?

6.) Aus welchen Gründen in der Vergangenheit können Sie Ihre Träume nicht verwirklichen?

7.) Welche körperlichen Schwierigkeiten plagen Sie?

8.) Was sagt Ihnen Krankheit?

9.) Fühlen Sie sich wertlos und voller Makel und Schuld?

10.) Wie äußert sich dies in Ihrem Leben?

11.) Trägt Ihr finanzielles Polster?

12.) Was müsste geschehen, dass es finanziell klappt?

13.) Sind Sie dank Ihres Reichtums glücklich?

14.) Wie fühlen Sie sich, wenn Sie allein sind?

15.) Wie leben Sie die Liebe?

16.) Wie könnte Ihre Liebesbeziehung besser laufen?

17.) Was entspräche einer Partnerschaft in der Liebe des wahren Seins?

18.) Was stört Sie an Ihrem Beruf?

19.) Leben Sie Ihre Berufung?

20.) Was könnte Ihre Berufung sein?

21.) Welche Emotionen erzeugen diese Fragen in Ihnen?

Diese Bestandsaufnahme führen Sie bitte ohne Wertung aus. Es geht hier nicht um gut oder böse, sondern um die Beendigung des Dramas mithilfe der Bewusstwerdung.

ZWEITER SCHRITT

Die nächsten Fragen stellen Sie sich bitte mit geschlossenen Augen. Anschließend halten Sie die Antworten wiederum schriftlich fest:

1.) Gibt es Ursprungserfahrungen, die bis heute im Hintergrund die Handlungsfäden ziehen?
2.) Welche wiederkehrenden tragischen Erlebnisse in meinem Leben erkenne ich jetzt?

Lassen Sie im Inneren die Bilder aufsteigen, nehmen Sie dabei auch scheinbar Unwichtiges wahr. Wie Seifenblasen blubbern nach und nach die Erinnerungen an die Oberfläche Ihres Bewusstseins. Die eine oder andere können Sie in Ihrer Wahrnehmung speichern. Geben Sie dann das Gesehene wiederum ohne Wertung zu Papier.

DRITTER SCHRITT

1.) Wie haben Sie diese Vorfälle verarbeitet?
2.) Wohin eingeordnet?
3.) Welche Interpretation geben Sie ihnen?
4.) Welche Stärke haben Sie daraus aufgebaut?
5.) Wann fällt Ihr Energiesystem immer wieder zusammen?

6.) Welche lähmenden Ängste erwachsen bei deren Erinnerung?

7.) Wie gehen Sie damit um, wenn dadurch scheinbare Bewegungsunfähigkeit folgt?

8.) Welche kaum überwindbaren Ängste halten Sie täglich beschäftigt?

9.) Bis in welche Ecken hinein lassen Sie sich davon abhalten, authentisch zu sein?

10.) Beschreiben Sie, was in Ihnen abläuft, wenn Sie vor der Entscheidung stehen, aus Angst oder tyrannischem Modus heraus zu handeln, oder ob Sie diese Ego-Ecken »verraten«, um endlich das zu tun, wonach Ihnen der wahre Sinn steht?

11.) Was wählen Sie jetzt, um aus den Ersatzhandlungen der Persona oder des innewohnenden Tyrannen, des Ego, auszusteigen und stattdessen authentisch zu agieren?

12.) Welche Vorsichtsmaßnahmen wollen Sie jetzt treffen, um aus der Handlungsfreiheit des wahren Seins nicht mehr in das Angstgebäude oder Ego-Gefängnis abzustürzen?

Schreiben Sie bitte die Antworten, die in Ihnen aufsteigen, auf.

VIERTER SCHRITT

Wenden Sie Ihre Aufmerksamkeit wiederum nach innen und erfühlen Sie, in welchem Bereich Ihres Körpers Sie die energieraubenden Erinnerungen gespeichert haben.

1.) Wo ist der Sitz all dieser schmerzvollen Erfahrungen?

2.) Können Sie den Platz des »heiligen« Tabernakels orten, dort, wo der Hauptteil der Traumatisierungen wie in einer

Schublade voller Trauer, Nichtgelingen und Schmerz abgelegt wurde?

Nehmen Sie diese Schublade jetzt symbolisch heraus und entsorgen Sie all die Negativität sinnbildlich in einem gerade vorbeifahrenden Müllwagen. Alle anderen Stellen im Körper, an denen sich dunkle Wolken angesammelt haben könnten, schütteln Sie bitte, wie Frau Holle im Märchen die Kissen, kräftig aus. Stehen Sie dazu auf und lassen Sie Ihren Bewegungen freien Lauf.

3.) Wie fühlt sich das jetzt an?

Atmen Sie dreimal kräftig in den Unterbauch ein und aus, nehmen Sie wieder Platz und notieren Sie Ihre Antworten.

FÜNFTER SCHRITT

1.) Welche Konsequenzen haben Sie angesichts der lebenslangen Anhäufung negativer Erlebnisse in der Tabernakelschublade gezogen?

2.) Wie reagieren Sie bei deren Berührung durch weitere Leiderfahrung im Heute?

3.) Welche anderen wie selbsttätig agierenden Mechanismen können Sie noch in Ihrem System feststellen?

4.) Welcher Art sind die künstlichen energetischen Nabelschnüre, die Sie zum Zweck der Energiegewinnung zu bestimmten Personen gesponnen haben? (Hier auch die Empfängernamen notieren!)

5.) Welche Erwartungen stellen Sie an alle Menschen, derer Sie habhaft werden können?

6.) Wie fühlen und handeln Sie, wenn das Gegenüber Ihnen nicht die gewünschte Beachtung schenkt?

7.) Welcher Art sind die künstlichen energetischen Nabelschnüre, die andere zum Zweck der Energiegewinnung
zu Ihnen gesponnen haben? (Hier auch die Namen dieser
Personen notieren!)

8.) Wie lassen Sie sich dadurch einspinnen und Ihr wahres
Sein entmachten?

9.) Was ist daran Liebe?

10.) Wie würden Trennungsversuche, eine Abnabelung,
ausschauen?

11.) Aus welchen Gründen geben Sie Menschen Aufmerksamkeit, Hilfe oder Liebe?

12.) Welchen persönlichen Gewinn ziehen Sie daraus?

13.) Welcher Art ist diese Liebe?

14.) Welcher Teil in Ihnen gewinnt dadurch?

15.) Was passiert, wenn niemand Ihre Hilfe will?

16.) Auf welche Weise verkaufen Sie sich dann als Gutmensch-
drohne, um Aufmerksamkeit und Energie zu erlangen?

17.) Mit welchen Menschen verbindet Sie vermeintlich Liebe?

18.) Wie sieht diese Liebe aus?

19.) Welche Unterschiede gibt es zur Liebe des wahren Seins?

20.) Wie erlebe ich und wie fühlt sich die Liebe zu den Mitmenschen aus meiner Seelenqualität des wahren Seins an?

21.) Wie erlebe ich und wie fühlt sich die Liebe zum Partner
aus meiner Seelenqualität des wahren Seins an?

22.) Wie erlebe ich und wie fühlt sich die Liebe zu Kindern
aus meiner Seelenqualität des wahren Seins an?

23.) Welche moralischen, religiösen oder gesellschaftlichen
Zwänge hindern mich an ein Leben in Freiheit?

24.) Wie entscheide ich mich bei völlig freier Wahl in diesen Dingen?

25.) Worin unterscheidet sich diese Wahl dann von einem Handeln aus dem wahren Sein?

26.) Folgendes Handeln fließt aus dem Einklang meiner Seele mit dem wahren Sein: Zählen Sie jetzt alle Schattenmechanismen schriftlich auf, die sich je aus Ihren Prägungsumständen gebildet haben, all die unbewussten Handlungsweisen, die ganz automatisch bis heute aus Ihrem Drama-Kokon hervordrängen. Beachten Sie dabei Ihre Beziehung zu Vater und Mutter, die Liebes- und Partnerschaftsebene, den Arbeitsbereich und die Auswirkungen im Freundes- und Kollegenkreis. Beziehen Sie dabei auch alle Untertöne und Nebennuancen mit ein.

27.) Welche Ähnlichkeiten in den verschiedenen Bereichen Ihrer zwischenmenschlichen Kommunikation fallen Ihnen auf?

28.) Welche Bilder kommen Ihnen, wenn Sie noch genauer hinschauen?

Beantworten Sie auch diese Fragen.

SECHSTER SCHRITT

Nachdem Sie die Bilder vor Augen hatten, geht es nun um die Wiedererkennung und Benennung des Personenkreises, der Ihnen die Grundtraumatisierung zugefügt hat. Notieren Sie danach möglichst viele Zeitgenossen, denen Sie zeitlebens gestattet haben, ebenso mit Ihnen umzugehen.

1.) Wer sind die Bösewichte oder »Helfer«, die Ihre Schatzkiste der Lebensthemen ins Bewusstsein tragen?

Falls keine Namen auftauchen, benennen Sie die Peiniger einfach spontan mit der erstbesten Bezeichnung, die Ihnen einfällt. Schreiben Sie es anschließend auf.

SIEBTER SCHRITT

Lesen Sie sich die nächsten Fragen durch und wenden Sie sich dann wieder mit geschlossenen Augen nach innen. Notieren Sie anschließend Ihre Antworten.

1.) Wie könnte Heilung in all diesen Fällen aussehen?

2.) Wo gilt es zu verzeihen?

3.) Wogegen sollte man sich deutlich abgrenzen?

4.) Wie schaut eventuelle Danksagung aus?

5.) Welche Gespräche sind schon seit langem fällig?

6.) Welche Abnabelungsprozesse können nun erfolgreich abgeschlossen werden?

7.) Welche Heilrituale, die den Segen des Einhalts Ihrer eigenen unbewussten Mechanismen bringen, fallen Ihnen jetzt intuitiv ein?

Bei den Ritualen sind der Fantasie keine Grenzen gesetzt – ob Sie an einem Gebirgsbach den Schrott ins Tal schicken, das Drama an einem Feuerplatz verbrennen oder lauthals schreiend wie ein Indianer auf dem Kriegspfad im Wald ordentlich das Innere entlüften. Gehen Sie da ganz mit Ihrer Intuition, die wird Sie führen!

Achter Schritt

1.) Wo haben Sie die Grenze vom Opfer zum Täter überschritten?

2.) In welchem Maße haben Sie sich vom Heimzahlungs-nimbus des inneren Ego-Tyrannen an der Nase herumführen lassen?

3.) Haben Sie andere in traumatische Erlebnisse gestürzt?

4.) Welchen Menschen, möglichst mit Namen benennen, begegneten Sie tyrannisch?

5.) Welche Heilrituale fallen Ihnen dazu ein?

6.) Mit welchen Worten würden Sie Ihren Sicherheitskokon bezeichnen, den zu verlassen Ihnen so viel Angst macht und Mühe bereitet?

7.) Forschen Sie in Ihrem Inneren und fragen Sie sich: Wo fordert der Ego-Sicherheitskokon immer wieder die Hoheitsrolle ein, obwohl vielleicht alle Ihre Lebensthemen bereits erlöst sind?

8.) Wie können Sie jetzt auf diese Tyrannei des Sicherheits-kokons erfolgreich reagieren?

9.) Welche Gründe könnten in Ihnen eine Rolle spielen, am Leidenskokon festzuhalten?

10.) Mit welcher Versuchsreihe angewandter Bewusstseins-werkzeuge und intuitiver Lösungen möchten Sie dafür Sorge tragen, dass sich das wahre Sein als Herr im eigenen Haus endgültig durchsetzt?

Nehmen Sie sich genügend Zeit für diese Fragen und notieren Sie dann die Antworten.

NEUNTER SCHRITT

1.) Wie könnten Strategien aussehen, um den Sicherheits-kokon zu verlassen und die Sie tatsächlich dorthin bringen, wo Sie hinwollen?

2.) Wo leben Sie entgegen einmal gefasster Entschlüsse immer noch in einem Dasein der Lüge?

3.) Welches sind Ihre fehlenden Schritte zu einer hundertprozentigen Transformation?

4.) Der Schritt durchs Transformationstürchen meiner Lebensthemen bringt folgende Veränderungen in meinem Handeln:

5.) Nach noch tieferer meditativer Innenschau finden Wandlungen auf diesen weiteren Ebenen statt:

6.) Wenn ich mich recht besinne, tauchen vor meinem inneren Auge des bewussten Beobachters ebenso folgende Neuerungen auf:

Lassen Sie sich ruhig Zeit für das Beantworten dieser Fragen. Auch hier sind Rituale für eine erfolgreiche Durchführung sehr hilfreich.

ZEHNTER SCHRITT

Wie ein Pendel verläuft der Lebensfluss zeitlebens von der Erniedrigung zur Erhöhung und von dort in die Einfachheit, das Wenige geht in das Viele und trifft sich später in der Ausgleichung, Lieblosigkeit wandelt in das liebevolle wahre Sein. Die Prägungen der Kindheit führen uns in die Selbstformung, indem wir unsere Lektionen lernen und an Weisheit gewinnen. Wir ernten trotz großer Schmerzen der Entwicklung das Gold der Mystiker, den Stein der Weisen. Indem wir das ganze Leben akzeptieren, erkennen wir den Sinn darin.

1.) Die Ihnen zugefügten Traumata haben Ihnen auch Reichtümer gebracht!

Das sind die goldenen Schätze meiner Entwicklung:

2.) Welches sind die Goldtaler Ihres heiligen Kreuzweges?

3.) Freuen Sie sich jetzt, in diesem Augenblick, gebührend über diese wertvollen Geschenke! Lachen Sie, springen Sie vor Freude auf, tanzen Sie angesichts der Befreiung ins Glück!

4.) Und was empfangen Sie nach dem letzten großen Schritt?

Fügen Sie auch diese Erkenntnisse Ihren Aufzeichnungen hinzu.

Transformation

Nun gibt es kein Zurück, kein Ausweichen, schnelles Durch-die-Hintertür-Verschwinden. Studieren Sie aufmerksam Ihre Aufzeichnungen. In Ihnen entwickelt sich ein riesiges Potenzial an Klarheit, Mut und Abenteuerlust. Sie verstehen plötzlich, was Ihnen das Leben zeigen möchte. Die Lebensthematik wird ersichtlich und Sie fassen sich ein Herz zur munteren Erlösung.

Daraus entspringen neue Entschlüsse, bringen Bewegung in Ihr Lebensspiel. Mit dieser Kraft im Rücken geben Sie sich einen Ruck für weitere Quantensprünge!

1.) Wie sehen diese Quantensprünge aus?

Die Folgeerscheinungen durch die Einkerkerung innerhalb der Grenzen der Traumata verschwinden schlagartig. Alle Abwehrmechanismen des Ego schweigen still. Das ist der letzte Schritt raus aus dem Schattenreich. Das Licht der Bewusstheit brennt strahlend klar, keine Dunkelheit mehr weit und breit…!

Kein Sowohl-als-auch, nur noch ein Entweder-oder zählt. Es existiert nur ein Verharren im Drama-Kokon oder eben ein Aufbrechen ins grenzenlose Seelensein. Freiheit, Meditation und Liebe finden wir genau dort, im wahren Sein. Vertrauen, Loslassen und Neubeginn, wir erschaffen uns neu, sind nicht länger die Prägungskinder unserer Eltern, sind von jetzt an dem reinen Seelensein verpflichtet.

Den Prozess unterstützen Sie mit den Heilritualen, die Ihre innere Stimme empfohlen hat. Die nächsten Wochen und Monate stellen natürlich noch eine große Herausforderung dar und vielleicht braucht es hier und da den kompetenten Rat eines Lebensthementherapeuten.

Doch wenn der erste Entschluss gefasst ist, werden Sie sich immer wieder über Ihre Notizen und vom Erfolg des Prozesses in weitere gesunde Handlungen führen lassen. Der wichtigste Punkt dabei ist, dass Sie die Sehkraft entwickeln, die nötig ist, um alle Details wahrzunehmen, und Ihrer Angst und den Abwehrmechanismen nicht gestatten, das Ruder wieder herumzureißen. Alle Suchenden, die ihr Glück finden, ihre alten Wunden heilen, wandeln auf heiligem Boden. Die göttliche Kraft greift den Wagemutigen unter die Arme. Der Transformationswind bläht ihre Flügel gewaltig auf und trägt mit Leichtigkeit in eine goldene Zukunft.

Und nun? Jeder ist seines Glückes Schmied! Also brechen wir auf in die Liebe, Freiheit und Meditation… Und was will man natürlich als Erstes? Den Seelengefährten, den Traumpartner, mit dem das Gold der Partnerliebe nahe rückt!

Transformation führt uns in die Liebe – Fälle aus der therapeutischen Praxis

Anhand von Fällen aus meiner langjährigen therapeutischen Praxis möchte ich dem Leser die Hintergründe des den Geschichten innewohnenden Aufgabenreigens verdeutlichen; im Namen des Klientenschutzes sind die Handlungen der Historie leicht verändert.

Kindliche Liebe – ich werde erwachsen

Konditionierung von Kindern hat so viele Varianten, wie Kinder geboren werden. Meist geben Eltern das am eigenen Leib Erfahrene später völlig unbewusst an ihre Nachkommen weiter. Der ewige Kreislauf kennt nur wenig Veränderung. Manche Mütter wundern sich über Töchter, die anscheinend ihrem persönlichen Schicksal nacheifern. Wiederholungen trotz anderer Vorzeichen, wie kommt denn das?

Hier spielen die gespeicherten traumatischen Erinnerungen in der Energie der Aura und der körperlichen Zellstruktur der Mutter eine übergeordnete Rolle. In den ersten Monaten während der Schwangerschaft finden im Bauch der Mutter bereits entscheidende Prägungen statt. Über Nabelschnur und die energetischen Verbindungen werden Infocodes vermittelt, die die Tochter für ihr Leben nach der Geburt vorprogrammieren. Angst und Schrecken aus den traumatischen Erlebnissen der Mutter, die nun sogar vor ihrem inneren Auge wieder auftauchen können und nicht selten als Schwangerschaftspsychosen ausbrechen, kommen automatisch bei dem kleinen Baby in Form von gering dosierten energetisch feinen Elektroschocks an. Dies bedingt nicht selten die peinigende Früheinstellung im »Computersystem« des Kindes. Es programmiert automatisch!

Egal wie stark Mutter und Vater sich vor und nach der Geburt um die Erlösung von alten Dingen bemühen, sie werden später erstaunt feststellen, wie deckungsgleich genau aus diesen Schubladen verschiedene Verhaltensmuster der Mutter in ihrem Kind Platz genommen haben. Ebenso trägt der Vater mit seinem eventuell unaufgeräumten und problembeladenen Verhalten aus vergangenen Zeiten von Anfang an diesbezüglich bei.

In unserem Beispiel fanden innerhalb der Kindheit der Mutter energetische und körperliche Missbrauchsübergriffe statt und diese veranlassten in ihr während der Pubertät die Entscheidung, dass sie nicht erwachsen, nicht zur Frau reifen wollte. Dies bewirkte unter anderem ein sehr spätes und unregelmäßiges Einsetzen der Menstruation gekoppelt mit einer Wachstumshemmung der Brüste. Als diese dann doch wuchsen, dachte sie über Jahre, dass in diesem Busen irgendwelche Knoten einen Krankheitsverlauf anzeigen würden, der einen Verlust desselbigen nach sich ziehen würde. Gleichzeitig flüchtete sie sich in eine künstliche Naivität, die ganz klar anzeigte: »Ich habe keine Ahnung und will auch gar nichts wissen.« Erst nach der Konsultation mehrerer Fachärzte, die einen negativen Befund ergab, bekam sie Gefallen an ihren gesunden Brüsten. Doch Selbstliebe in diesem Bereich oder eine genussvolle zärtliche Berührung von dem Partner konnte sie über Jahre kaum ertragen.

Ein weiteres Resultat machte ihr seit dem Eintritt in die Schule, in den Ausbildungsjahren und im Berufsleben erhebliche Probleme:

Schuld, Makel und Bedürftigkeit, entstanden im Moment der Dreiteilung ihres Wesens in der Kindheit. Es trieb sie seitdem fortwährend in Situationen der Abhängigkeit oder auf der Liebesebene in eine Orgie der versteckten Gewalt, Unterwürfigkeit oder der Heimzahlung gegen den Ehemann. Das ging so weit, dass dieser krank und alkoholsüchtig wurde und auf allen vieren vor ihr auf dem Boden kroch. In weiteren Liebesgeschichten konnte sie ebenfalls die eigentlich gewollte Hinwendung an eine hohe Form der Liebe nicht verwirklichen. Sie wiederholte ständig die alten Muster, fand keinen Weg hinaus.

Angestrebte wichtige Ziele der Selbstständigkeit verschob sie derweil Jahr für Jahr. Dieses entsprach wiederum der alten »Idee« von Bedürftigkeit, des Wartens auf eine erlösende Zuwendung durch ihren Vater oder einer Errettung vom lieben Gott, was aber niemals eintrat.

Erst die therapeutische Arbeit mit mir ließ ihr ihre unsichtbare, aber verhängnisvolle Nabelschnur in Richtung Vater bewusst vor Augen treten. Damit öffnete ein Spalt der Realität die Pforten für eine geradezu geschichtsträchtige neue Entscheidung. Eine Weiterbildung funktioniert hier nur, wenn der alte klebrige Tentakel richtig durchtrennt wurde. Doch bevor dies auf »natürliche« Weise seit den Kindestagen geschah, vergingen zwei bis drei Jahrzehnte. Es fehlte ihr permanent die letztendliche Greifbarkeit der Wachstumschancen. Sie zerrannen ihr zwischen den Fingern wie Sand. Und ohne diese wichtigen Infos der Zusammenhänge war sie machtlos.

Das Leben zeigt uns im Grunde sehr genau, wie wir die Weichen für ein Gelingen stellen sollten, aber vor allem wenn wir nichts verstehen wollen, wird es zum Lehrmeister mit allen Konsequenzen. Verbitterung, Frust, Wut und Depression nützen nichts! Lediglich ein Aufwachen und Handeln hilft! Gott sei Dank haben wir heute die nötigen Informationen der Mysterienschulung parat, niemand muss unnötig untergehen!

Für meine Klientin allerdings besteht jetzt erst einmal die Aufgabe durchs Transformationstor zu gehen! Keine andere Wahl macht Sinn. Die Folgen der Schmach des Missbrauchs ablegen heißt die Devise. Genau das ist die dringende Seelenerfahrung des einst ausgesuchten Lebensthemas: von der Lieblosigkeit des Umfeldes zur begrenzten Persönlichkeit und nun ins Reich der wahren Liebe. Irgendwann ist es Zeit, sich dem zu stellen! Von Misslingen, Schmerz, Selbstmitleid und Trauer in die Lebendigkeit eines Tänzers wundervoller Liebesreigen.

Und diese Transformationstore stehen nicht plötzlich offen vor unserer Nase, nein, immer wieder, zeitlebens, bekommen wir den göttlichen Wink. Doch viele Male steuern wir blind, taub und stumm das Lebensboot direkt am Scheunentor des Wachstums vorbei. Das Ego und die inneren Abwehrmechanismen wittern ja geradezu jegliches noch so kleine Türchen. Und dann heißt es:»Nix wie weg!«

Der nächsten Generation sind wir damit ein wirklich dummes Beispiel und wir ziehen Seelen in die Schwangerschaft, die diesem Bild entsprechen. Die dadurch lebensthemengemäß gelandete Tochter meiner Klientin bekam genauso durch die neurotische Mutter den für sie so wichtigen Prägungsschub Richtung eigener Wachstumshürden. Doch das bedeutete dann ähnliche Schwierigkeiten in der Pubertät, einerseits ein Zustreben ins Erwachsenenalter, andererseits ein enormes von der Mama geschürtes Rockzipfelverhalten. Es fiel sogar der Mutter auf, dass ihre Tochter dabei irgendwie unbewusst, geradezu ersatzweise, etwas für sie auslebt. Sie erfüllt deren Kleinmädchensehnsüchte und will ihr zuliebe klein und zierlich bleiben. Sie diente nämlich der Mutter auch noch in ihrer offenen, liebevoll herzlichen Art bis zu diesem Tage als Partnerersatz. Blieb möglichst in deren Nähe ohne allzu große Eigenbedürfnisse.

Von der Mutter wurde sie unbewusst darin geschult und damit am Rand des Missbrauchs gehalten. Ebenso lernte die Tochter aus der Beziehung zwischen Vater und Mutter, dass die beiden nicht wirklich in glücklicher Liebe vereint waren, ja dass es die wirkliche Liebe vielleicht gar nicht gibt. Deshalb hatten sich die Eltern ja schließlich wegen unüberbrückbarer Differenzen getrennt.

Ihr Glück war, dass die Mutter gegenüber den innewohnenden Transformationsaufgaben nicht völlig blind und taub war, sie suchte jetzt mit meiner Hilfe eine gesunde Lösung für alle Beteiligten. Das Aufdecken der Hintergründe ermöglichte es ihr, für sich selbst wichtige Schritte mutig anzugehen. Damit ist für die Tochter der Weg frei, losgelöst und im Sinne ihrer individuellen Entwicklung weiter in das Erwachsenenalter voranzuschreiten. Mit der Zeit werden die zwei die noch verbliebene energetische Nabelschnur in gesundem Maße trennen. Jede für sich erwirtschaftet Eigenständigkeit und beide bleiben trotzdem in einem gesunden Verhältnis der Liebe verbunden.

Einen weiteren Aspekt von Transformation möchte ich hier verdeutlichen: Der Lolita-Effekt ist ja hinreichend bekannt: missbrauchte Mädchen, die später wie Haifische nach ihren männlichen Opfern schnappen. Kein Wunder, sondern sehr verständlich, wurden sie doch ihrer glücklichen Jugendjahre beraubt. Dabei steht Missbrauch nicht immer nur für den direkten sexuellen Übergriff. Im energetischen Bereich werden wesentlich mehr, meist unbewusste Angriffe auf das Hoheitsrecht der kleinen Wesens ausgeübt.

Es fällt den Menschen dann schwer, im Erwachsenenleben angekommen, einen freien und gesunden Bezug zur Sexualität und Partnerschaft zu finden. Doch jede Weise der Traumatisierung trägt ihre eigene Lösungsaufgabe in sich. Ein Mädchen mit dem Lolita-Effekt kennt keine liebevolle Erfüllung mit einem Geliebten, lediglich ein triumphales Gefühl von Macht. Dank der Ohnmacht eines an seiner Vorliebe Geketteten, der ihr in die Fänge gerät, gibt es zusätzlich höchstens so etwas wie eine kurzfristige Befriedigung.

Nun ist die Lage zwar tragisch und der Missbrauch neben moralischer Bannung natürlich auch strafrechtlich zu verfolgen, doch ein

Ruhepolster im Sinne von Schuld und Sühne gibt es nicht. Vielmehr drängt die Zeit, den wahren Sinn hinter der Traumatisierung in Erlösung umzumünzen. Der Verlust von wahrer Liebe oder das Aufwachsen ohne sie hat den Hintergrund des Findens genau dieser wahren Art der Verbundenheit. Das entstandene Ego bietet die Herausforderung eines Quantensprungs, der als Erlösung zu Buche schlägt. Erst wenn die tyrannischen Gesellen, Heimzahlungsnimbus, leidenschaftliche Unterdrückung dessen, was man liebt, Zerstörungswut gepaart mit Gewalt und Selbstkasteiung, die Abwehrmechanismen, die mit dem Tabernakel jegliche Besserung verweigern, vom erwachenden wahren Sein im gepeinigten Menschen in ihre Schranken verwiesen werden, kann ein Hauch des Glücks die geschundene Seele erreichen.

Denn Rückzahlung an ebenfalls Gepeinigte bringt lediglich eine Scheinentspannung. Innen verhockt derselbe Grant des entstandenen Tyrannen und ersinnt, meist vom wahren Sein unbemerkt, weitere Rachefeldzüge. Und was extrem wichtig ist, es ist niemals und für niemanden je möglich, die Energiesucht des Tyrannen zu befriedigen. Egal was passiert oder wie man im Leben aus dieser Instanz handelt, es führt immer in den psychischen und oft eben auch körperlichen Abgrund.

Wer also diesen Kreislauf nicht von seinem eigenen wahren Sein her durchbricht, kann keine Glückseligkeit ernten. Genauso wenig braucht man auf Errettung von außen zu warten oder zu hoffen, denn auch diese kann im Höchstfall nur unterstützend hinführen zum Sprung, über die anstehende Hürde des Wachstums muss man ganz allein. Genau das ist die Aufgabe für die hiervon heimgesuchte Seele. Und der Betroffene kann immer nur allein durchs Nadelöhr der Transformation springen.

Damit wird der Rahmen des Mysteriums Seelenleben vollends aufgedeckt. Jeder Peiniger der Kindheit spielt tatsächlich im weitesten Sinne nur eine Rolle im großen Transformationsgeschäft.

Obwohl er eine Missetat begeht, dient er letztendlich als Helfer für eine bestimmte Erfahrung, die die Seele gerne tätigen möchte. Sie tritt als »göttlicher« Helfer für die von der betroffenen Seele selbst getroffenen Lebensthemenentscheidung auf der Lebensbühne an, ohne aber davon auch nur annähernd etwas zu wissen. Selbstverständlich gilt es trotzdem jeden Übergriff zur Verantwortung zu ziehen. Diese zwei Seiten stehen scheinbar unvereinbar gegenüber, müssen aber als Einklang des Mysteriums akzeptiert werden.

Die Aufgabe des Lolita-Mädchens besteht nun darin, zur Selbstliebe zu finden und damit den Versuch einer liebevollen Begegnung mit dem anderen Geschlecht zu starten. Dabei wird sie aller im Inneren aufsteigenden Impulse mit dem inneren Beobachter gewahr, achtsam im Umgang mit tyrannischen Entgleisungen. Alten Heimzahlungsriten wird in diesem Stadium keine weitere Energie eingeräumt.

Ein Wagnis beginnt, bei dem sie die Überlebensmechanismen ad acta und dem wahren Sein den Lauf der Dinge vertrauensvoll in die Hände legen muss.

Traumatisierte Liebe – die wahre Liebe finden

Ein anderer Fall erzählt von einer Klientin, deren Missbrauch durch den Vater in der Kindheit eine etwas andere Traumatisierung nach sich zog. Sie klagte darüber, keinen wahrhaftigen Kontakt zu einem Mann herstellen zu können. Jedes Mal wenn eine Begegnung sich zu einer weiterführenden Intimität entwickelte, fühlte sie sich ruckartig in eine unsichtbare Hülle der eigenen Sprachlosigkeit versetzt. Nur mit aller Kraft gelang es ihr dann, einen eher künstlichen Scheinkontakt aufrechtzuerhalten. Dabei verfiel sie in eine Bewegungslosigkeit, die an Leblosigkeit grenzte. Wie ein Tier, das plötzlich nachts von den Scheinwerfern eines Autos erfasst wird, oder wie ein Mensch, der vor der Mündung eines Gewehrs in panische Starre verfällt. Es war so wie damals, als sie als Kind beim Pilzsammeln mit ihrem Vater plötzlich seinem erigierten Geschlechtsteil gegenübergestanden hatte. Die verschiedenen Inputs endeten in eisiger Starre der Psyche und des Körpers. Einerseits war da die lang ersehnte Nähe zwischen Vater und Tochter während der Pilzsuche im Wald, es war die exklusiv verbrachte Zeit, die ihr guttat, und andererseits der Übergriff. Sie musste den Penis ihres Vaters in den Mund nehmen. Dabei suggerierte er ihr fortwährend, von welch köstlich schmeckenden Champignons sie umgeben war. Noch heute spürt sie die Anziehung in Wäldern. Und dann geht es schnell ins Unterholz auf der Suche nach frischen Pilzen. Allerdings rebelliert ihr Magen seit dieser Zeit, wenn ihr nur der Duft eines Pilzgerichts in die Nase steigt.

Und in der Begegnung mit dem Geliebten erfährt sie im Moment der intimen Begegnung große Abscheu vor der wild entfachten Manneskraft. Was eben noch in Verbindung stand, wird jäh unterbrochen, das wahre Sein schnellt zurück, vom kleinen Tyrannen in seine Energiehochburg eingesargt!

Frühestens beim nächsten Rendezvous hat das wahre Selbst wieder derart viel Energie angesammelt, dass es sich erneut verbal einzulassen vermag. Die Erinnerung an die letzte Energieentgleisung lässt die Frische einer erblühenden Liebe allerdings nicht so einfach gedeihen. Mann und Frau können sich in dieser Situation nicht verstehen, dazu kommt, dass der Mann ebenfalls seine zur Lebensgefährtin spiegelverkehrte Welt einbringt.

In den seltensten Fällen erwischt ein Liebender auf Anhieb eine Seele als Partner, die ihn meisterlich ins Tor des Wandels geleitet. Denn dafür bedarf es genau dieser Bewusstheit, doch die ist auf niedrigerem Level noch fern. Und hier liegt der Knackpunkt in der Thematik der Klientin. Das ist es, wo sie allein einfach nicht weiter-

findet. Sogar mit den hier gegebenen Informationen liegt der Allein-
gang fast außer Reichweite. Es bedarf einer Anleitung, um sich an
ein liebevolles Aufgehobensein im eigenen wahren Sein und damit
in der göttlichen Existenz anzunähern. Weiterhin geht es darum, das
Vertrauen zurückzugewinnen und vorsichtig die Annäherung zum
Partner mit einer dementsprechenden Kommunikation aufzubauen.
Erst einmal nur zu kuscheln wirkt hier Wunder.

Unglückliche Liebe –
Transformation oder Wahnsinn

Ein Mann mittleren Alters saß mir in der Praxis gegenüber. Er war
ganz verzweifelt: Seine Freundin hatte ihn verlassen. Endgültig!

Sie hatten alles versucht, sogar mehrere Paarsitzungen bei mir gebucht. Und ich muss sagen, beide hatten als Liebespaar wirklich eine
Chance. Was jedoch den Fall so kompliziert machte, war das Abdrif-
ten jedes Einzelnen, wenn die Knöpfe der alten Traumatisierungen
gegenseitig gedrückt wurden. Die Angst überwältigte blitzschnell jedes bewusste Handeln. Beide entsprachen genau den eingegrabenen
Mustern, die seit Angedenken in ihnen wirkten. Obwohl in der Therapiesitzung jeder seine Lebensthemenbilder verstand, konnten sie
nicht genügend Mumm aufbringen, im wichtigsten Augenblick der
Realität standzuhalten. Der alte Überlebensmechanismus nahm sie
in seine Gewalt. Die Chance, dem zu entkommen, kann nur einem
Menschen mit über hundertprozentigem Wachstumswillen gelingen.

Stattdessen buhlten sie wie Kinder um ihre Mami oder ihren Papi,
degradierten sich dabei gegenseitig zusätzlich in ihre gegenpoli-
gen Elternteile, um in Angsttriaden voneinander Energiegewinnung
zu betreiben. Währenddessen feierten die inneren Tyrannen ihre
unerkannten despotischen Machtgelüste. Beide Partner verhielten
sich wechselseitig wie Vater/Tochter und Mutter/Sohn, sie kreier-

ten damit ständig die alten Traumata neu. Damit verfielen sie den überwiegenden Teil ihrer gemeinsam verbrachten Zeit diesem letztendlich bedeutungslosen Wachstumsspiel. Und beide kannten den Rhythmus bereits aus vergangenen Beziehungen. Die ewige Wiederholung erdrückte sie gegen ihre Transformationstore.

Doch gerade wenn wir bereits viele solcher Jahre voller Leidensdruck und zugleich der Vermeidung hinter uns gebracht haben, kann leicht eine Bewusstseinsspaltung auftreten. Das wahre innere Wesen wird über den Tyrannen immer wieder angewiesen, aufzugeben. Deshalb verfällt das wahre Sein leicht einer lethargischen Ziellosigkeit. Keine Lust zu gar nichts, sagt dann der Mensch! Er wird gesellschaftlich auffällig. Nur der innere Tyrann sitzt da erhobenen Hauptes und reibt sich die Hände.

Aber es nutzt ihm nichts, wir haben lediglich zwei Möglichkeiten, um aus diesen ausweglos erscheinenden Situationen herauszukommen: entweder goldene Transformation oder Absturz in Wahnsinn, Selbstmord oder einen Vulkanausbruch der unendlichen Wut, ein Angriff auf das Leben des »Geliebten«. All dies hat mit wahrer Liebe überhaupt nichts zu tun. Man benutzt sich gegenseitig lediglich zur Selbstbefriedigung oder für den Drang über die Wachstumshürden. Was nicht schlecht ist, aber keine unbedingte Liebe!

Dieses Pärchen entschloss sich für ein Weiterleben in alten Riten. Sie hingen lieber an den gegenseitigen Pseudoherzensnabelschnüren in Richtung leiblichen Vater und Mutter, als aufgeräumt das Gold der wahren Liebe auszukosten. Ich musste sie unverrichteter Dinge aus der Lebensthementherapie entlassen. Allerdings nicht ohne sie darauf aufmerksam zu machen, auf welch schmalem Grad zwischen Bewusstsein und Wahnsinn sie sich bewegten, mit Betonung auf Letzteres. Dieses uneinsichtige Treiben ist so gefährlich, weil dadurch die sehr schmale Brücke zwischen den Befehlszentren Ego und wahrem Sein zerbröckelt, eine vollständige Bewusstseinsspaltung dann nicht mehr aufzuhalten ist.

Der nächste Fall zeigt die Gefahr der Übertragung auf den Therapeuten. Ein Kollege, der sich dem Familienaufstellen verschrieb,
berichtete mir, wie er sich hatte hinreißen lassen, sich auf eine Kurz-
zeitliaison mit einer Klientin einzulassen. Die ihm anvertraute Frau,
die eben noch voller Trübsal mit ihrem Schicksal haderte, frohlockte
nun, wähnte sich im siebten Liebeshimmel, sprang vor Glück durch
die Gegend, quatschte plötzlich wildfremde Leute an, teilte mit
diesen die gerade gefundene »Seligkeit«.

Der Psychologe witterte die Gefahr und biss sich bei mir die
Lippen wund, hatte er doch einen schrecklichen Fehler begangen.
Seine Midlife-Crisis und die in höchster Erregung schwingenden
Hormone hatten ihm einen Streich gespielt. Wie konnte er nur so
etwas zulassen? Verantwortungsbereiche liegen doch völlig offen und
klar! Aber auch Psychologen, Psychiater und Psychotherapeuten
sind doch nur Menschen, versuchte er sich herauszureden. Jetzt war
natürlich guter Rat teuer, denn was ihn zur Hingabe veranlasste,
zeigte sicherlich keine Anzeichen von echter Liebe. Allein von seinem
sexuellen Begehren her fand er sie hinreißend, ja wollte er sie haben!

Als Antwort auf ihr intensives Liebeszirpen nach seinen sexuellen
Entgleisungen fiel ihm nun nichts Besseres ein als die Verweigerung
weiterer therapeutischer Leistungen, privat kam natürlich überhaupt
nichts mehr infrage. Er ließ die Dame einfach nicht mehr an sich
heran. Das entfachte bei der Klientin einen Sturm der Entrüstung,
die seine Praxis belagerte. Telefonisch und vor Ort begann sie ihn zu
terrorisieren. Begreiflicherweise und zu Recht stinksauer, wehrte sie
sich gegen die plötzlich auf allen Ebenen wirksame Abschiebung.
Das ging so einige Wochen, bis dann auf einmal alle Kontaktver-
suche ausblieben. Das machte ihn stutzig, ließ ihm keine Ruhe. Von
Gewissensbissen geplagt, machte er sich berechtigterweise Sorgen,
was wohl geschehen sein mochte. Auf telefonische Anfragen rea-
gierte sie nicht, der Anrufbeantworter leierte ständig die gleiche
Ansage. So blieb ihm nichts anderes übrig, als ihre Mutter zu ver-

ständigen. Diese stürmte umgehend mit dem Schlüsseldienst die Wohnung ihrer Tochter. Und dort lag sie, eingerollt in embryonaler Haltung, die Augen verdreht, kaum ein Atemzug war noch vernehmbar.

Im Krankenhaus päppelte man sie hoch, bis sie wieder ansprechbar war. Ein neuer Kollege, in der Lebensthementherapie ausgebildet, übernahm den Fall, nicht ohne dem Psychologen sogleich gehörig die Meinung zu sagen. Dank dieses Therapeuten fand die Klientin schließlich in die lang ersehnte Aufräumung. Der Psychologe nahm das Geschehen zum Anlass, ebenfalls etwas für sich zu tun, und kam auf Empfehlung des Kollegen in meine Praxis.

Ich machte ihm klar, dass es für ihn höchste Alarmstufe sei, denn so könne er als Therapeut auf gar keinen Fall verantwortlich weiterarbeiten. Beide, er und seine ehemalige Patientin, stünden am Rand des Abgrundes, der Verrücktheit, des Wahnsinns. Sobald das Band der Realität reißt, verlässt der Mensch den Bereich des wahren Seins, der Einheit von Hier und Jetzt mit dem authentischen Erleben eines meditativen Seins. Nur dieser Zustand bedeutet, im wirklichen erlösten Leben angekommen zu sein, ist der Normalzustand.

Alles andere lebt im Verstand, dem Gedankenapparat, in der Vergangenheit oder der Zukunft. Man macht sich etwas vor, lebt ein zweites Leben hinter der Maske des ersten. Psychologen, Psychiater und Berater, die hier nicht völlig aufgeräumt sind, dürften keine Lizenz für Hilfstätigkeiten ausgestellt bekommen. Wo das Schattenreich des Unbewussten größtenteils regiert, treibt der innere Tyrann in der Bewusstseinsspaltung sein Unwesen.

Wie fremdbestimmt missbrauchte der mir gegenübersitzende Psychologe die Hilfs- und Liebesbedürftigkeit seiner Klientin, und sicherlich nicht nur dieser. Er selbst muss ebenfalls der Sparte »liebes- und hilfsbedürftig« zugeordnet werden, ist höchst therapiebedürftig. Damit wird klar, dass die therapeutische Arbeit für ihn weiterhin, wenn überhaupt, bedeutet, unbedingt seine Restlebensthemen kennenzulernen. Das heißt, von der Abgeschiedenheit eines halb aufgeklärten Helfersyndroms hinzufinden in die Freiheit des wahren Seins.

Eine andere Frau hatte mein Buch über die Erlösung der Lebensthemen geradezu verschlungen. Sie rief mich im Institut an und gratulierte mir voll Überschwang, es wäre das beste Buch, das sie je gelesen hätte! Das freute mich natürlich erst mal, aber in ihren Ausführungen ließ mich manches aufhorchen. Sie wollte für eine Einzelsitzung und ein Seminar unverzüglich aus Luxemburg anreisen. Und binnen kürzester Zeit saß sie mir gegenüber. Meine Intuition hatte mich bereits vorgewarnt, das innere Bild zeigte mir eine ausgemergelte Zeitgenossin, die mit ausgefahrenen Tentakeln, künstlichen Energienabelschnüren um Aufmerksamkeit und Liebenswürdigkeit buhlte. Aber eigentlich saß direkt hinter der Netzhaut ein aufgeblähter Tyrann, bereit, jederzeit für seine »Rechte« in sämtliche Trickkisten zu greifen.

Und genau das sollte sich nun voll und ganz bestätigen. Nicht dass sie kein Potenzial hätte, aber der Nutzwert der Ebene des wahren Seins schien bei ihr gleich null zu sein. Zu sehr hatten die Jahre sie mit dem verletzten inneren Kind und den schmerzvollen Ansammlungen des Tabernakels identifizieren lassen. Dabei hatte sie die Realität völlig aus den Augen verloren, geisterte so verblendet mehr recht als schlecht durchs Leben, abgeschottet in der typisch tyrannischen Wehleidigkeit und in der Gewissheit, der ärmste Mensch auf Erden zu sein. Über vierzig Lenze auf dem Buckel, drei pubertierende Kinder und einen Mann, den sie gerade erfolgreich aus dem Haus geekelt hatte, das war die Bilanz ihrer persönlichen Geschichte. Ohne Beruf, Berufung, freudlos unterwegs. Verantwortlich dafür? All die anderen!

Scheinbares Erkennen ihrer Situation spielte sie mir vor, wähnte sich im wahren Sein und wollte nun die Liebe und Meditation kennenlernen, Freiheit, so meinte sie, wäre ja schon klar! Allerdings weit gefehlt, Freiheit, die sie meinte, hatte mit der Realität absolut nichts zu tun. Wirkliche Freiheit hat nichts mit Verantwortungslosigkeit zu tun, im Gegenteil. Freiheit kann nur jemand als Tatsache in Anspruch nehmen, der ein klares Bewusstsein über die eigenen Handlungsebenen erreicht hat, der alle Impulse des Tuns auf Lebensthemen abklopft, der über deren Transformation zur wahren Liebe aufbricht, volle Verantwortung für sein Handeln übernimmt.

In der Einzelsitzung wirkte die Klientin aus Luxemburg noch aufgeschlossen, offen für meine Worte. Das Bild der Dreifaltigkeit vor Augen, versuchte sie die Eigenorientierung. Geschickt zurechtgelegt, doch trotzdem leicht durchschaubar, ließ ich all ihre pfundigen Argumente außer Acht und drang sofort zum Kern der Dinge vor. Es stimmte einfach hinten und vorne nichts, angefangen von der Selbstliebe über Liebe im wahren Sinne bis zur Erkundung der Befehlsgewalt in der Nische des Tyrannen. Sie hatte trotz der Lektüre des Buches und eines unermüdlichen Herumwurstelns auf Erden ihre wichtigsten Hausaufgaben in keinster Weise ordentlich erledigt.

Und das Beste war, dass sie mich mit meinen eigenen Worten aus dem Erlösungsbuch an der Nase herumführen wollte. Gemischt mit esoterischen Floskeln, lauerte eine Besserwisserei sondergleichen. Immerhin schreckte mein Eingehen auf ihre Situation sie nicht postwendend ab. Einigermaßen erleichtert über meine bisherigen Ausführungen, fuhren wir anschließend zu dem Seminar für die Chakra-Themen.

Im Seminarhotel auf dem Lande angekommen, ging es von Anfang an richtig rund. Wie die Prinzessin auf der Erbse krittelte und mäkelte sie ziemlich an allem herum, was ihr begegnete – Essen, Einzelzimmer, nichts war fürstlich genug.

Die gesamte Gruppe wie auch das Hauspersonal ließen sich davon nicht beeindrucken. Damit legten alle gemeinsam den Grundstock für ein solides therapeutisches Arbeiten während dieser Tage.

Es stellte sich heraus, dass die Klientin anfangs nur behauptet hatte, wegen ihrer Kinder hätte sie komplizierte Abreisebedingungen gehabt, aber im Seminar erklärte sie, dass sie am liebsten alles hinschmeißen und mit einem neuen Geliebten auf und davon laufen würde. Dem Tyrannen freien Lauf lassen und jegliche Scheu ablegen hieß nun ihre Parole.

Ich konterte mit einem Hinweis auf ihre Lebensthematik, die wir in der Sitzung besprochen hätten. Die wenig erhaltene Elternliebe zwang die Klientin bis ins Heute, wie in einer anderen Persönlichkeit steckend, entweder im Hamsterrad der Zuwendung um die Wette zu laufen oder wie ein Bettler am Straßenrand um eine milde Gabe zu bitten. Beides entzog ihr permanent Vitalkraft und das Herz blieb kalt wie Eis.

Die Liebe ihres Mannes und anderer Männer konnte sie zu keiner Zeit wirklich spüren. Von der Liebesfähigkeit vollkommen abgeschnitten, lebte sie Liebe permanent als Kunstfigur der Schauspielerei. Auch die Liebe ihrer Kinder erreichte sie nicht. In ihr herrschte dagegen das ständige Verlangen nach Aufmerksamkeit und berührender Geborgenheit. Ein lautloser Hilfeschrei in Richtung Mami und Papi. Eine Energieräuberin erster Klasse, die gesellschaftlich unerkannt ein verrücktes Dasein führte. Das Ganze auf Kosten des Mannes und energetisch auch der Kinder. Diese standen ihr seit Langem als Energiekühe zum täglichen Abmelken zur Verfügung. Beruflich erntete sie lieber die Früchte ihres Angetrauten. Geschickt hatte die Klientin diesen vor die Tür gesetzt und ihr innerer tyrannischer Kamerad fand großen Gefallen an diesem Heimzahlungssieg: »Geld ja, blöder Mann nein!«, jauchzte sie im Inneren.

Dieser Fall zeigt sehr deutlich die leider alltägliche Abspaltung von der Realität. Die Klientin hatte sich im Grunde schon vor Jahrzehnten in ihre Scheininnenwelt verabschiedet. Und das ist bei weitem kein Einzelfall. Die Mehrzahl der Menschen lebt in einer inneren

Welt, die ihre eigene Wirklichkeit erzeugt. Sie kreieren Umstände, die der persönlichen Sichtweise entsprechen, und erzeugen damit ein Geschehensfeld, das am liebsten permanent selbsterzeugend diesen Blickwinkel bestätigt. Nur haben sie die Rechnung ohne den »Wirt« gemacht! Nicht wir Menschen erschaffen die universellen Gesetze, sondern diese drängen uns in unsere Bewusstseinserweiterung.

Wir können lediglich die Rahmenbedingungen herstellen, doch wenn wir dann Wachstum boykottieren, schlägt das Universum oftmals gnadenlos zurück. Es nutzt auch nichts, dieser Gesetzmäßigkeit den Rücken zu kehren! Oder esoterisch teilorientiert mit einer vor Wissensstolz geschwellter Ego-Brust doch die alte geistige Fehlstellung zu wiederholen.

So lag der Fall auch bei der Seminarteilnehmerin aus Luxemburg. Sie wollte die Wahrheit ihrer Realität weder einsehen noch in gesunde Handlungen einbetten. Denn das hieße ja, mit ihren tyrannischen Spielen mit jedermann ein für alle Mal aufhören zu müssen. Und genau dafür fehlte ihrem minimalen wahren Sein die Durchsetzungskraft. Der mittlerweile große Tyrann ihres verletzten inneren Kindes spielte sich dabei auf als lachender »Retter der Nation«, nur sich selbst am nächsten. Ein Erwachen würde bedeuten, selbstständig und ohne armseliges Energierauben auszukommen. Doch in die Tragkraft der Realität konnte sie nicht vertrauen. Was heißt hier sie? Natürlich ihr mit allen Abwehrmechanismen gewaschener Ego-Tyrann.

Sie benutzte das Chakra-Themen-Seminar nicht für den wirklichen Sinn der Sache, das eingesperrte wahre Sein wurde von ihrem Tyrannen in ein noch tieferes Verlieβ eingeschlossen und die Abwehrmauern jeglicher realitätskonformen Handlungen um ein Vielfaches erhöht.

Die Gefahr bei der therapeutischen Arbeit ist das schlitzohrige Ego selbst. Es lernt nämlich ganz nebenbei, die Hilfen der Therapie anteilig für Abwehr und Einmauerung zu nutzen. Derjenige, bei dem die Ego-Zentrale gewinnt, verliert damit die manchmal einmalige Wachstumschance, die ihm nach all den Jahren beschert wurde. Und es ist unglaublich, mit anzusehen, wie in einem Seminar die in den Teilnehmern hockenden krankhaften Egos versuchen, mit den anderen Egos Kontakt aufzunehmen, um gemeinsam jedes Wachstum auszuschließen. Damit ist das Wesen des Menschen ausgeknockt und bleibt zu 99 Prozent Gefangener des Zuchtmeisters Ego bis zum Lebensende.

Diese eigentlich nur zum damaligen Überleben der Traumatisierungen geschaffene Ebene bestimmt völlig lieblos, machthungrig und voller Zerstörungswut alle weiteren Gedanken, Gefühle und Handlungen. Bösartig, aber mit ausgereifter Gutmenschenmaske, manipuliert dieser Zeitgenosse und schreckt völlig durchgeknallt vor nichts zurück.

Schon am ersten Seminartag verließ uns die Klientin, um tyrannisch gestärkt weiterhin und jetzt erst recht als wandelnde Zeitbombe zum Unglück der Welt beizutragen. Später erfuhr ich, dass sie ihre Kinder verlassen hatte, sich nicht einmal bei ihnen meldete und direkt vom Seminarhotel aus mit einem anscheinend schon bereitstehenden Geliebten das Weite gesucht hatte.

Eine Klientin mit anscheinend überwundener Leukämiekrankheit wollte, nachdem sie von mir gehört hatte, einmal eine Therapiesitzung ausprobieren. Gerne stimmte ich dem zu und schon ging es los. In der Sitzung betonte sie vor allem ihre Wunderheilung, obgleich die Ärzte sie längst aufgegeben hatten. Monatelang musste sie im Krankenhaus in Quarantäne verbringen, Sterilität zählte zur Überlebenschance. Mit einem Psychologen schulte sie über Wochen ihren Willen derart, dass die Blutwerte sich deutlich verbesserten und stabil blieben. Anschließend fand sie zu einer Energieheilerin, die ihr Wissen aus Amerika herübergeholt hatte. Gechannelte Energiepyramidentechnik mit der Heilkapazität eines Turbodynamos stand auf der »Packung«. Nur zu gerne gibt man sich solchen Versprechungen hin, wenn es um Leben oder Tod geht.

Mittlerweile hatte sie selbst die Ausbildung zur Energieheilerin absolviert, war damit ihrer »inneren Stimme« gefolgt. Nun saß sie vor mir mit begeistert geweiteten Augen und erzählte, quoll richtig über. Auf die Frage, wie es ihr denn insgesamt ginge, antwortete sie etwas verhaltener, dass noch nicht alles in Ordnung, sie aber für die nächsten Monate sehr optimistisch sei. Bei mir schrillten die intuitive Alarmglocke. Nur zu oft hatte ich bei meiner Tätigkeit in den verschiedensten Krankenhäusern Ähnliches erlebt und gesehen.

Etwas ängstlich nahm sie im selben Moment eine Habachtstellung ein – dass ich ja nichts »Negatives« gegen ihr Therapieprogramm vorbringe. Ich bat sie nun, ein bisschen mehr von sich zu erzählen. Der letzte Lebensgefährte hatte sie beim Ausbruch der Krankheit verlassen, doch seit einiger Zeit stand ein Mann an ihrer Seite, den die Hochs und Tiefs der vergangenen Monate nicht schreckten. In der Liebesfähigkeit passte er sich exakt ihren Bedürfnissen an. Höchstens ihr himmlischer Orgasmus der feinen und wilden Töne wollte mit ihm einfach nicht gelingen.

Die Eltern standen ebenfalls zur Verfügung, wann immer sie wollte, war sie dort willkommen. Wieder gingen bei mir die Warnlampen an und ich fragte vorsichtig weiter, tastete mich langsam an ihre Lebensthematik heran.

In ihr war etwas nach wie vor scheinbar fest verschlossen, fast schon unauffindbar. Tief vergraben lag es da unten, das allerdings geradezu lebensbedrohend strahlte. Die Klientin musste den Schlag, den Einschnitt derart spüren, dass sie es auf der Körperebene regelrecht umhaute.

Jahrzehnte des Ignorierens lagen hinter ihr, und nun, da sie gerade mal wieder wackelig auf den Füßen stand, wusste sie immer noch nicht, worum es bei diesem Geschehen eigentlich wirklich ging, konnte es mit ihrem Bewusstsein nicht erreichen. Nach wie vor wartete hier ein wichtiges Lebensthema auf Anschauung. Daher war die Leukämiekrankheit nach wie vor als gefährlich einzustufen. Es brodelte weiterhin hinter der Fassade. Davon wollte sie allerdings gar nichts wissen. Sie behauptete steif und fest, mit der Methode aus Amerika alles fest im Griff, erledigt zu haben. Doch das stellte sich leicht als gewaltiger Irrtum heraus.

Widerwillig willigte sie also ein, die Angelegenheit weiter zu ergründen. Und ich war bereits auf der Spur, die Fährte dank der Krankheit war relativ frisch. Das innere Schatzkästchen der Lebensthemen war mitverantwortlich für den körperlichen Zusammenbruch. Leider ohne Gehör, benutzte es die Lebensbühne, um zu konfrontieren, den Transformationssprung heraufzubeschwören. Damit war ich bei der Frage, warum wollte und konnte die Klientin hier keine gradlinigen Betrachtungen anstellen, nichts hören, nichts sehen? Etwas hielt bestimmte Dinge unter Verschluss, in der Verdrängung!

Der Ursprung musste in der Jugend der Klientin liegen. Ich vermutete eine Traumatisierung gekoppelt mit der dazugehörigen Transformationsaufgabe des Lebensthemas. Es hatte mit dem innigsten Vertrauen zu tun. Dort, wo die liebende Seele mit den Erdenwesen Kontakt aufnimmt. Hier kam es zu den Knackpunkten, die anschließend abgeschoben wurden in die Dunkelheit des Unbewussten. Es bedeutete einen Bruch mit der Liebe, dem Urvertrauen, mit der Verankerung in der göttlichen Geborgenheit des Erdendaseins. Die Vertrauensbrecher arbeiteten dabei äußerst geschickt! Wahrscheinlich aber ebenso unbewusst.

Wer kommt dafür infrage? In erster Linie die Eltern, die sind wie in Millionen anderer Fälle die Verursacher. Spielen mit versteckten Vorzeichen, zeigen nicht ihr Gesicht des wahren Seins. Sind unerlöste Gesellen, die wegen nie gekannter wahrer Liebe Lieblosigkeit und ein Verhalten aus dem Tyrannischen ihrer verletzten Kinderseele nun an ihrem Kind auslassen. Dabei maskieren sich deren

Tyrannen mit den gutmütigen, kaum durchschaubaren Persona-masken und das Kind zieht dabei die schlechteste Karte. Noch zu jung zum Unterscheiden, fühlt es, da es ja noch nichts bewusst blickt, es sei selbst an der misslichen Lage schuld. Und es steht, liegt oder kriecht sprachlos aus dem Schatten der traumatisierenden Handlung der Eltern. Oder verharrt wie versteinert, den lautlosen Schrei im Hals erstickt, vor Angst zitternd, ohne Entrinnen.

Mit den Masken der unbewussten »Liebe« versuchen Eltern, es dann wiedergutzumachen. Doch sie versagen kläglich. Für Kleinkinder existiert kein Zeitgefüge, so wie die Erwachsenen es kennen. Alles scheint unendlich anzudauern. Die Pein findet kein Ende.

Überleben heißt ein Arrangement finden. Machtlos ausgeliefert, wo ist der Ausweg? Instinktiv weiß das Baby um die Not, übt ein Verhalten, das wirkt! Aber das Schlimmste, keinen Ansprechpartner zu haben, ist für das kleine Kind jetzt da. Es muss ganz allein die Lücke finden, Überleben!

Und eines ist gewiss, es verhält sich, wie man es von ihm nicht anders erwartet. Ja, hat als wimmerndes Wesen gar keine andere Chance. Glaubt, hofft damit, das, was als Liebe angeboten wird, einzustreichen, dass diese rohen Gesellen eine Ruhe geben. Mit diesen Versuchen der Beendigung von Pein und dem Erwirtschaften von »Zuspruch und Zuneigung« wird es für das Kind allmählich verträglich und erträglicher im Erdenleben. Doch im Innersten entsteht eine hochexplosive Stimmung, die aber nicht bewusst spürbar, sondern automatisiert ins Unbewusste abgedrängt ist. Erst Jahre später wird von dieser Etage das Feuer der Transformation geschürt. Und wenn der Mensch nicht bereit ist, seine Wachstumsaufgaben demütig anzunehmen, geschieht Ähnliches wie in diesem Fall.

Leukämie heißt, es sind zu wenig rote Blutkörperchen da, das heißt zu wenig echtes authentisches Leben. Die Frau macht sich und anderen etwas vor. Der derzeitige Liebhaber wird von ihr im Grunde nur benutzt. Es herrscht eine Stimmung wie beim Musikantenstadl im Fernsehen: Verzückung pur und vorgegaukelte Herzlichkeit, periphere Anbiederung, nichts Stimmiges bis in die Grundwurzeln des Seins.

Die Dame verbreitet inzwischen die amerikanische esoterische Therapiemischung als Wundermittel und ist sich der Gefährlichkeit ihres Tuns keineswegs bewusst. Sie selbst steht nach wie vor im Zustand der Unaufgeräumtheit auf der Abschussliste des inneren Schatzkästchens, will sagen, die Konsequenz des Teilerfolgs in ihrem Wachstum bedeutet aber genauso vom Unbewussten her, mit einem Bein bereits im Jenseits zu stehen. Da sie sich nicht weiterbewegen will, kann es nur im Fiasko enden, so funktionieren eben die universellen Gesetze. Damit erhöht sich die Gefahr, neben der kranken Köperebene in die Verrücktheit abzugleiten. Auch die totale Begeisterung von einer Supermethode kann schon die Verrücktheit anzeigen. Und wenn die Krankheit wieder voll ausbricht, werden die Gedanken an Selbstmord ganz schnell aus dem Nichts auftauchen, zurückkehren und dann gibt es kein Halten mehr.

Mein Ansinnen musste nun klar zum Ausdruck bringen, was der Klientin so unlieb aufstieß: sofortiger Abbruch der therapeutischen Pseudogehversuche und Beginn von Einzelsitzungen in der Lebensthementherapie, um in die Tiefe der inneren Schatzkiste vorzudringen und nach den unerlösten Traumatisierungen zu fischen.

Wie soll jemand mit diesem Thema jemals in eine dem wahren Sein entsprechende Liebesbeziehung eintreten können, wenn die Hausaufgaben nur halb erledigt werden? Und als Therapeut Leute hinters esotere Licht zu führen ist wahrlich auch kein Ruhmesblatt. Also, Angst vor Liebe führt in den Wahnsinn? Ja, in genügenden Fällen wird das Warten auf den Prinzen oder die Prinzessin irgendwann belohnt und dann? Laufen wir davon, so weit es geht! Oder aber man wählt einen »ungefährlichen« Lebenspartner, der einem nicht zu nahe tritt, und harrt ein Leben lang neben ihm aus. Damit sind gewisse Bedürfnisse gedeckt und mehr ist einfach nicht zu erwarten, sagt der Bewusstseinsfeigling. Oberschlau versaut man sich so das Leben, wirft es geradezu weg! Denn nicht authentisch die Erdenzeit nur abzusitzen ist das Unwürdigste, wofür sich eine Menschenseele entscheiden kann!

Und dann all diejenigen, die Angst bekommen, wenn's ernst wird, Vermeidungsstrategien fahren und am Ende ihrer Zeit auf Erden mit dem lieben Gott hadern: Angsthasen im Hochsicherheitstrakt!

So geschehen bei einer Klientin, die in Osteuropa aufwuchs, vom Staat als angehende Wissenschaftlerin ausgenutzt und vom eigenen Vater als Prellbock zwischen allen Fronten missbraucht wurde. Um aus dem Elternhaus auszubrechen, heiratete sie schon früh einen Mann, den sie eher wie einen Bruder liebte. Und dann entschieden beide, als Spätaussiedler nach Deutschland auszuwandern. Aber das große Glück wartete hier keineswegs auf die beiden. Ein eher beschwerlicher Weg schweißte sie jedoch noch fester aneinander.

In ihrer Sensibilität bemerkte sie alsbald, dass etwas überhaupt nicht in der Balance war. Im Job galt sie als überqualifiziert und trotzdem bekam sie nur die geringbezahlten Varianten. Doch da, wo ihre Berufung lag, traute sie sich nicht anzufangen. Sie empfand sich als zurechtgestutzt und für Höheres nicht würdig genug. Die Abfolge von Kindheit, Ausbildung, Staatsmobbing und unglücklichem Empfang in Deutschland führte sie in eine starke Depression.

Im Gespräch rückte die Klientin damit heraus, dass Liebe für sie nicht wirklich erlebbar wäre. Sie hatte getan, was alle irgendwie tun würden. Man sucht sich jemand aus, der zu dem passt, was man vorhat. Hundert Prozent sind dabei zwar nicht möglich, aber mit dreißig bis vierzig kommt man ganz gut über die Runden. Man muss natürlich fürs Gelingen Abstriche machen, bekommt aber auch etwas dafür. Mit der wichtigste Ablauf für die Bewusstwerdung ist also das Gewahrwerden des eingegangenen zwischenmenschlichen Kuhhandels.

In der ehemaligen Dorfgemeinschaft hatte dieses, auch in ihr eingebrannte »Gesetz« große Bedeutung. Heute jedoch kommt sie mit derartig gelebten Kompromissen überhaupt nicht mehr klar. Mann und Frau haben sich auf dem Weg verloren, nie wirklich gefunden. Keinerlei direkte Seelenkommunikation findet statt. Beide Partner leben in ihren voreinander verschlossenen Welten. Dringend stand Veränderung ins Haus. So konnte und sollte es von ihrer Seite nicht weitergehen. Sie träumte seit Langem vom Seelenpartner, einem Verbündeten in wahrer Liebe.

Ich konnte ihr nur beipflichten und so machten wir uns auf, trotz der sichtbaren Konsequenzen, das Dunkel der Lebensthemenreise etwas zu beleuchten. Für ein Gelingen der Separation und das Finden einer wahrhaftigeren Liebe gilt die Einsicht ins innere Schatzkästchen als die wichtigste Voraussetzung. Da öffneten dann in der Lebensthementherapie einige Untiefen ihre Pforten. Die Beziehungen der Eltern mit ihr als Rammbock zwischendrin hatten doch erhebliche Spuren hinterlassen: der Vater alkoholabhängig und die Mutter lehnte sowohl Sexualität als auch ihren Mann ab. Das kann man schon als richtigen Kriegsschauplatz bezeichnen. Damit konnte meine Klientin den Pfad in die vertrauensvolle Geborgenheit liebender Eltern nicht als ihre Lebenserfahrung benennen. Im Gegenteil, höchstens der Schein wurde hin und wieder gewahrt.

Ihr Lebensthema erwies sich als ein aus angstvoller gegenseitiger Umklammerung den Verpflichtungen gegenüber ehemals ausgehandelter Zusagenvertrag, ein nun zuständiges Hineinwachsen in Selbstliebe, Freiheit, kreative Selbstständigkeit.

Allerdings hatte die Klientin keinerlei Vertrauen in die Tragfähigkeit eines eigenständigen All-Eins-Stehens. Wir tasteten uns also vorsichtig an die innere Erlaubnis heran, die sie sich geben musste, wenn das Ganze Erfolg haben sollte. Langsam, ganz langsam traute sich die Klientin, die ersten Schritte der Unabhängigkeit zu tun, und diese Gehversuche sahen gut aus.

Als Diplom-Ingenieurin wollte sie einen besser bezahlten Job anpeilen und damit wieder mehr an ihrer Berufung arbeiten. Auch der Vertrag zu einer neuen, kleinen, aber eigenen Wohnung war bereits unterschrieben, als sie sich plötzlich doch noch für den Absturz entschied. Angst, rief sie nur mehr, ich habe so große Angst, ich schaffe es nicht! Es stellte sich heraus, dass ihr Mann der Auslöser dafür war. Der hatte, ähnlich wie der Vater, wie noch nie vorher seine Stimme erhoben und rumgebrüllt, nur um anschließend zusammenzubrechen und ängstlich wie ein Baby in ihrem Schoß um Nachsicht zu flehen. Das zerbrach ihre hauchdünne Schicht der klaren Realität und Selbstständigkeit, warf sie zurück an die Anfänge ihres Lebensthemenpfades. Es erschütterte sämtliche Gehversuche wie bei einem schweren Erdbeben, nur ein Haufen Geröll und Abfall blieb übrig. Sie war am Boden zerstört!

Mit keinem therapeutischen Kniff ließ sie sich nunmehr zurückholen, beendete die Therapie und ich hörte über ein Jahr lang nichts mehr von ihr. Erst um die Weihnachtszeit rief sie mich aus einer Nervenheilanstalt an und meinte, ich hätte recht behalten.

Als sie bei der Verabschiedung damals keine weiteren Argumente hören wollte, hatte ich ihr noch eine Warnung mitgegeben, und zwar müsse man genau an diesem Punkt der Arbeit nach innen gehen und das Bewusstsein und die Entscheidungsebenen in der gelernten Weise gebrauchen, andernfalls würden einen die Abwehrmechanismen in Form von wolkenkratzerhohen Angsttürmen unnötig zurückholen und damit könne es zum inneren Knall und als Folge zu einer Bewusstseinsspaltung kommen, die einen ins Abseits tragen würde.

Das, was nach Anhörung und Chefrolle da um Energie ringt, sind nichts anderes als die alten Energietentakel der künstlichen Nabelschnüre zu den Eltern, die einen dazu veranlassen, als »braves Kind« sich diesen Bestimmungskreisen unterzuordnen. Anders ausgedrückt, man will am Ende doch die nie erhaltene Liebe der Eltern so erzwingen oder untergehen. Von Verantwortung keine Spur. Sie wird abgegeben, man spielt lieber verrückt! Dabei wäre die Selbstständigkeit auf allen Ebenen die Transformation der Lebensthemen gewesen. Und sie war so nahe dran gewesen!

Dieses Phänomen sieht man leider immer wieder, Menschen wollen die Realität nicht akzeptieren, meinen, es wäre zu schmerzvoll. Genau das Gegenteil ist der Fall, aufgeklärt durchs Transformationstor zu gehen ist der Schlüssel zu Liebe, Gesundheit, Berufung und Glück! Das universelle Gesetz fordert die Bewusstwerdung: Wer sich dagegenstellt, kann nicht zum Ersehnten vordringen!

Leidenschaftliche Liebe – All-Eins-Stehen, in Liebe sein

Der Latin-Lover schlägt in den Bann. Frau kann ihm kaum widerstehen. Er strahlt über weit geöffnete Chakren der Herzdame entgegen, verzaubert sie mit seiner Aura, Gestik und Körpersprache und erntet nach relativ kurzer Zeit in der Damenwelt jegliches interessante Angebot. Unter Wert gibt es ihn nicht. Einem Torero gleich erobert er das weibliche Geschlecht im Sturm. Instinktiv nähert er sich nur dort, wo der Erfolg vielversprechend in der Aura der Dame steht. Er reiht sie ein, fast schon wie am Schnürchen klappt's bei ihm, doch ist er tief im Inneren wirklich glücklich? Nein!

Denn es nährt auf der Herzebene nur äußerst oberflächlich, genau das treibt ihn ja aus dem Haus auf die ewige Suche nach der einen. Die taucht allerdings einfach nicht auf, scheint ihm verwehrt zu bleiben. Damit lebt er eigentlich permanent im Unglück, nur unterbrochen von seinen jeweils neuesten Eroberungen, die ihm kurzzeitiges Vergessen des ständig bohrenden Schmerzes des Alleinseins bieten. Eigentlich sehnt sich der Klient nach Geborgenheit an der Mutterbrust, doch die war ihm versagt.

Und die Frauen interessieren ihn nicht wirklich, ist die Blume gepflückt, wird sie wertlos. Kein Hauch von Liebe entsteht oder bleibt. Er, der große Ernter, will eigentlich Mutti imponieren, will sie in seinem Bann wissen, immer auf sie zurückgreifen können. Da das nicht in seinem Ermessen liegt, muss der Jäger auf die Pirsch, und kaum zur Strecke gebracht, ist dann das erlegte Wild für ihn wertlos, tot. Das Thema liegt in der Abhängigkeit von der Mutter begraben. Dieser arme Mitmensch sitzt wie in einem Dampfkochtopf und der Druck steigt stetig. Da keine tatsächliche Befriedigung eintritt, klettert die Barzahl gefährlich nah der Explosionsgrenze. Jahr um Jahr packt die treibende Kraft der Verzweiflung noch ein paar Pfund drauf auf das Unglücksrad. Das hat selbstverständlich Auswirkungen auf sein Intimleben. Der Klient wird immer rücksichtsloser gegenüber seinen ausgewählten Opfern. Es passiert schon mal, dass er grob wird. Beleidigungen, aber auch hier und da ein paar Handgreiflichkeiten gehören seit Längerem zu seinem Repertoire.

Was noch unter Spiel läuft und was dann schon übergreifender Missbrauch ist, erkennt er oft nicht mehr. Erst nachdem er knapp an einer Anzeige vorbeirutschte, begriff mein Klient zumindest, dass es höchste Zeit war, Hilfe in Anspruch zu nehmen. Als er mich aufsuchte, erläuterte ich ihm, wie dringend die Auseinandersetzung mit diesem lebenslangen Thema für ihn sei.

Von hundert Prozent Aufmerksamkeit am Tag richten sich ungefähr zweiundneunzig Prozent auf seine sexuellen Bedürfnisse. Frauen tauchen ständig in seinem Geist auf. Schier am Durchdrehen, schlägt er sich manchmal selbst auf die Stirn, um den Bilderfluss aufzuhalten. Aber das hilft auch nicht.

Als Erstes legte ich ihm die Mysterien unserer Seelenentwicklung und seine spezifischen Bausteine darin dar. Er begriff langsam und atmete erst einmal tief durch, ein Lichtblick erschien an seinem Horizont. Nun gilt es für ihn in der Aufmerksamkeit zu bleiben und jedes Mal die List und Tücke seines verletzten inneren Kindes, seines nunmehr ausgewachsenen Tyrannen, aufzudecken. Vielleicht gelingt ihm ja die liebevolle Annäherung an sein inneres Kind, dass es Frieden schließt, mit der tyrannischen Befehlsgewalt bricht und den Panic Room ebenfalls als Luft entlarvt. Es ist die Ebene, mit der sich mein Klient als Einziges voll und ganz identifiziert, sein innerstes Tabernakel. Er glaubt, das wäre seine Seelenheimat, auch wenn sie traumatisiert ist.

Das denken fast alle Menschen, doch es stimmt einfach nicht! Auch wenn es sich so anfühlt und wir uns genau dort im Unglücklichsein so wohl fühlen. Das heißt, offiziell natürlich nicht, aber ganz hinten drinnen eben doch und damit halten wir an den alten Seilschaften fest. Wir können uns scheinbar so verändern, wie wir wollen, aber diese Veränderung reicht nicht über die Peripherie hinaus. Und das macht die Dinge so gefährlich! Wir meinen uns mit der ersten Transformation schon über dem Berg und bemerken nicht, dass sich in uns ein ganz anderes Programm abspielt. Das ist der eigentliche Grund, warum so dermaßen viele spirituelle Suchende am Schluss mit leeren Händen dastehen. Das Bewusstsein reicht nicht bis in die Tiefe, die wichtig ist, um dort die Lebensaufgabe aufzuarbeiten. Man macht sich lieber etwas vor, richtet sich ein in Bequemlichkeit oder es reicht einfach nicht für mehr Intelligenz, die nötig wäre, um auf diesem Tanzboden zu bestehen.

Das Aufdecken dieser verborgenen und geschützten Schaltzentrale, dort, wo keiner vordringen darf, nicht einmal das eigene wahre Sein darf davon erfahren, ist für die grundlegende Erlösung und den letztendlichen Quantensprung hin zum Buddha-Bewusstsein absolut nötig. Nach dem Erkennen kommt das erfolgreiche Beackern dieser Scheininstanz. Man muss währenddessen auf der Hut sein vor sich selbst oder dem, was man als das Selbst betrachtet. Es muss aufgelöst werden, damit der Mensch in sein Glück kommt, in seine höhere Bewusstseinsebene.

An dieser Stelle verzagen die Psychotherapeuten, Psychiater, Psychoanalytiker, Familienaufsteller, Lebensberater, Beichtväter oder andere Dienstleister in diesem Sektor. Und das ist nur verständlich, denn von diesem Innenbereich ahnen all die Leute nur etwas. Aber bevor diese Erkenntnisse nicht die breite Masse der Lebensretter erreicht, werden noch ewige Zeiten Menschen im Dunklen tappen und sich wie verrückt aufspielen. Im inneren Tabernakel oder auf dem Dach dieses »glorreichen« Panic Rooms, dem Drachenhort der Idiotie, sitzt das verletzte innere Kind und treibt, tyrannisch mutiert, ständig sein Unwesen. Es ist der Lenker unserer unbewussten Handlungsabläufe. Selbst dem wahren Sein fällt es schwer, die Zugangscodes für diesen innersten Tresor aufzusprengen. Da die Brücken zwischen Personamaske, innerem Tyrann und wahrem Sein äußerst brüchig sind, ist eine direkte Begegnung so gut wie ausgeschlossen. Wir müssen also indirekt beobachten und ebenso unmissverständlich handeln, damit ein für alle Mal Schluss ist mit diesem elenden Pappkameraden.

Tatsächlich setzen wir also permanent aufs falsche Pferd. Wir meinen, dass dieses verletzte kleine Kerlchen wir selbst sind, das einzige wahre Zuhause sei dort, sagt uns unser Gefühl. Aber Gefühle sind nicht immer das, wofür wir sie halten. Emotionen und Gefühle sind eher eingebleute Verhaltensmaßregeln oder die Antwort des inneren Kindes darauf. Liebe zum Beispiel hat über neunzig Prozent nichts mit der wahren Liebe zu tun! Sie besteht hauptsächlich aus Vorstellungen oder hormonellen Eskapaden! Dazu kommen die Antworten der Personamaske und des inneren Tyrannen auf die lebensthematischen Erlebnisse der Kindheit. Ganz selten, meist in Streitigkeiten, aber ebenso in zärtlichen Momenten, kann plötzlich ein Fenster zwischen den Ebenen aufspringen und dadurch kommt es dann zu unvorhersehbaren Eruptionen der armen Kreatur dahinten im Tabernakel, die wir scheinbar nun mal sind. Das ist eigentlich sehr gut, denn in solchen Augenblicken lässt sich bei eingeschaltetem innerem

Beobachter weit und tief in diese Ebene blicken. Wer hier etwas geschult ist, genießt geradezu dieses Highlight der sofort beginnenden transformatorischen Neuordnung, die draufgängerischen und befreienden Aufräumungsaktionen der Evolutionsbildung!

Zusätzliches Verstehen ist angesagt und das kann jeder ganz leicht lernen. Mit einem Coach, der einem eine Zeit lang beratend zur Seite steht, gelingt dem Reisewilligen so manch köstlicher Quantensprung. Leider meinen ja viele, diese Ecke lieber nicht zu erforschen, schrecken ähnlich zurück wie vor etwas Sündbarem, doch das ist ein glatter Fehlentschluss, denn es geht doch nichts über ein freudvolleres Leben nach dem Quantensprung!

Der Latin-Lover in dieser Geschichte jedenfalls fand Gefallen an seinem Therapie-Coaching, wie er es nannte. Er nahm an den Quantensprung-Seminaren teil und lernte, seine angebliche Selbstkreatur in Schranken zu weisen bis hin zur kompletten Entlassung von ihr.

Damit dies gelingen kann, ist Wachheit vonnöten – man muss präsent und bewusst sein, genauestens observieren, von welcher Handlungsebene der Impuls ins Tun gelangt. Dann trifft man sofort eine Entscheidung aus der Intuition, so schnell es geht, praktisch sobald der Impuls anrauscht. Dieser Entschluss gleicht einem Machtwort, er zeigt den »Kollegen«, wer jetzt der Chef im Haus ist, nämlich das wahre Sein! Damit ist es zu schaffen. Dem Verstand mit seinen Abwehrmechanismen und dem inneren Tyrannen plus Personamaske wird keine Kraft mehr zugesprochen. Und dies muss beibehalten werden, man lässt nicht nach in seinen Bemühungen und gibt keine Energie an die Vasallen des Tyrannen ab.

In einem anderen Fall ließ der Mann seiner Freundin fast keinen Spielraum mehr. Er bedrängte sie derart, dass sie mittlerweile den Moment verwünschte, sich auf ihn eingelassen zu haben. Täglich passte er sie bereits an der Wohnungstür ab und am Nachmittag kreuzte er bei ihrer Arbeitsstelle auf, um sie »liebevoll« abzuholen.

In den ersten Wochen hatte sie das mit Stolz erfüllt, der lang ersehnte und so entgegenkommende Partner war gefunden! Sehr schnell allerdings stellte sich heraus, dass dem leider nicht so war. Er stammte in zweiter Generation aus Griechenland, war in Deutschland aufgewachsen. Bei der Liebe allerdings hörte seine fortschrittliche westliche Einstellung komplett auf, da verstand er keinen Spaß mehr.

Mittlerweile klagte die Klientin über Angstanfälle vor ihrem Liebhaber, Widerspruch machte immer weniger Sinn. Es lag dann immer so etwas leidenschaftlich Bedrohliches in der Luft und vor allem in seiner Gebärdensprache. Als sie ihm schließlich die Gefolgschaft verweigerte, ließ er sich dazu hinreißen, ihr mit der offenen Hand mehrmals ins Gesicht zu schlagen. Das reichte ihr dann endgültig, sie flüchtete aus seiner Wohnung und kam am folgenden Morgen direkt in meine Praxis.

Guter Rat schien ihr zunächst einmal teuer, ich beruhigte sie und wir erarbeiteten von Grund auf einen Erlösungsplan. Ein wenig half ihr das Glück, denn ein Arbeitswechsel war in Sicht. Außerdem bot ihr eine Freundin eine Wohnung im selben Haus an. Die aufklärende Unterstützung meinerseits im Gepäck, fuhr sie direkt dorthin und es zeigte sich, was alles passieren kann, wenn man seine Transformationssprünge tätigt: Sie bekam beides, die Arbeitsstelle und die Wohnung!

Alles Leidenschaftliche durch den Herrn wurde so auf ideale Weise total ausgebremst. Die Grenzsetzung durch eine anscheinende Flucht getarnt tat ihre Wirkung. Es befreite die Klientin von einem wild gewordenen »Tolteken«. Und in ihrem Inneren modellierte das wahre Sein das »Computersystem« vollständig neu, bis es der wahren Freiheit entsprach. Damit stand sie zwar erst einmal allein auf weiter Flur, hatte aber im Moment keinerlei Probleme, im Gegenteil, das Alleinsein oder die Trennung mit anschließender Phase des Alleinstehens entfachte in ihr die Kraft des All-Eins-Seins.

Und darum geht es ja schließlich in erster Linie! Damit bereitete die Klientin eben auch höchst verantwortungsvoll den inneren Platz der goldenen Liebe vor.

Den Griechen hat sie bisher nicht wiedergesehen. Allerdings lernte sie zum ersten Mal in ihrem Leben einen völlig anders gearteten Mann lieben, als sie sich sonst in ihren Energiekreis holte. Es war, als wäre er von einer anderen Ebene in ihr Leben geschneit. Sie hatte in sich einen exzellenten Quantensprung hingelegt und damit eine neue Ära mit Mann in ihr Leben gezaubert.

Eine weitere Geschichte lässt in die Abgründe des frühen Missbrauchs und deren Folgen blicken. Einmal mehr verdeutlicht es uns die Dringlichkeit, in die Welt der Bürger mit einem Bewusstseinslicht hineinzuleuchten, damit das unkontrollierbare Weiterreichen von geradezu irreparablen Schäden in der Generationskette endlich aufhört. Wenn fünfundachtzig Prozent der Menschen in Europa dermaßen geschädigt und unaufgeklärt die Erlaubnis haben, so weiterzuexistieren, besteht keine Chance, jemals diesen tödlichen Kreislauf aufzubrechen. Traumatisierte Kinder werden zu Eltern und diese Mutter und Vater schädigen wiederum ohne Selbsthinterfragung ihre Kinder.

Irgendwann müssen wir den Mut fassen und Aufräumungsstationen dazwischenschalten. Eine gute Möglichkeit wäre die Schwangerschaftsberatung. Dort könnten die Familienverhältnisse beider Partner auf unerlöste Lebensthemen abgeklopft werden. Ein Leichtes wäre es dann, die Transformationshürden locker zu nehmen, denn angesichts eines solchen freudigen Ereignisses will jeder das Beste! Dem sollte sich dann eine mehrmonatige Intensivschulung anschließen und die dafür zuständige Institution kann dann, immer mit neuesten Erkenntnissen ausgestattet, für gewaltige Bewusstseinssprünge sorgen. Aber in allen Schulungsverhältnissen und bereits im Kindergarten kann mit einem bestausgebildeten Begleitpersonal

Wunderbares vollbracht werden. Daneben sollte jeder Bürger spätestens alle fünf Jahre zum Seelen-TÜV, einer Instanz, die hilft, alte Bewusstseinsfallen zu vermeiden, um dafür mit neuer, frischer Abenteuerlust immerfort die Berufung und damit ebenso rundherum die glücklichsten Lebensumstände auszuwählen.

Dies könnte ähnliche Geschichten wie die folgende überflüssig machen. Schon als sie in der Tür standen, kam mir der Gedanke, dass die beiden aussahen wie Pat und Patachon. Das Mienenspiel der Frau besagte: Entschuldigung, der ist halt so, ich kann auch nicht anders. Gemeint war ein kleiner Bub an ihrer Hand. Wobei er eher so ausschaute, als ob er seine Mama am Zügel hielt. In ihr tobte das schlechte Gewissen, es nicht besser zu können oder nicht die Kraft für eine gesunde Handhabung aufzubringen. Der Junge strahlte eine sehr wache Intelligenz aus, irgendwie war er der Boss im Ring. Die junge Frau erschien auf den ersten Blick wie eine Kindfrau ohne festen Kern, genügend Bodenhaftung, die Wurzeln für eine gesunde Basis fehlten gänzlich. Ein Windhauch und sie treibt am Himmel wie ein schnurloser Drache. So gesehen hielt tatsächlich ihr Junge sie am kurzen Band.

Als ich sie hereinbat, riet mir meine Intuition, beide im Behandlungszimmer nebeneinander zu platzieren und dem Jungen einen erhöhten Ehrenplatz anzubieten. Danach setzten wir uns und sie fing an zu erzählen. Mein Eindruck hatte mich nicht getäuscht, hier saß eine nicht verwurzelte Kindfrau neben einem Jungen, der permanent die eigene Verwurzelung forderte. Unzufrieden und darauf wartend, dass sich etwas tut, sah er mich prüfend an, als wollte er sagen, ist das jetzt wieder einer, mit dem ich nicht richtig kommunizieren kann, oder endlich mal jemand, der mich versteht?

Ich zwinkerte ihm zu und unterhielt mich mit seiner Mutter. Sie hatte mein Reiki-Praxisbuch gelesen, selbst Reiki-Erfahrung, und wollte gerne im Institut mitarbeiten. Ich erklärte ihr, dass sie hier gerne Reiki-Behandlungen geben könne und wir noch Trainer für unsere Sparte GYMNATION Gymnastik & Meditation in Fitness-clubs suchen würden. Sie hielt das für eine gute Idee und wir einigten uns darauf, dass sie sich bei uns im Gesundheitszentrum diese Übungen einmal ansehen sollte.

Als Nächstes erzählte sie mir, dass sie die Zusammenhänge der Chakra-Themen in diesem Buch sehr lehrreich empfunden habe und sich in vielem wiederentdecken könne. Ich teilte ihr mit, dass ich die Lebensthementherapie entwickelt und auch darüber ein Buch geschrieben habe. Sehr interessiert nahm sie ein Exemplar mit und wir machten einen Therapietermin aus.

In dieser Sitzung stellte sich heraus, dass sie große Selbstfindungsprobleme hat und sich trotz ihrer fast dreißig Jahre wie ein kleines Mädchen fühlte, irgendwie von außen in die Gussform einer Barbie-Puppe gepresst. Und tatsächlich schaute sie dieser sehr ähnlich. Sie berichtete von ihrem Vater, der seit ihrer Kindheit ihren Namen immer wieder mit dem der Mutter verwechselte, der schon früh in den Kindheitstagen als Albtraum ihren Nachtschlaf störte. Sie musste mit ihm Wasserski fahren, ewig die Leine halten und hatte dabei immer das Gefühl, dass Aale ihr zwischen den Beinen schwimmen. Diese Angst vor Aalen habe sie noch heute. Ich fragte sie, ob sie glaube, dass damals ein sexueller Missbrauch stattgefunden hätte. Darauf erwiderte sie, dass sie sich nicht sicher sei, aber wenn sie jetzt daran dächte, würde etwas in ihr erschauern.

Danach kam die Sprache auf die Mutter, die, wie sie meinte, immer bedrohlich über ihr schwebe. Bereits in der Kindheit hatte sie die permanente Bedrohung, die von ihr ausging, instinktiv gespürt oder verbal zu spüren bekommen. Nicht so wie ihr Stiefbruder, der wurde direkt von ihr geschlagen und aufs Heftigste beschimpft. Bei der Tochter ging die Mutter viel raffinierter vor. Sie lief ihr bei Fehltritten nur im Abstand hinterher, gerade so, dass die Tochter noch in ihr Zimmer entkommen konnte. Damit hatte sie sie zwar nicht direkt berührt, aber eine Angstblase geschaffen, die noch heute wirksam ist. Als der einige Jahre ältere Stiefbruder dann erfolgreich von der Mutter aus dem Haus gemobbt worden war, der Vater ihn vor der Bedrohung der Stiefmutter keineswegs schützte, fühlte sich meine Klientin vom Bruder verraten und ganz allein gelassen.

Im Erwachsenenalter blieben die Eltern trotzdem an ihr kleben. Die Mutter zwang sie, an allen von ihr bestimmten Festlichkeiten weiterhin teilzunehmen. Absagen kam überhaupt nicht in Frage. Wochenenden und Ferienaufenthalte wurden von der Mutter verplant und meine Klientin musste sich danach richten. Es gab nur wenige Ausnahmen, die die Mutter nach Gutdünken festlegte.

In diesem Jahr versuchte meine Klientin nun, der Mutter mit einem Trick in eigenständige Ferien zu entkommen. Sie hatte einen siebenwöchigen Aufenthalt in der Toskana gebucht, den sie mit ihrem Sohn in einer Ferienwohnung und dann in einem Hotel verbringen wollte. Sie glaubte fest daran, dass nach bezahlter Buchung die Mutter nicht mehr eingreifen würde.

Dann kam sie auf Übergriffe ihrer Mutter zu sprechen, die sich gegen den Enkel, also ihren Sohn, richteten. Die Tochter wohnte in der Nähe der Eltern und die Großmutter verfügte sehr freizügig über den Umgang mit ihrem Enkel. Der musste bei Besuch im Haus der Oma stets in deren Bett schlafen, dort, wo sonst der Opa lag. Ausquartiert aufs Sofa, war dieser seit Jahren sauer, konnte er ja dann seiner Frau sexuell nicht nahe sein. Seine Frau war einfach der Boss und er der Wasserträger. Das hatte ihn vielleicht schon früher auf seine Tochter aufmerksam gemacht. Die Mutter wiederum besuchte die Tochter zu jeder Zeit fast überfallartig, um sie mit Botengängen zu beschäftigen, oder traf bereits im Vorfeld Verabredungen mit ihr. Meine Klientin vermochte sich nicht abzugrenzen, kannte Begegnungen mit der Mutter gar nicht anders, ließ es geschehen. Immer wieder formulierte meine Klientin dabei den Satz: »Ich schaffe es nicht!«

Das ist genau das Lebensthema meiner Klientin: Aus dem Satz »Ich schaffe es nicht« in die gesunde Abgrenzung zu gelangen, mit der festen Überzeugung und Handlung, »Ich schaffe es, ich stehe für das ein, was ich wirklich will!«, in eine selbstständige Zukunft aufzubrechen. Die junge Dame saß mir gegenüber mit dem flehentlichen Blick in den Augen: »Bitte, helfen Sie mir.« Ich empfahl ihr, ein Quantensprung-Seminar bei mir zu besuchen, in dem sie ihre Situation weiter herausarbeiten und Bewusstseinswerkzeuge erlenen könne, um in ihrer Kraft stehen zu bleiben und die Attacken der Mutter abzuwehren. Sie entschied sich für dieses Seminar.

Dort machte sich vor allem ihre Todesangst bemerkbar, die sofort auftauchte, wenn sie für sich übte, vor der Mutter über ihre wahren Gefühle, Bedürfnisse und vor allem für ihre eigenen Entscheidungen geradezustehen. Die Angst vor der Mutter erschien übermächtig, sie hätte sich am liebsten in ein Mauseloch verkrochen. Immer wieder brach ihre Energie innerlich zusammen. Der Mechanismus verlief stets im gleichen Muster: gerade stehen, Meinung vertreten, Standpunkt halten, bestimmter Blick der Mutter, Energiefeld der Mutter knistert vor Spannung, schleudert eine boshafte Donnermasse Richtung Tochter, deren energetischer und körperlicher Zusammenbruch, vor Angst zittern, den Blick senken und der Mutter ein Ja zuflüstern. Damit war das wahre Sein zerbrochen, wie ein programmierter Roboter stand sie wieder der Mutter zur Verfügung.

Als Gegenkraft drückte sie nun in Zeichnungen aus, sie wolle sich von der Mutter nicht mehr hypnotisieren lassen, nicht wieder den Einlullungen anheimfallen! Nach fünf Tagen Seminar fuhr sie erfrischt, gestärkt und guter Dinge wieder nach Hause, mit der festen Überzeugung, jetzt gewappnet zu sein, um den Eltern Paroli bieten zu können. Prompt kam noch am selben Abend der Feuertest. Die Eltern lauerten ihr vor ihrem Wohnhaus auf. Zu Fuß vom Bahnhof kommend, erkannte sie auf den ersten Blick das Auto der Eltern vor ihrem Haus und versuchte, durch die Hintertür in ihre Wohnung zu

gelangen. Eine dunkle Vorahnung beschlich sie. Krampfhaft über-
legte sie, wie sie nun ihr Kind bei ihrem Bruder abholen konnte, und
beschloss, mit einem Blitzstart aus ihrer Garage einer Begegnung
mit den Eltern zu vermeiden.

Doch als sie ihren Wagen aus der Garage fuhr, stand das Auto der
Eltern plötzlich quer zur Garageneinfahrt. Sie saß in der Falle.
Gerade noch rechtzeitig konnte sie die Autotür verschließen, da
trommelten auch schon die Fäuste der Mutter gegen ihre Wind-
schutzscheibe. In ihrer Not rief sie mich, den Therapeuten des
Seminars, von dem sie ja gerade erst zurückgekehrt war, über ihr
Handy an. Ich nahm die panische Angst in ihrer Stimme wahr und
hörte das Prasseln der Schläge der Mutter aufs Auto. Ich riet ihr
dringend, sofort die Polizei zu verständigen. Das tat sie auch, jedoch
als die Polizei endlich eintraf, hatten sich die Ereignisse am Schau-
platz bereits überschlagen.

Die Mutter öffnete mit einem Ersatzschlüssel den Fahrerraum
und die Eltern zwängten ihre Tochter links und rechts ein, sodass es
kein Entrinnen gab. Diese brachte mehrfach deutlich zum Ausdruck, dass sie mit den Eltern auf diese Weise keinen Kontakt haben
wolle, und mahnte sie an, ihre Privatsphäre zu respektieren. Doch
der Übergriff, ja Angriff nahm dessen ungeachtet seinen Lauf. Die
Eltern akzeptierten die freie Entscheidung der Tochter nicht und
fingen an, auf sie einzuschlagen, sie zu würgen. Nur mit knapper
Not konnte die Klientin nach minutenlanger Tortur die Mutter mit
den Füßen aus dem Auto stoßen und herausspringen. Um Hilfe
schreiend, lief sie so schnell sie konnte die Straße entlang. Die Eltern
hatten mittlerweile die Verfolgung aufgenommen. Die Tochter versuchte, ein vorbeifahrendes Auto anzuhalten, was ihr auch gelang,
und bat den Fahrer, sie schnellstens zum Bahnhof zu fahren. Dort
angekommen, rief sie erneut die Polizei an, die dann endlich kam.
Nach kurzen Erklärungen fuhren sie mit der Klientin zurück zu
ihrer Wohnung. Zum Erstaunen der Tochter war dort alles in

»bester« Ordnung. Ihr Auto stand nicht mehr in der Auffahrt, das Garagentor war geschlossen, und als sie mit der Polizei ihre Wohnung betrat, saßen Mutter und Vater vergnügt am Esstisch und freuten sich, ihre Tochter »wohlbehalten« wiederzusehen. Sie täuschten ein grandioses Schauspiel vor, auf das die Polizei aber Gott sei Dank nicht hereinfiel.

Den Eltern wurde untersagt, der Tochter noch einmal zu nahe zu treten, und anschließend wurden sie nach Hause geschickt. Die Polizei nahm noch in derselben Nacht die Anzeige der Tochter gegen ihre Eltern entgegen und danach übernachtete sie bei ihrem Bruder, wo sie auch ihr Kind wieder in die Arme schloss. Per Gericht wurde den Eltern mitgeteilt, dass sie einen Abstand von fünfzig Metern zur Tochter und dem Enkelsohn wahren sollten. Es schien so, als habe die Klientin ihre Lebensthematik transformiert, sich in dieser Bedrohung, diesem Horrorszenario erstmals so behauptet, dass sie trotz Todesangst die Grenzen zu setzen imstande war.

Dennoch hatte sie weiterhin eine immense Angst vor ihren Eltern. Sie konnte und wollte nicht mehr in der Wohnung übernachten, die in der Nähe der Eltern lag. Sie konnte bei einer Freundin in einem anderen Ort unterkommen, deren Adresse die Mutter nicht kannte, versteckte sorgfältig ihr Auto in Seitenstraßen, damit auch kein Zufall sie der Entdeckung preisgab. Sie befand sich also nach wie vor durch die Vorgänge in traumatischer Angst. In den folgenden Wochen fand sie dann in der nächsten Großstadt eine neue Wohnung, einen Kindergartenplatz für den Sohn und in der Schule, die für ihn im Herbst beginnen sollte, eine wunderbare Lehrerschaft. Auch ein Hortplatz war gefunden, sodass sie sich dann ebenso ihren neuen Arbeitsaufgaben widmen konnte. Die neue Wohnung gefiel den beiden auf Anhieb, sie fühlten sich, dem Einfluss der Eltern/ Großeltern entkommen, so richtig wohl in ihrem neuen Leben.

So lief das dann ungefähr zwei Monate lang wunderbar, bis die Klientin plötzlich von einem Tag auf den anderen verschwand und nach Alarmierung der Polizei dieser berichtete, sie wäre jetzt wieder zu den Eltern gezogen und dort mit ihrem Sohn glücklich. Mich hat die Klientin nicht mehr aufgesucht, ich musste ihre diesmaligen Ausführungen vor der Polizei akzeptieren und habe ihr innerlich alles Gute gewünscht. Aber mir war sofort klar, dass hier nicht alles mit rechten Dingen zugegangen war. Anscheinend hatte sie ihr Lebensthema nicht so weit erlöst, dass diese Transformation dem nächsten Feuertest standgehalten hat.

Es ist also unbedingt erforderlich, nicht nur die Quantensprünge zu vollziehen, sondern ebenso die angrenzenden Monate und Jahre voller Bedacht im Auge zu behalten. Erst wenn ein Thema über einen längeren Zeitraum in der Erlösung bleibt, kann man es als gewonnen betrachten. Der innere Beobachter gilt hier als mit das beste Bewusstseinswerkzeug, das wir in uns installieren können.

Liebe – Freundschaft

Ein geschundenes Herz erlaubt keinerlei Freundschaft in Liebe. Aber Liebe und Freundschaft sind dennoch möglich. Sind ja Werte, die wir alle anstreben. Was hakt? Es ist immer dasselbe, was wir für Freundschaft halten und ebenso gebrauchen, hat mehr mit Kuhhandel zu tun als mit einer würdigen Handhabung durch dick und dünn. Und hier rede ich noch nicht einmal von Liebesbeziehungen. Unter Freunden sprengt es den Kreis, sobald die Lebensthemen anfangen aufzutrumpfen. Unerlöste Lebensthemen verhindern eine authentische Freundschaft, weil es sich im Grunde nur um eine oberflächliche Verbindung handelt. Aus verschiedenen Gründen werden keine richtigen Grenzen gesetzt oder aber man verabschiedet sich, wenn es ans Eingemachte geht.

In der Liebe ringt man meist um Macht und Abhängigkeit, da hier ebenfalls gewöhnlich die Lebensthematik unaufgeräumt zwi-

schen den Partnern steht. Einzig und allein das Erkennen und Aufräumen der Lebensthematik lässt den Wunsch nach gesunder Verbindung in Freundschaft und Liebe wahr werden. Wo Liebe bis zum
Herzen reicht, spannt Freundschaft bis in die Tiefen der Nabel-
gegend, den Platz der inneren Quelle von Liebe und Kreativität. In
einer Freundschaft werden keine Spielchen um Energie und Besitz-
tum gespielt, Freundschaft unterstützt und zeigt gesunde Grenzen
auf. Sie hält, wenn es darauf ankommt, ist direkt verbunden mit dem
wahren Sein. Das Ego hat hier keinen Platz. Freunde kommunizieren
von Seelenwesen zu Seelenwesen. Wer dies erlebt, spürt die tiefe
Segnung des Göttlichen. Wahre Liebe enthält immer diesen köstlichen Geschmack.

Ich backe mir meinen Traumpartner!

Viel Glück beim Backen, doch wie Tausende Köchinnen, Köche und Konditormeister immer wieder frustriert feststellen müssen: »Leider nicht möglich!« Jeder muss für den Wunsch nach anderen Verhältnissen bei sich selbst beginnen! Erst das bringt den Magnetismus, der hier die Erfüllung verspricht. Diese Erkenntnis ist der Anfang von revolutionären Geschehnissen auf den Lebensbühnen aller Beteiligten...!

Wahre Liebe, was ist das eigentlich?

Wahre Liebe bedeutet den Sprung von der Ahnung in die Gewissheit der himmlischen Dimension dieser Form von Energie. Es entspricht dem, was wir in der unendlich göttlichen Liebe der Existenz nach einem erfüllten Leben erfahren und nun ebenso bereit sind, auch auf Erden zu erschaffen, zu verwirklichen.

Wem diese Liebe einmal widerfährt, der schaut direkt ins Antlitz Gottes. Ob in der Tiefe der Meditation oder mit einem ebenso von den Lebensthemen geläuterten Geliebten, man selbst und der Partner wird zum Tor, die Unendlichkeit spiegelt sich in den Augen. Nur wer über das Philosophieren und rein körperlichen Sex hinausgeht, wird hier fündig!

Gemeint ist der innere Bereich, der am meisten zurückschrecken lässt, dort, wo wir all-eins sind, die Weite der unendlichen Leere, das

Nichts, dort, wo sich der Tropfen mit dem Ozean mischt, die Seele mit dem Universum tanzt.

„Ich« und »Du« lösen sich hier in eine Einheit auf, sie geben sich dem tiefen Verlangen hin, eins zu werden. Eins mit dem Ganzen, dabei in der Gewissheit stehend, zu guter Letzt den Kreuzweg des abgeschnittenen Fühlens erlöst zu haben. Die Trennung erweckte den Wunsch, die Liebe, und führt uns nun nach langer Reise an die eigene innere Quelle, die Verbindung zur universellen Existenz.

Erst wenn bereits ein Gutteil der Transformationsthemen erledigt ist, wird der Suchende mit diesem Schritt in die höchste Form der Liebe konfrontiert, wird sie ihm ermöglicht, ist er bereit, kann die Belohnung erfolgen.

Doch natürlich ist dies wiederum ein Tor, das vor dem Durchschreiten zurückschrecken lässt. Wahrliche Liebe, in der bisherigen Lebensspanne schwerlich vermisst, kennt der Bewusstseinswanderer meist bisher überhaupt nicht. Unerfüllte Liebe als Transformationsvehikel, das erlebt man zur Genüge, aber jetzt einfach ein kleines Schrittchen wagen und danach Liebe im Überfluss empfangen, tangiert doch eher den Fluchtreflex als den Schalter zum Strom unendlicher Freude.

Alles erlesene Wissen nützt nämlich in diesem Moment gar nichts, und Erfahrenes trägt zwar an die Schwelle, der Sprung ins Unbekannte, ins kalte Wasser allerdings wird von Vermeidungsstrategien der inneren Abwehrmechanismen ein ums andere Mal ausgekontert.

Nur der geschulte Liebende oder zu allem bereite Zeitgenosse erweist sich als tapferer Standhalter des Wachstums. Er weicht jetzt keinen Millimeter zurück vor der Aufgabe. Bis an den Rand seiner Aura steht er in authentischer Kraft, zum Sprung bereit. Sogar der ehemals »gefahrvollen« bewussten Begegnung mit dem anderen Geschlecht schaut er nun voll der Freude, ruhig und mit höchster spiritueller Gelassenheit ins Auge. Er hat die Tiefe des Nichts geschaut, erfühlt, erfahren. Ihm gegenüber tritt jemand in ähnlicher

Position, ebenfalls bereit, dem Unglaublichen seine Aufwartung zu machen, die unendliche Weite genießend...!

In diesem Moment der Berührung zweier gewachsener Energien entsteht eine Verzauberung ganz eigenen Ausmaßes. Zwei, die ihr Aufgehobensein im göttlichen All-Eins-Sein erprobten, gelangen nun in die erhabene Verschmelzung.

Das Gold der Liebe tritt in Erscheinung! Diese geläuterte Art der Liebe trifft alle Ebenen des menschlichen Daseins, verändert den Wertehaushalt jeglicher Begegnung ins Außen. Menschliches Handeln verliert auch die letzten Reste despotischen Tyrannentums, Bedürftigkeit und unterernährte Besitzgier erlöschen. Größte Intimität, vollkommene vertrauensvolle Offenheit, keine Scheu vor herzlicher und sexueller Berührung und ein spiritueller Einklang der Seelen, strahlend vereint im universellen Orgasmus. Der leise oder laut sein meditatives Liedchen der Befreiung und Freiheit hören lässt.

Das unendliche Band der Liebe umschließt die beiden trotz allem unabhängigen Wesen in Form einer horizontal liegenden Acht. Endlose Entspannung in höchster Energieschwingung dringt wie ein ewiger Blitz der göttlichen Dimension in unsere Welt. Das ist der Stoff, von dem wir träumen. Und der so dringend benötigt wird, um Menschen in Liebe zu vereinen!

Das ist die Erfahrung von Gott und gleichzeitig die Erschaffung des Himmelreiches auf Erden. Lange von den erhabensten Meistern wie Buddha, Jesus oder Osho vorausgesagt. Sämtliche spirituellen Meisterwerke und vor allem die neuen Offenbarungen weisen auf diesen potenziellen Umschwung im Inneren des Menschen und die Richtung einer dermaßen erfüllten Partnerschaft!

Die Erfahrung der hohen Kraft der wahren Liebe setzt in jedem von uns einen Automatismus in Gang, von dem wir vielleicht nicht mehr gehofft haben, dass es so leicht geschehen könne! Das ist also die Art Liebe, nach der zu streben sich wirklich lohnt. Wir werden uns dieser Kraft in der ruhenden Verstandestätigkeit, der Meditation, sehr schnell bewusst. Der Kopf ist dabei abgeschaltet, denn Gedanken helfen hier in keinster Weise!

Wir brauchen allerdings ab dem Moment größte Courage und einen unbeugsamen Experimentierwillen, um diese Tiefe des Lebens auszuloten. Nur ein mutiges An-Bord-Bleiben, wenn der Augenblick naht, führt auf die Transitstrecke der höchsten Liebe.

Gleichzeitig soll jedoch klargestellt werden, dass Verschmelzung hier ebenso das Loslassen mit einbezieht. Die Liebenden kehren auch nach der tollsten Tantra-Begegnung in ihre authentischen inneren Zentren zurück, geben sich gegenseitig wieder frei, um in der nächsten Welle, wann immer sie kommt, hocherfreut die wunderbare Vitalkraft der Sexualität, den Einklang der Herzen und die spirituelle Weite erneut zu empfangen.

An dieser Stelle ist es wichtig, mit dem Irrtum der permanenten Vereinigung auf allen Ebenen als oberstes Ziel der Liebe aufzuräumen. Mann und Frau nähern sich eher wie Wellen aufeinander zu und entfernen sich wieder. Und doch bleibt ein zartes Energieband bestehen, umgarnt in Leichtigkeit und Freiheit die zwei in Liebe verbundenen Seelenwesen.

Wer hier liebt, arbeitet sich an sein meisterliches Selbst heran. Die Stufe der wahren Liebe befördert das Bewusstsein ebenfalls in die höchste Ebene und der gleichfalls im Inneren installierte bewusste Beobachter tut sein Übriges. Wahre Liebe steht in ständigem direktem Kontakt mit der so wichtigen Entscheidungsinstanz der Intuition. Hier fest verankert, handelt man aus den göttlichen Impulsen der inneren Stimme. Damit ist man stets angeschlossen an ein Energiefeld der Stimmigkeit, man kann den Taten aus dem wahren Sein voll vertrauen.

Wie schon erwähnt, steigt man so in Ebenen optimalen Bewusstseins auf. Auch nach außen zeigt es sich nun gegenüber allen Treffen und Begebenheiten. Auf Situationen wird unmittelbar mit der inneren Präsenz reagiert. Besser gesagt, bei Bedarf wird mit Achtsamkeit und Einfühlungsvermögen schnell, klar und eindeutig agiert. Dieses Handeln entstammt nicht der Ebene des Tuns, sondern direkt dem Sein.

Letzteres Verhalten hilft dem aus der Liebe gefallenen Zeitgenossen am besten, schnellstmöglich auf diese Ebene zurückzugelangen oder nun dorthin zu finden.

Dazu gehört automatisch die unentwegte Innenschau und das absolute Einhalten höchst gesteckter Werte, ebenso aufdeckendes Beraten, wo immer Menschen unbewusst fehltreten. Und auch in der therapeutischen Beziehung entsteht erst jetzt mit dem Klienten eine schattenfreie Kommunikation. Dabei kommt es oftmals zu unerwarteten Erfahrungen. Familienangehörige und Freunde nehmen eventuell sogar Reißaus. Andere dagegen nehmen hilfreiche Hinweise dankend an. Und dann verändert sich noch etwas – etwas enorm Wichtiges: Die lebensthemenbedingte Personamaske und das so gerne boykottierende, tyrannische innere Kind nehmen Abschied. Zum richtigen Zeitpunkt geben sie auf!

Diese Teilbereiche des Ego-Systems, geprägt von Misslingen, Frustration und dem Beinaheaufgeben, wollen verschwinden. Der Durchbruch in die höheren Ebenen, das Durchschreiten dieser wichtigen Transformationstore, erlöst die Seele von ihrer gewählten Lebensthematik, setzt die Bewusstseinskristallisation endgültig frei. Damit verändert das Geschehen für alle Zeit den Umgang mit sämtlichen Menschen. Die transformierte Seele ist zu ihrem wahren Sein gereift. Sie begreift die Realität der Evolutionsreise einer jeden Seele als deren Sinn.

So sind auch die alten Anhaftungen beendet. Vater und Mutter bleiben natürlich die engen Blutsverwandten, aber sie werden als das begriffen, was sie wirklich sind, die ehemals empfangsbereiten Wesen, die die neu inkarnierte Seele lebensthemengemäß prägen. Sogenannte Durchlauferhitzer, aber nicht unbedingt wirklich freundschaftliche Seelengefährten.

Der bewusste Mensch lebt und liebt nun letzten Endes in einer Weise, die automatisches Wachsen in Gesundheit und Bewusstheit bedeutet und dieses Wachstum permanent weiterreicht. Er lässt sich zu keinem anderen Verhalten als seinen entschiedenen Werten hinreißen. Er ist zum Evolutionshelfer mit Zivilcourage für andere Seelen geworden. Seine unendliche Liebe veranlasst ihn jederzeit zum evolutionär konsequenten Handeln gegenüber jedermann. Mit gemeisterten Lebensthemen nimmt man selbstverständlich Anteil ohne übermäßiges Kümmern.

Bei Bedarf klingt das Handeln eher schroff und distanziert, weist so, wo nötig, in Grenzen. Die wirkliche Liebe erlaubt keinen tyrannischen Umgang, unterstützt nicht das breite Spektrum des Energieraubs und der Heimzahlung zwischen Menschen, manipuliert auch nicht auf schleichende Weise oder unterdrückt in Partnerschaften, Freundschaften, im Kollegenkreis etc.!

Eins ist in jedem Fall gewiss, der so Gesegnete spielt niemals Vater- oder Mutterersatz. Wird also nicht dem Schmusekurs des verzückten Helfersyndroms verfallen, sondern Hilfe zur Selbsthilfe geben. Einfach, klar und gut! So lernt der in der Falle Sitzende am schnellsten! Und das sollte immer die Maxime sein!

Der in der wahren Liebe Angekommene trägt die Stimmigkeit in sich und damit tatsächlich auch die Verantwortung für ein göttliches Handeln. Unsinnige Ego-Bedürfnisse werden nicht weiter gestillt, der Mensch dient umsichtig dem Fortschritt auf der Evolutionsspirale. Den Angsttiraden und dem weit geöffneten Rachen des Monstrums ungezügelt negativer Vorstellungskraft wird kein Tribut mehr gezahlt. Der wirklich Liebende hat gelernt, im All-Eins-Sein Platz zu nehmen. Er ist absolut unabhängig, frei und fällt keinerlei Manipulation mehr anheim.

Auch angstvolles Klammern, Festhalten oder das Betteln um Liebe legte er bereits vor einiger Zeit ab. Er hat eindeutig festgestellt, dass wirkliche Liebe nur geschieht, wenn wir uns gegenseitig loslassen, frei geben und so zur individuellen Bewusstseinsblume gedeihen.

Das große Tor der Transformation heißt hier Liebe und der Liebespartner ist dabei sicherlich eine zwar wichtige, aber trotzdem nur eine Wachstumsmöglichkeit. Denn für das Tor der wahren Liebe, der Buddha-Natur, brauchen wir nicht unbedingt einen anderen Menschen. Wir finden die Liebe und Verbundenheit genauso in der Meditation. Sie führt uns direkt an die innere Quelle und verbindet uns so mit dem hier sperrangelweit offen stehenden Tor zur universellen Energie.

Liebe ist Existenz und führt in alle Richtungen. Liebe ist die erfahrene gedankenfreie Kraft der Meditation, das vertrauensvolle Aufgehobensein im göttlichen All-Eins, das unabhängige Einssein in Allem! Wahre Liebe fühlt die Verbundenheit mit dem Ganzen überall und jeden Tag in uns und um uns herum!

Begegnung von Seele zu Seele –
Liebe fließt!

Seelensein spiegelt Sein ohne Pein, Vergangenheit oder Zukunft, jeder als Einheit, vollkommen eins mit sich selbst. Ein unsichtbares Band zieht um die Aura, den Energiekörper. Die Seele formt schwungvoll die Verbindung wie die Unendlichkeitsschleife einer waagerecht liegenden Acht.

Was hindert uns daran, dass Liebe fließt? Das Ego!

Dieses vom wahren Sein abgespaltene Kunstprodukt, künstlich und angstvoll aufrechterhalten von seinen Statthaltern, dem inneren Tyrannen und der genötigten Personamaske, genährt von der unendlichen Tiefe des Schmerzkörpers – Tabernakel, das sich in Form des Ego qualvoll allerorts anstellt nach der Macht über alle Mitkonkurrenten.

Von der Gesellschaft hofiert, hat das Ego keine Ahnung von der Realität des Seins. Die Menschheit wird in die Krankheit des Ego hineinkatapultiert, diese Ebene mit aller Macht der Erziehungsorgane gefördert. Der Erdenbürger steht damit eigentlich völlig entwurzelt auf seinem Heimatplaneten und trägt unreflektiert lebenslang mit bei zum unglaublichsten Unsinn dieser Welt. Natürlich entspricht diese Barriere genau den individuellen Lebensthemen, aber dennoch gilt es für jedermann zu verstehen, dass genau dies ihn so erfolgreich davon abhält, sein subjektives und kollektives Glück zu finden. Damit ist ebenso die Verbindung zum Ganzen unterbrochen. Mit der Geburt kommt der Mensch ohne Wurzeln auf diese Welt, er steht nicht richtig in der Erde.

Wie bei einer Pflanze, einem Baum dem man den Humus zum Wachsen und Gedeihen nimmt, steht der Mensch plötzlich ohne Nahrung da. Das lebenswichtige Element des Wassers, das Elixier der Liebe, fehlt völlig. Dieser Baum ist noch nicht einmal eingepflanzt, doch Bäume existieren nur in der Erde. Sie ist seine Nahrung und das Wasser dient ebenso dem Wachstum. Doch ohne Wurzeln keine Nahrung, damit ist das Ende der Transformation nahe, beginnt nicht einmal.

Der Wille nach Liebe bedeutet also, Nahrung aufzunehmen, und das gelingt nur, wenn man ordentlich Wurzeln in die Existenz treibt. Dafür muss man allerdings das Ego angemessen verabschieden und die Handlungen auf der Lebensbühne ständig hinterfragen. Die Kulissen des Lebens gehören nicht einfach akzeptiert, es braucht einen unbeugsamen Lebenswillen, um Aufklärung zu betreiben!

Immer mehr gebeutelte Erdenbürger erwecken, von den Schocks der Lebensbühne gepeinigt, ihre inneren Kräfte, raffen sich auf, dem scheinbar Unausweichlichen die Stirn zu bieten. Sich dem Ersticken unter alten Riten nicht weiterbeugen, aufstehen, ein neuer Mensch werden, das in jedem innewohnende Potenzial abrufen, zur Blüte auferstehen – so heißt der neue Wahlspruch!

Die Liebe zum anderen Geschlecht zeigt sich hier als ungeheuer nutzvoll. Das Ineinanderfallen der Gegenpole macht es dem Einzelnen wesentlich leichter, in die höhere Bewusstseinsebene aufzusteigen. So erklärt sich auch der permanente Drang des Weiblichen zum Männlichen und umgekehrt. Die Frau zieht es zum Manne und der Mann wird von der Frau geradezu magnetisiert. Gegenseitig verschafft man sich so Erdung. Tief verwurzelt, zieht man am selben Bewusstseinsstrick der Liebe.

Diese zwei entgegengesetzten, männlichen und weiblichen, Energiepole stehen im optimalen Fall in ihrer absoluten Harmonie wie in dem Yin/Yang-Zeichen der fernöstlichen Heilslehre. Genau dem entsprechen der Mann und die Frau – zwei komplementäre Hälften eines Ganzen. Beide sind nur halb und wollen mit einer schier unglaublichen Anziehungskraft zueinander, will das Männliche zum Weiblichen und das Weibliche zum Männlichen. Wenn dies dann in seiner vollsten Ausgeglichenheit tatsächlich geschieht, gelingt, was für ein Crescendo!

Ein unaussprechlich begeistertes Glücksgefühl entsteht am inneren Ort der Begegnung. Es steigt den Energiekanal der Chakren hinauf, verwandelt bis in die Aura das Erscheinungsbild der Beteiligten. Sie werden zu göttlichen Aspiranten, die in ihrer Verschmelzung durch die innere Tür des anderen in Gott eingehen. Man wird wechselseitig zum Tor Gottes.

Die Menschen verbinden sich, um voneinander zu lernen, und die Evolutionsspirale treibt uns mit den jeweiligen Lebensthemen einer jeden Inkarnation voran. Der Klebstoff der Verbindung ist dabei die Liebe, ist gleich das Göttliche. Liebe ist Gott!

Das Erreichen der höchsten Bewusstseinsebene der Liebe ist deckungsgleich mit Gott. Das Wesen der Existenz zeigt sich so jedem in die Liebe Eingegangenen, man wird zu diesem Wesen. Diese göttliche Energie nimmt Platz, ist die Erleuchtung, wer Augen hat, zu sehen, wird sehen.

Wir kommen und gehen allein in und aus dieser Welt, aber in Verbindung mit den Menschen finden wir in unser Wachstum. Runde um Runde gedeihen wir zur höchsten Bewusstseinsklasse.

Doch was behindert dann immer wieder den freien Fluss des Seins? Unsere so tief sitzende Angst vor der Liebe!

Angst bedeutet, nicht in Liebe zu sein, und Nichtliebe heißt Kontrolle, Machterhalt, Ego…

Liebe ist… einzutauchen, aufzulösen, zu erlösen, loszulassen, sich hinzugeben, zu vermischen.

Man taucht förmlich in den anderen ein, löst die altgewohnte Form gänzlich auf. Kann nur so im Neuen verschmelzen. Wir verlieren dabei die altgewohnte Identifikation mit dem, was wir nicht sind. Innerer Tyrann, Personamaske, das Ego, kann dorthin nicht mitgenommen werden. Wir müssen es abstreifen, keine weitere Möglichkeit bleibt offen.

Lediglich das wahre Sein, die Seelenenergie, das Göttliche, verbleibt und vermischt sich mit einer weiteren Idee Gottes. Alle alten Aspekte des »Ich« müssen weichen und genau das verursacht unsere tiefste Furcht. Wir glauben, dann zu verschwinden, dass nichts mehr übrig bleibt von unserem traktierten Sein. Ja wir meinen sogar, nur dieses traumatisierte Häufchen Elend ist das, wer wir sind.

Genau deshalb können gar so wenige durch dieses Nadelöhr der Transformation hindurchschlüpfen. Die Identifikation mit dem Elend und die daraus entstehenden Abwehrhandlungen dienen dem vermeintlichen Überleben, verhindern die so wichtige Einsicht in das Mysterium von Liebe und Göttlichkeit.

Doch wenn es wirklich passiert, der Mann in die Frau und die Frau in den Mann eintaucht, verlieren beide ihr Ego samt den beiwohnenden trübseligen Gesellen, automatisch verlöscht deren Scheinexistenz. Nun vollkommen authentisch, spürt man von irgendwelchen Ängsten weit und breit keinerlei Anzeichen. Es ist der Eingang und der Einklang in und mit dem Ganzen, die absolute

Verwurzelung in die göttliche Existenz. Wir verlieren unser angebliches Selbst und finden uns wieder im stimmigen Sein der Realität. Jegliches Zurückschrecken ist völligem Vertrauen gewichen. Vor diesem Nadelöhr der Transformation ist keine Seele gefeit, alle müssen auf ihrem Weg dort hindurch. Meist vergehen viele Leben, bis eine Seele ihre Erdenzeit für diesen großen Durchbruch nutzt.

Die Liebe von wahrem Sein zu wahrem Sein ist heute noch eine so kostbare seltene Perle, man findet sie allerdings unter den Gereinigten, den von ihren Transformationsthemen Erlösten immer häufiger. Viele Menschen stehen gegenwärtig an dieser großen Furt der Transformation, dem Aufbruch ins goldene Zeitalter, dem Finden der göttlichen Realität im eigenen Sein.

Auf dem Pfad dorthin erleben wir dagegen die lautstärksten Verstandeshürden, kämpfen wie gegen Windmühlen um unser spirituelles Überleben. Gleichzeitig ist jeder Erdenbürger davon überzeugt, dass irgendwo oder irgendwann die Begegnung mit einer tieferen Liebe passieren wird. Alle wissen, dass es ohne Liebe nicht geht, hungern geradezu danach. Das leere unerfüllte Herz dürstet dem Unbekannten entgegen, man fühlt sich hohl wie ein inhaltsloses Gefäß.

Liebe im Spiegel der Lebensthemen

Liebe ist auf jeden Fall nicht das, was wir uns landläufig darunter vorstellen! Oder doch? Liebe ist nur ein Wort? Auch das ist lediglich die andere Seite der Medaille. Wirkliche Liebe ist genau die Mitte!

Es ist der Leim, der uns verbindet. Sowohl die Dimensionen mit den Seelen, die Zeitgenossen untereinander als auch die Menschen mit der Natur, den Tieren und natürlich mit den Dingen, die wir als Visionen betrachten oder aus unserem wahren Sein heraus tun. Es ist der Kleister der Evolution, dessen, was sich weiterbewegt, die Transformation initiiert – das Leben selbst.

Liebe ist das große Tor, der Weg und das Ziel!

Alle Ingredienzien des Lebensbaumes Liebe, ob positive oder negative Erfahrungen, reihen sich ein in den persönlichen Wachstumsweg der Seele. Wir meinen dabei, besser nur die angenehmen Dinge als wertvoll zu betrachten, doch der eigentliche Sinn der Erdenzeit ist eben das Erleben aller individuellen Erscheinungsformen. Um am Ende aus diesem Cocktail die ganz individuelle Kristallisation der Seele herbeizuführen.

Und tatsächlich erkennt der aufmerksame Betrachter von Liebesgeschichten trotz oder gerade wegen der teils harten und schmerzvollen Auseinandersetzung – das Sichverlieben, die innige Sexualität und dann doch der Bruch, die Trennung, das Loslassen und die Einsamkeit –, dass ihn seine Entwicklung letztendlich dem näherbringt, wohin er sich im wahrsten Sinne des Wortes aufgemacht hat oder wonach er sich sehnt.

Wir begegnen selbstverständlich gleichfalls in der Liebe dem evolutionären Grund unseres Daseins, den Lebensthemen. Die jeweilige Reife entspricht dann dem Stand auf der Evolutionsspirale der Seelenentwicklung. Und aus unserem inneren Schatzkästchen erschaffen wir alles, ziehen das auf unsere Lebensbühne, was uns mit den Lebensthemen konfrontiert. Und davon ist natürlich der ewige Liebesreigen nicht ausgeschlossen.

Damit erweisen gute und schlechte Zeiten dem Bewusstseinswachstum einen unverzichtbaren Dienst. Der wertvolle Auftakt beginnt in der Kinderstube, zieht vorbei an den pubertären Liebesgeplänkeln bis hin zur Familiengründung und darüber hinaus. Jeder noch so kleine Einschnitt verändert den Lebensweg und das Bewusstsein. Der Evolution geht es dabei in erster Linie um das Seelenwachstum, wie dies erreicht wird, ist auf dieser Ebene eher nebensächlich. Wir Menschen haben dagegen in so mancher Situation das Gefühl, vor Schmerzen zu zerspringen.

Dank der Konditionierung von Eltern, Staat und Kirche teilen wir diese Erfahrungen in Schubladen ein. Erst einmal in diesen verschwunden, gibt es vor den dort innewohnenden Emotionen kein Entrinnen. Vielfach abgedrängt ins Unbewusste, wirken sie zunächst unerkannt, um irgendwann doch ans Tageslicht zu treten. So erscheint dann ganz automatisch das Erdenleben mitunter als eine unendliche Qual.

Doch wir sollten die Zusammenhänge richtig verstehen, ihnen die Bedeutung beimessen, die ihnen zukommt. Wenn wir dem Fortschreiten der inneren Kristallisation täglich gewahr sind, können wir eben nicht einfach so in alte Mechanismen oder Schubladenverhalten abstürzen, wie es gewöhnlich passiert. Im Gegenteil, den Herausforderungen der Seelenevolution tritt man am angemessensten gegenüber, indem man für die richtigen Informationen sorgt und im stimmigen Moment den wichtigen Wachstumsschritt vollzieht!

Der gravierendste Unterschied zwischen einem bewussten Umgang mit Liebe und Sexualität und dem völlig blinden Hineintapsen in die Welt der Liebe ist die Steuerung, der Antrieb im Menschen.

Der mit Bewusstsein und Wissen ausgestattete Liebende hat die permanente Tuchfühlung zum existentiellen Aufgehobensein während des Prozesses der Aufarbeitung seiner Lebensthematik, und dies mit intuitiver Handlungsfreiheit. Er vereint ganz selbstverständlich die Selbstschau, die Weiterbildung der Herzebene und in der Partnerschaft eine göttlich ausgelebte Sexualität. Er ist gewissermaßen ein Handelnder in frei schwebender Unabhängigkeit, in der Stille der Meditation und doch unterwegs in klarer absichtsvoller Liebesenergie. Er ist sich seiner Lebensthemen bewusst, kann darüber hinaus an den schwierigen Kreuzpunkten, genau dort, wo es um Erlösung geht, um das Durchschreiten einer Transformationstür, den wichtigen Schachzug wagen!

In einer außergewöhnlich tollen Partnerschaft zweier reifer Wesen werden Bewusstseinssprünge zuweilen sogar gemeinsam bestanden. Es ist für Außenstehende gerade die Leichtigkeit und innige Tiefe, die in einer solchen Liebes- und Transformationsgemeinschaft besticht.

Geschürte Erwartungen, die alten Konditionierungen und von Medien beeinflusste Idealbilder lassen die Menschen allerdings ewig hinter Phantomen herjagen. Meist ist das Erwachen dann im Lauf der Jahre äußerst bitter. Realitätsfremde Welten werden zum angestrebten Traum erhoben. Partner müssen, ins Korsett gezwängt, eher Barbiepuppen ähneln als Erdenbürgern mit all ihren Normalitäten, die einem vielleicht sogar wirklich guttun.

Den größte Einflussbereich stellt allerdings die Partnerwahl anhand der gewählten Lebensthemen dar. Wie ferngesteuert interessiert einen jeden nur ein ganz bestimmter Typus Mann oder Frau, dem wir dann so lange hinterherjagen, bis wir ihn oder sie annähernd gefunden haben. Lebensthemengemäß heißt, wir wollen Erfahrungen mit einer bestimmten Sorte Liebhaber sammeln. Keine andere Galionsfigur wäre auch nur beinahe so interessant wie die jetzt gewählte. Sie gleicht meist dem eigenen Vater oder der Mutter. Je nach traumatischer Erfahrung, nicht erhaltener Liebe oder einem Zuviel davon als Übergriff und Missbrauch rennt man der Mutter- oder Vaterliebe verzweifelt hinterher oder vor ihr davon! Doch dort, wo man hofft, sein Glück zu finden, herrscht genau das Gegenteil! Das Transformationstor heißt an dieser Stelle ganz praktisch, davon Abstand zu nehmen und eher bei gegenteilig gepolten Mitmenschen das Heil der wahren Liebe zu finden.

Manch einer wundert sich derweil, warum den wenigen goldenen Augenblicken oftmals so düstere Zeiten folgen. Weil jede Seele gerade diese Schleifmomente des Bewusstseinswachstums so dringend für die Entwicklung benötigt! In der anderen Dimension gewählte Lebensthemen funktionieren nun mal nach diesem Erlösungsprinzip. Erst bestandene Prüfungen lassen das Gold ernten, worauf wir so lange warten!

Doch genau wegen dieser unerfüllten Hürden erleben nur ganz wenige Menschen die ersehnte Liebe. Denn wir alle sind zumeist, infolge von Traumatisierung im Jugendalter, vom Gegenteil der Liebe gesteuert, der Angst. Sobald es zu heiß wird, greift der Fluchtimpuls. Dieser ist mitunter ein scheinbar gentechnischer Kumpane wie aus den Urzeiten des Neandertals – nach dem Motto »Wenn er aber kommt, laufen wir davon!«.

Der zukünftige erlöste Mensch trifft einige lebenswichtige Entscheidungen und initiiert damit einen unglaublichen Wachstumsschub. Er löst sich von alten fremdgesteuerten Handlungsfäden und erlaubt seiner Intuition, die Steuerung in die Hand zu nehmen. Dabei beachtet er sein Inneres mit größter Aufmerksamkeit und unterdrückt nichts. Er arbeitet alles auf, was sich zeigt, geht jederzeit mutig den Weg der Transformation und lässt auf gar keinen Fall zu, dass ihn irgendwelche künstlichen Fäden am Wickel haben. Und das Wichtigste, er gestattet sich keinerlei Gehenlassen in Dingen oder Handlungen, die nicht seinem wahren Sein entsprechen!

Die inneren Parameter sind: die Personamaske nach außen – das Tabernakel – das innere Kind/der Tyrann – das wahre Sein. Jeder Mensch handelt jede Sekunde aus seinem individuellen Parameterstand, wählt dabei ständig Freiheit und Liebe oder Angst und Gefangenschaft. Der Urgrund dafür steckt, wie schon dargelegt, in den selbst gewählten Lebensthemen. Zu dieser in der anderen Dimension gewählten Thematik, dort, wo die Seelen nach dem Tode rasten, braucht die Seele auf Erden den geeigneten Spielgrund: das am besten passende Elternpaar, die geeignetste Zeitschiene und das Umfeld, Land, Stadt, Schule, Freunde etc.

Zur Zeit des Urknalls begann das Universum im Bereich des Planeten Erde mit der Aufspaltung in kleinste Seeleneinheiten. Von diesem Moment an erfährt sich das universelle Sein neu, der Schöpfungsprozess nimmt seinen Lauf. Wir nennen dies heute die Bewusstseinsentwicklung auf der Evolutionsspirale, mit der Einteilung für die Seele in Leben und Tod und wieder Leben. Wobei aber lediglich die jeweiligen Körper sterben, denn Seele heißt ewiges Leben. Wir sind also als Formwandler unterwegs.

Die Einheiten werden bis heute festgemacht an den Lebensthemen, die jede Seele pro Erdenleben tunlichst in die Transformation entwickelt. Über Jahrtausende reist die Seele Einheit für Einheit die Spirale aufwärts auf dem Pfad zur Meisterschaft. Die letztendlich dort Angekommenen nennt man daher Meister des Bewusstseinswegs, zu denen Buddha, Jesus oder Mevlana Rumi zählen.

Nicht immer schafft die Seele allerdings gleich im ersten Anlauf das jeweilige Klassenziel, im Gegenteil, wir lernen meist über Wiederholungen. Will sagen, der Mensch, der seine Lebensthemen dieses Mal nicht in die Transformation bringt, muss in einem der nächsten Leben wieder ähnliche Erfahrungen sammeln, um schlussendlich seinen Quantensprung doch zu meistern.

Die Jugendjahre einer Erderfahrung dienen dafür als Lebensthemen-Spannungsbogen, also für die Entwicklung der Bewusstseinsreise als Kompressor. Der neue Erdenbürger empfindet das Erlebte größtenteils als einen unglaublichen Druck und sieht manchmal sogar nicht einmal mehr einen Ausweg. Anschließend, auf dem Weg in die Selbstständigkeit, beginnt dann die Reise der Transformation seiner Prägung, der erlösende Hürdenlauf und Wachstumsschub.

Bereits in den Babyjahren erfahren die Seelen ihre lebensthemengemäße Behandlung seitens der Eltern und des Umfelds. Und genau da passieren oft schon die gravierendsten Einschnitte in das noch so frische Sein des jungen Erdenbürgers. Die gerade erst gelandete Seele atmet noch die himmlische Liebe der anderen Dimension und erwacht plötzlich in unsäglich schmerzvollen Ereignissen. In Form der Begegnung mit diesen Eltern, dem Umfeld und der Geschehnisse der Zeitschiene wird das Kind vielfach in höchstem Maße traumatisiert und spaltet sich daraufhin im Inneren in die Dreifaltigkeit von Personamaske, innerem Kind/Tyrann und wahrem Sein. Die Zeitschiene bedeutet das, was ab der Geburt auf Erden im weiteren Umfeld vor sich geht: Krieg, Frieden, Naturkatastrophen, Hunger, Aids, Diktatur, Demokratie...

Je nach Tiefe der Verletzungen findet eine Neuordnung im Inneren des Menschen statt. Die Zeit des liebevollen Aufgehobenseins in der anderen Dimension ist nun endgültig vorbei. Man nimmt ja schon die Geburt wie den Rauswurf aus dem Paradies wahr. Und jetzt diese rüden »Liebesbeweise« in der neuen Welt?! Dabei kann sich das Baby gar nicht wehren, es muss sich in sein Schicksal fügen.

Meist zieht sich unser eigentliches Selbst, das wahre Sein, sogleich ziemlich geschockt nach innen auf Erbsengröße zusammen und taucht erst nach vielen Jahren der Bewusstseinsarbeit wieder komplett an die Oberfläche.

Das heißt, von hundert Prozent Gesamtvolumen stehen ihm jetzt nur noch ein bis zwei Prozent zur Verfügung. Das wahre Sein kann dadurch von außen nicht mehr wahrgenommen werden. Aber auch der betroffene Mensch spürt diesen Bereich kaum noch. Er ist ab sofort vielmehr mit seinen neuen anderen beiden Teilbereichen identifiziert. Und nur zur Erinnerung: Wir sprechen hier von den Babyjahren, dieser ganze Prozess läuft für das Kind tatsächlich völlig unbewusst ab.

Das große Schauspiel des So-tun-als-Ob für ein bisschen »Liebe« beginnt. Es bleibt ihm gar keine andere Wahl: Der Kreislauf des Lebensthemen-Spannungsbogens bereitet das Kleinkind während dieser Zeit auf seine späteren Lebensaufgaben vor.

Meist fehlt dem Aufwachsenden jegliches Bewusstsein für sein reiches Innenleben. Geprägt vom Umfeld, fällt es schwer, die Realität wahrzunehmen. Erst einige vergebliche Runden auf der Evolutionsspirale oder krankheitsbedingte Ernüchterung und vor allem diverse Jahre später besteht eine echte Wachstumschance. Solange haben die Menschen auszuharren, manch einer sogar bis ans Ende seiner Tage, da er den Transformationsweg einfach nicht wahrhaben will. Doch am Anfang bekommt man davon gar nichts mit. Völlig automatisch, geradezu reflexartig entsteht die innere Dreifaltigkeit. Vor allem die Personamaske bittet verständlicherweise sofort um gut Wetter. Etwa achtzig Prozent des neuen Erdenbürgers bestehen von da an aus der Maske der Persona. Bereits im zarten Kindesalter wird man so gezwungen, sich zu verbiegen, um die Überlebensnahrung Liebe zu ergattern. Nichts anderes bleibt dem unschuldigen Kind übrig, als sich in der neuen Maske dem Umfeld so zu präsentieren, dass es zumindest das vollständig erhält, was von außen in seine Richtung driftet.

Die Folgen der Personamaske kennen wir alle, jeden Tag begegnen uns Menschen, hinter deren galanter oder rüpelhafter Außenhaut man nicht blicken kann. Geschickt vermeiden sie es, sich in die Karten schauen zu lassen. Angstvoll sitzt das wahre Sein ganz tief hinten drin und meint, mit den alten Schutzmechanismen richtig durchs Leben zu gleiten. Damit nimmt der Mensch, falls er sich nicht ändert, so in einer Eierschale Platz, dass er zeit seines Lebens nicht wirklich mit seiner Außenwelt und eben auch nicht mit seinen Liebsten, Frau, Kinder, Freunden, verbunden ist.

Wer diese Wachstumshürde nicht durchschaut, lebt oftmals den Schatten eines Doppellebens, innen das angstvolle wahre Sein, nach außen die Maske der Persona. Beide Teile sind nicht wirklich miteinander verbunden. Das Sexualleben gleicht dabei häufig eher einem Hinterhofkrimi, ist aufgesetzt bis pervertiert, wahre Liebe ist hier völlig fremd. Doch nun zum Dritten, dem gefährlichsten Gesellen, dem inneren Kind/Tyrannen. Dieser Kumpane taucht ebenfalls ins Innere ab. Er sucht sich eine Nische, verkriecht sich beleidigt, schwört ewige Rache und droht, niemals hinter dem gerade installierten Vorhang wieder hervorzukommen. Achtzehn Prozent langen ihm, um großen Schaden fürs ganze Leben anzurichten.

Die Therapie kennt seit Längerem die Arbeit mit dem inneren Kind. Allerdings müssen wir einsehen und begreifen, dass genau dieses verletzte innere Kind das Potenzial hat, um als faschistischer Führer ganze Erdteile in Schutt und Asche zu legen. Das ist bei weitem nicht immer so extrem, trotzdem gilt es das Augenmerk und die erlösenden Handlungsweisen möglichst frühzeitig diesem armen Wicht näherzubringen.

Wenn Kinder trotz der Umstände rechtzeitig mit genügend Nährboden, wahrhaftigen Informationen und authentischer Liebe versorgt werden, gelingt es, das innere Kind zeitig hinter seinem eisernen Vorhang hervorzulocken. Der innere Schaden kann geheilt werden und damit ist ein Lebensthema bereits erlöst! Ansonsten mutiert das innere Kind mit Leichtigkeit in die Bösartigkeit eines größeren Tyrannen.

Aus welcher Ebene agieren wir folglich und in welcher Prozentzahl? Wir sehen die Antwort auf dem Screen des inneren Beobachters: Personamaske: 65 Prozent, inneres Kind/kleiner Tyrann: 10 Prozent, wahres Sein: 25 Prozent. Ein guter Anfang, aber für jemanden, der hoch hinauswill, viel zu wenig! Das Gold der Liebe, Freiheit und Meditation eröffnen sich nur demjenigen, der 100 Prozent wahres Sein im Sinn hat! Erst dann ist die Zeit des Tyrannen und der Personamaske vorbei.

Die drei Einheiten sind untereinander kaum verbunden. Der Teil mit der größten Prozentzahl regiert allerdings jeweils den ganzen Menschen. Doch auch kleinere Prozentzahlen können durch aggressives Auftreten den knapp höheren Teil des wahren Seins so einschüchtern, dass es seine Kraft nicht mehr spürt und das Zepter aus der Hand legt.

Die tragischen Geschichten vieler Liebenden zeugen vom Aufflackern des wahren Seins, dem Augenblick, in dem die Liebe entflammt, und danach gegebenenfalls von den langen Folgejahren, wo man gegenseitig das wahre Sein nur noch erahnt. Einer oder beide sind aus Angst den Kontrolldramen anheimgefallen. Man benutzt sich zwar weiterhin gegenseitig als Energiequelle fürs »Überleben« oder missbraucht sich hier und da auf die Schnelle für den sexuellen Notstand, doch dies hat nichts mehr mit Liebe zu tun. Die tyrannische Personamaske gewinnt die Oberhand. Ein starres Verharren und Hoffen bis zur Kehrtwende, wenn das Fass voll ist, oder auf einen Glücksstern von außen oder ein Aussitzen in der scheinbaren Sicherheitszone sind die Folgen.

Dies entspricht dem natürlichen Wachstumsgebaren einer oder beider Beteiligten. Angstvoll und feige sitzt man in der Sackgasse. Doch mancher macht irgendwann doch einen wichtigen Schritt in seine Erlösung, sei es nach einer heftigen Krankheit, einem Unfall oder dem Zusammenbruch der äußeren Existenz. Entweder kommt es dann hier zur Trennung oder zur Verschiebung des Pegels hin zum authentischen wahren Sein, das im All-Eins-Sein die Gnade der Liebe entdeckt. An dieser Stelle wird es unmöglich, den Partner weiterhin zu unterdrücken, die Energie zu rauben oder Gewalt anzuwenden wegen der eigenen Bedürftigkeit.

Meist wird allerdings der Mensch erst einmal, von einer Trennung gebeutelt, völlig auf sich allein gestellt. Er muss sich im Leid der Einsamkeit seiner Lebensthematik stellen. So verwandelt die Seele Stück für Stück ihren Seinszustand hin zur wahren Liebe.

Der gesellschaftliche Bewusstseinsstand ist dabei ein Spiegelbild der überall anstehenden Lebensthemen. Mit der Lebensthementherapie haben wir tatsächlich einen wunderbaren Schlüssel, um den sonst langatmigen Weg der Evolution zu verkürzen. Jeder einzelne Mensch ist aufgerufen, in sein Inneres zu blicken und die Pegelstände seines wahren Seins, der Personamaske und seines inneren Kindes/Tyrannen abzurufen. Damit können die Lebensthemen herauskristallisiert werden und das schafft Platz für den Mut, die Erlösungsarbeit voller Kraft anzugehen.

Sicherheit und Kompromisse

Wer glaubt, die wahre Liebe im Reich der Sicherheit und Kompromisse zu finden, irrt gewaltig. Und man weiß es irgendwie bereits, dass alle Anstrengungen hier umsonst sein werden, denn Kompromisse bleiben in dieser Intimität ein Weg voller ungesunder Konzessionen. Am Ende wird jeder Beteiligte sagen, dass das Leben halt nicht mehr hergab oder man eben so erzogen wurde und nicht anders konnte. Außer kompletter Schieflage und einer armseligen Lebenszeit haben diese Kandidaten bedauerlicherweise überhaupt nichts gewonnen.

Irrungen und Wirrungen werden dann für ein Versagen in der Liebe verantwortlich gemacht. Doch heutzutage sollte jeder Mensch die absolute Verantwortung für sein tägliches Gelingen und persönliches Glücksgefühl übernehmen. Wer will, kann sich ja umfassend zum Thema Liebe und Selbstliebe informieren, so die innewohnende Realität des Mysteriums entschlüsseln. Es geht gar nicht darum, ob ich mit einem Partner bis zum Lebensende durchhalte oder die Partner wechsle wie ein aus der Mode gekommener Anzug, sondern vielmehr darum, ob ich die wahre Liebe lebe und ihr treu verbunden bleibe.

Das althergebrachte Wort Sünde betrifft an dieser Stelle hauptsächlich die Marionetten der Angst, die verheiratet oder in eheähnlichen Verhältnissen mit drittklassiger Schauspielkunst sich das Geschenk des Lebens zur Hölle machen. Wer mit einem Menschen in einer Liebesbeziehung zusammenlebt und ihn nicht wirklich liebt, versündigt sich an sich selbst, dem Partner und an dem wunderbaren Erleben der wahren Liebe vom wahren Sein zum wahren Sein der Seelen.

Die schlimmste Angst und Verblendung gelten dabei dem Alleinsein. Dann doch lieber mit irgendwem in Verbindung treten! Hauptsache, man spürt keine Einsamkeit! Man kann ja eine Anzeige aufgeben oder im Universumskatalog bestellen oder bei Vati und Mutti bleiben. Lieber das, als isoliert vor sich hinzudarben! Ohne viel Ahnung trifft man in jedem Fall eine »günstige« Wahl.

Wer seiner inneren Ego-Dreifaltigkeit hier nicht auf die Spur kommt, wird sich am Ende im Tollhaus der Eitelkeiten oder in der Frustschatulle wiederfinden. Die einen wollen aufs Parkett, die große geldige Partie im Sinn, die anderen sind faul und träge, wollen sich mit Schummeln vor der Verantwortung drücken. Man nehme, was kommt, oder werfe alle Raffinesse in die Waagschale, in der Meinung, einer Begegnung großer Liebe beizuwohnen, oder schleppt sich in gefühllosem Nachgeben seiner Angst dahin in fluchtvorbereitende Idiotie, Krankheit und Ähnliches. Doch die Hintergründe von solchen Entscheidungen und Handlungen bleiben hinter den Kulissen im Unbewussten und dadurch dem Betroffenen verborgen.

Das universelle Gesetz bestätigt dies: Jeder eingegangene Kompromiss oder jede scheinheilige Sicherheitswahl versündigt sich gegen die Göttlichkeit der Liebe. Denn wer in der Lüge lebt, wird niemals die eigene Glückseligkeit einer Handlungsweise aus der authentischen Mitte erleben. Abgespalten, in einer Art Kokon gefangen zu sein ist das Los dieser armseligen Kreaturen. Die Verbindung mit der Realität fehlt dabei gänzlich.

Mitleid dockt hier an der falschen Stelle an, denn jeder, der nicht die wahre Liebe lebt, fördert auf unserem Planeten Unmenschlichkeit, Despotismus, Kriminalität, Krankheit, tyrannischen Energieraub und lässt das kollektive Bewusstsein konstant auf niedrigerem Niveau stehen. Er trägt aber auch die Konsequenz und muss die bittere Quittung bis ans Lebensende oder zu einem Sinneswandel ertragen.

Nicht zu vergessen, dass die ehemals sonnige Lebensenergie sich der dunklen Macht des Tyrannen hingibt und einfriert. Auf Dauer kann kein Mensch diese Lüge ertragen. Das Innehalten von Lebensenergie spaltet dann unterschwellige Wünsche in dunkle Kanäle ab. Die abgewürgte Lebensfreude erzeugt ein unbewusstes Wüten seiner neuen Herrschaft, Niedertracht hält Einzug, Väter missbrauchen ihre Töchter, Mütter ihre Jungen, diese Bahnen lassen Menschen zu Vergewaltigern und Mördern mutieren.

Wer mit einem anderen Menschen zusammenlebt, den er nicht liebt und trotzdem mit ihm den sexuellen Akt praktiziert, übt ebenfalls Missbrauch und Vergewaltigung aus. Man versündigt sich an der Göttlichkeit der Liebe. Wer jetzt denkt, das betrifft doch die meisten Ehen, hat vollkommen recht. Und gleichzeitig zeugt die Höhe der Scheidungsrate in Deutschland davon, wie viele Menschen zumindest versuchen, nach dem Zusammenbrechen der Illusionen, aus dem nicht mehr Stimmigen auszusteigen. Natürlich ist die ganze Palette der Kompromisse und des Sicherheitsdenkens ebenfalls ein Teil des Programms der Erlösung der Lebensthemen. Wer dies begreift, findet schneller aus den Trümmern seines Schicksalshaufens.

Es gibt eben auch keine billigen Lösungen. Das Verbleiben in einer Beziehung, in der jeder etwas gibt und bekommt, ohne dass wirkliche Liebe existiert, ist genauso ein Kuhhandel, für den Transformationsritter vollkommen inakzeptabel. Und auch wenn die wahre Liebe irgendwann einmal aufhört, muss man sich gegenseitig loslassen und sich dem Lebensfluss anvertrauen.

Illusionen – jeder spielt sein Programm

Das ist natürlich das Schönste, wenn es so, jung und verliebt, schließlich losgeht. Die Hormone glühen, die Sonne taucht auf am tiefblauen Liebeshimmel. Alles ist so neu!

Wunderbar, man könnte Gedichte verfassen… Warum nicht eine Familie gründen und alles viel besser machen? Wow, was kostet die Welt?!

Wir sind jung und wollen die Welt aus den Angeln heben! Was wollen denn da die Alten mit ihrem ewigen Gequassel?! Lasst uns nur machen, wir kriegen das schon hin! Ja klar und nur Mut, auf geht's ins Erwachsenenleben. Nur beachten Sie dabei die universellen Gesetze, bekommen Sie eine Ahnung von Ihren Lebensthemen. Dies hilft gegen die Konditionierungen und Realitätsfälschung der unwissenden älteren Generationen und der kollektiven Wirkung von Schule, Kirche und Staat. Das erspart zwar nicht jegliche Konfrontation mit den Illusionen, aber es verkürzt doch ganz erheblich die Bewältigung der Lebensthemen.

Wir meinen, die Liebe ist nur mit diesem einen Menschen möglich, und bemühen uns um einen positiven Abschluss, doch es ist schon verwunderlich, dass wir uns genau diese eine Person aussuchen. Falls wir allerdings Schiffbruch erleiden, ist es interessant, darauf zu achten, in welchen Typus wir uns nun »ganz zufällig« als Nächstes verlieben…

Wer bewusst hinschaut, bemerkt Zusammenhänge zwischen dem Programm, das man im Kopf hat, und den tatsächlichen Begebenheiten auf der Lebensbühne. Dieses Programm kommt nicht von ungefähr, es hängt mit den gewählten Lebensthemen zusammen und damit, inwieweit wir eine Transformation des jeweiligen Themas befürworten. Wenn wir uns dagegen wehren, erzeugen wir den noch größer werdenden Strom alter Geschehnisse, oder aber wir gestalten mit der Erlösung unser Glück in der Weise, wie wir eigentlich Liebe leben wollen. Dabei ist es erstaunlich, was für einen Geliebten uns der frei fließende Lebensfluss vorbeischickt. Ansonsten rennen wir blind hinter dem ewig gleichen Typus her, dem einzigen, der interessant erscheint. Doch dies zieht uns immer wieder auf die Erlösungsebene hinunter, kann dadurch erst anschließend die endgültige Erfüllung bedeuten.

Dank der Wirkung der Medien und der Werbeindustrie laufen wir überdies gerne Trugbildern hinterher, machen uns Illusionen von

Barbiepuppen, Männern mit imposanten Bauchmuskeln oder vom goldenen Süßholzraspler. Die Peripherie ist wichtiger als die inneren Werte. Oder wir erweitern unseren persönlichen Machtbereich, meinen, eine Verbindung in Liebe eingegangen zu sein, merken aber kaum, dass etwas in uns nur darauf wartet, von einem Menschen Besitz zu ergreifen. Dieser hat uns zur Verfügung zu stehen. Was Papi oder Mami nicht in genügendem Maße taten, dafür muss er jetzt herhalten.

Desgleichen sollten wir die Programme, auf die wir so fixiert sind, kritisch beäugen: Ich will einen Mann sowieso nur, wenn...! Meine Frau muss aber...! Meine Karriere geht vor...! Dies sind Programme, die als Selbstläufer wichtige Lebenszeit fressen. Bloß keine bewusste Pause, entspannen, einmal genau hinschauen, was man eigentlich macht. Damit steckt man im Hamsterrad fest. Loslassen ist angesagt!

Wie viele erwachen zum Beispiel plötzlich, wenn eine Krise zuschlägt. Nun steht man da mit vier Kindern, einem unbezahlten Haus, Hund und drei Katzen, aber den Mann hat die Frau nie geliebt. Als Fundament diente eine traumabedingte Lebenslüge und die gesamte Familie einschließlich der Tiere trägt nun die Konsequenzen. Als Transformation der Lebensthemen aller Beteiligten gilt hier die Trennung und Neuordnung in authentische Verhältnisse.

Das zeigt, wie entscheidend die Aufräumung der Lebensthemen bereits in frühester Jugend ist. Man kann sich und den Seelen, die man später zu Experimenten dieser Tragweite einladen würde, vieles ersparen!

Und wer ist verantwortlich, wenn es dann nicht klappt? Beide Partner sollten genauestens die Stufen des Werdegangs in die Situation der Trennung noch einmal rekapitulieren, um sorgfältig den Ursprung herauszuarbeiten. Daneben sollten Informationen, Weisheiten und Offenbarungen studiert werden, die einen neuen und trotz allem liebevollen Zugang und Umgang für alle Betroffenen sicherstellen. Ob beim Lebensthementherapeuten oder bei anderen guten Beratungsstellen, es gilt gegebenenfalls deren Hilfe anzunehmen! Retten Sie, was zu retten ist, denn ansonsten geht der Reigen weiter. Mit dem Bewusstseinssprung auf eine neue Etage wächst die Chance, dem goldenen Seelenpartner zu begegnen.

Zumindest jetzt sollte man, auch wenn es erst mal wehtut, mit dem Unsinn der Lebenslüge aufhören. Kinder sind dabei ebenfalls in der Situation, die Eltern für ihre Lebensthemen ausgewählt zu haben, und damit gehört dieses Geschehen in diesem Augenblick genauso dazu. Wenn man die Kinder jetzt in die gesündesten Handlungsweisen richtig mit einbezieht, erhält jeder Jugendliche die Chance, schon sehr früh durch eine seiner persönlichen Transformationstüren in eine gute Zukunft aufzubrechen.

Man darf dabei auch nie die Hartnäckigkeit der inneren Dreifaltigkeit außer Acht lassen. Die Abwehrmechanismen versuchen mit aller Kraft, jegliche Transformation abzuschütteln. Der innere Tyrann suggeriert alles Erdenkliche über den Verstandesapparat, um bei einer Veränderung den Untergang vorauszusagen.

Nach einer Scheidung ist es ebenfalls von größter Wichtigkeit, dass unterm Schlussstrich auch die »Zahlen« der Aufarbeitung unverwechselbar feststehen. Ohne Bewusstseinserweiterung und Entscheidungen in die höhere Etage der Evolutionsspirale fällt man mit fast hundertprozentiger Sicherheit wieder auf die alten grauen Mechanismen des »Grauens« herein. Meist kann und will man das aber gar nicht sehen. Dafür können dann manchmal gute verantwortungsbewusste Freunde in einem intimen Gespräch den Kokon der Unbewusstheit erschließen. Sie stehen einem zwar bei, aber der Quantensprung kann natürlich nur allein vollzogen werden.

Das Leben funktioniert eben nach eigenen Gesetzen, die niemand aufheben kann. Es schiebt und drängt in die Veränderung. Und das mit Fug und Recht, denn es kommt immer besser, als man denkt! Jeder von uns kennt aus seinem Umfeld sicherlich mindestens einen tragischen Fall, an dem er das Drama der Unflexibilität ablesen konnte. Es wurde dann nachhaltig begründet vor Augen geführt und dient gleichzeitig als Warnung, den eigenen Transformationsbogen nicht zu ignorieren.

In meiner Praxis klagte mir ein Klient ganz ähnlich sein Leid. Seine Geschichte passt hier sehr gut als Verdeutlichung:

Unaufgeräumte Lebensthemen trieben dieses Ehepaar etwa fünfzehn Jahre zuvor geradezu schicksalshaft gegenseitig in die Arme. Er zeigte sich nach dem ersten Liebeshoch eher abweisend und unnahbar, sie strahlte vor Glück, da sie sogleich von der Kinderproduktion in Beschlag genommen wurde; ein Kind kam direkt nach dem anderen. Insgesamt war es eine ideale Besetzung, relativ friedlich, jeder ging seinen Beschäftigungen nach. Zu viel intimgeistige Nähe konnte vermieden werden, beide waren zufrieden. Doch der Schein trog gewaltig. Zu Hause unerkannt, trieb es den Mann seit Jahren wie ein zweites Gesicht dahin, nach anderen Frauen Ausschau zu halten. Nicht dass er zur Tat schritt, das vermied er zwar, aber er setzte Zeichen, machte sich gegenüber Mitarbeiterinnen mit Augen und Körpersprache bemerkbar. Deswegen hatte er bereits eine Abmahnung erhalten. In seiner Freizeit erging es ihm nicht anders. Wen er ansprach und dann mit schnellem Rückzug bedachte, die ließ ihn danach mit Verbalattacken berieselt zurück ins Nest traben.

Einerseits konnte er nicht wirklich Zärtlichkeit und Nähe leben und auf der anderen Seite zog es ihn immer wieder wie fremdgesteuert in Richtung Damenwelt. Wie ein aufgezogener Tanzbär: ein Schritt vor und drei ganz schnell zurück. Bevor es ihn nun Kopf und Kragen kosten würde, kam er auf der Suche zu einer Lösung zu mir.

Das Beispiel zeigt sehr schön den Fächer der traumatabedingten Handlungsweisen eines Menschen, der von der wahren Liebe keine Ahnung hat. Er vermied es bis jetzt, mit knapp fünfundvierzig Jahren, sich mit seinen möglichen Lebensthemen auseinanderzusetzen, und ließ selbstverantwortlich die Jahre verstreichen. Die meisten

Menschen schieben ihre Unwissenheit als größtes Verhinderungsmittel vor, doch das ist eine faule und feige Ausrede.

Ein anderes Beispiel zeigt ebenso erschütternd die schauderhaften Bedingungen, unter denen eine weitere Generation die Folgen von angstgebundener Transformationsverweigerung seitens der Eltern ertragen muss. Voll bewusst, sozusagen trotz besseren Wissens, entschied eine Klientin nach etlichen Einzelsitzungen und einem Quantensprung-Seminar, ihre krankhaften Lebensbedingungen beizubehalten.

Die Dame mit einem unerlösten Vaterthema angelte sich rechtzeitig nach Schulende einen Doktoraspiranten. Kurz nach der Heirat wurde sie mit Zwillingen schwanger und einige Jahre später kam noch ein drittes Kind hinzu. Doch zu keiner Zeit war sie wirklich verliebt in ihren Mann. Sie wollte ganz einfach versorgt sein und die Kinder benutzte sie als Scheinfamilie und Partnerersatz. Nach außen vermittelte die Mutter das Bild der Aufopfernden. Der Mann verschwand derweil im Hamsterrad der Arbeit. Als allseits angesehener Arzt vermied er es, so oft es seine Arbeitszeiten ihm erlaubten, ins »Familiennest« heimzukehren. Das Einzige, worauf er ungeheuren Wert legte, war, dass seine Frau ihm seinen weißen Arztkittel perfekt bügelte.

Das war der Deal: Tu mir nichts, dann tue ich dir auch nichts! Die Kinder hatten unter diesem lieblosen Kuhhandel extrem zu leiden. Die gluckenhafte Betreuung ohne rechte Grenzsetzung durch die Mutter tat ihr Übriges. Eines der Kinder glitt dabei ins Drogenmilieu ab. Der Clou war aber, dass sie, als die Kinder langsam ins Erwachsenenalter aufbrachen, das Familienschiff mit Schlingerkurs verließ, um einen anderen finanziell potenten Mann zu heiraten, um sich für ein geruhsames Leben bis ins hohe Alter weiterhin aushalten zu lassen. Der neue Ehemann hatte den Vorteil, dass er besorgt wie ein Vater ihr die umsorgende Liebe zukommen ließ, die sie sich immer gewünscht hatte. Doch auch für ihn empfand sie keine Liebe. Der drogenabhängige Sohn warf ihr sogar Prostitution vor.

In der therapeutischen Arbeit begriff die Klientin immerhin die Zusammenhänge, ihr egomanisches »Angstgefühl« kombiniert mit der Sicherheitsecke aus Kindheitstagen, dem Überlebensmechanismus, dem heutigen Panic Room. Der wiederum gehört in den Kreis der Abwehrmechanismen und lässt sie keinesfalls in ihre Erlösung springen. Der Überlebensmechanismus drückt bei uns Erdenbürgern den Knopf, der dazu führt, dass im System Mensch das Ego aktiv wird. Das war damals bei ihr als Kind eine Hilfe, zeigt sich im Heute aber für sie als lebensfeindliche Falle. Damit bleibt sie abgespalten wie eine Raupe im Kokon stecken, der Schmetterling nicht erfahrbar!

Die Traumatisierung der Kindheit, der nicht greifbare und nicht nährende Vater ließ mit dem Mechanismus des Überlebens sehr frühzeitig das verletzte innere Kind der Klientin zum ausgewachsenen Tyrannen mutieren und die gleichzeitig stark entwickelte Personamaske tat ihr Übriges. Es drängte sie als Mensch in ein Leben, in dem ihr Tyrann die anderen menschlichen Zeitgenossen so benutzte, wie es ihm in den Kram passte. Ob Familie, Freunde oder Bekannte, der maskierte Tyrann hatte sie alle im Griff. Authentisches Sein fand dementsprechend in keinem Lebensabschnitt wahrhaftig statt.

Traurig ist dabei, dass alle Beteiligten, der Vater, die Kinder, der neue Mann und die Klientin selbst, wenn sie nicht irgendwann in eine höhere Bewusstseinsebene aufbrechen, bis ans Lebensende unglücklich sein werden.

Jedoch die größte und bitterste Karte hat die Klientin selbst gezogen, denn bewusst die Blindheit vorzuziehen, obwohl die Sehkraft jetzt vorhanden ist, bringt eigene karmische Konsequenzen hervor. Welchen Platz der Mensch in seiner Entwicklungsskala der Evolutionsspirale auch einnimmt, jeder sollte sich als Kundschafter hinter die Kulissen des Lebens trauen. Diesen Sinn des Erdendaseins auszuklammern führt zwangsläufig irgendwann in den Abgrund. Damit vertut man unnötig ein weiteres Seelenleben auf Erden und erzeugt den Strom der Wiederholung, einen Reigen, dem doch nur in der Transformation ein Ende gesetzt wird. Die Illusionen trotz besseren Wissens aufrechtzuerhalten zeugt von Furcht, Misstrauen in die Tragfähigkeit des wahren Seins und einem aus der Kindheit geborenen krankhaften Selbstbild. Nichts ist für diese Seele im Schiefstand in diesem Augenblick wichtiger, als ihre Lebensthemen anzupacken.

Der freie Wille – das universale Gesetz

Selbstverständlich gilt an dieser Stelle nach wie vor das universale Gesetz der Freiheit. Der Mensch ist ausgestattet mit einem freien Willen, der während der gesamten Lebenszeit bestehen bleibt. Man entscheidet jede Sekunde, ob bewusst oder unbewusst, über das eigene Zeitgeschehen. Jede Nuance ergibt daraus eine andere Konsequenz. Transformierte oder unerlöste Lebensthemen fördern unterdessen völlig unterschiedliche Ereignisse auf der Lebensbühne.

Man kann sich nicht darauf berufen, als armer gebeutelter Erdenbürger für keine der Entscheidungen und Handlungen etwas zu können, weil man eine schlimme Kindheit hatte. Die Kindheit entsprach genau stimmig dem lebensthemengerechten Aufwachsen. Und man kommt nicht umhin, die Wahl dafür, die man in der anderen Dimension getroffen hat, anzuerkennen. Kein Lamentieren führt ins Glück, sondern nur die freie Entscheidung, die Erledigung der darin verborgenen Transformationsaufgabe.

Denn mit dem freien Willen ist das so eine Sache. Es verführt einen leicht dazu, den bequemen Weg vorzuziehen. Doch damit gelangt man lediglich in eine Umlaufbahn um dasselbe wiederkehrende Objekt der Erlösung.

Genauso geht es uns letztendlich auch in unseren Liebesabenteuern. Wenn wir wüssten, aus welchen Beweggründen wir wirklich die eine oder andere Wahl des Geliebten treffen, würden wir uns um eine schnelle Aufarbeitung der darin liegenden Lebensthemen bemühen.

Liebe und Angst
als Instrumente der Lebensthemen

Liebe und Angst, diese zwei Seiten einer Medaille, sind die Schleifwerkzeuge, mit denen die Lebensthemen den Kristall des Bewusstseins im Menschen schleifen. Niemand kommt ohne das letztendlich aus. Die Funktion der Evolution treibt uns sozusagen mit Zuckerbrot und Peitsche vor sich her. Und besonders elementar, bestimmte Wachstumssprünge brauchen ein ganz bestimmtes Klima, sonst passiert nichts. Es ist wie bei unserem Lebenselixier Wasser, erst bei einem anteilig adäquaten Mischungsverhältnis verschiedener Chemikalien entsteht das Produkt. Ohne ein gewisses Quantum von Schmerz, Angst, Ohnmacht und Wut fehlt dem Individuum der Antrieb, von seiner Seite die Veränderung anzukurbeln. Je nach Lebensthema braucht es einen expliziten Cocktail, um die Dinge ins Rollen zu bringen. Wie bei einer Verpuffung entsteht auf einmal Geschwindigkeit und Ausdehnung, die behindernden Barrieren werden durchbrochen.

Bei Schwierigkeiten in Liebe, Berufung, Familie oder Freundeskreis schieben wir gerne die Schuld nach außen, auf die anderen. Wir wollen unsere Anteile nicht sehen und wiederholen allerdings gerade deswegen Situationen, denen wir doch eigentlich so gerne entkommen würden!

Alle unangenehmen Dinge und Erlebnisse werfen den »Glücks-ritter« auf sich selbst zurück. Dem vermeintlichen Gralssucher fehlt genügend Kraft bei der Innenschau. Entschlussfreude und Durch-haltevermögen sind sehr begrenzt. Der Verstand flüstert von gewon-nener Transformation und macht den Suchenden blind. Sofort steigt der in das nächstliegende Fettnäpfchen, wälzt sich wieder in Leid und Schmerz.

Bewusstsein bedeutet absolutes Wachsein, jede Minute konkret zu begreifen, von welcher der Ego-Ebenen die Handlungsimpulse in die Umwelt dringen. Verantwortung übernehmen, die Hürden der Lebensthemen als solche annehmen und sich dann in keinerlei alt-hergebrachten Emotionen mehr gehen lassen – das ist die Kunst der Verwandlung.

Doch um uns aus den Schnarchsesseln zu katapultieren, benötigen wir die Schock- und Aufwachelemente, die uns die Lebensbühne bietet. Am Leben zu sein heißt, die Evolutionsroute einzuschlagen. Ob wir wollen oder nicht, die selbstgewählten Lebensthemen haben ihre Eigendynamik. Wir haben nur die Wahl, dies bewusst für den Weg ins Glück zu nutzen oder aber über das »Unglück« ans Ziel gezogen zu werden.

So gesehen sind Liebe und Angst tatsächlich die beiden Seiten der Evolutionsmünze. Damit erweist sich ebenso, dass die vielen kleinen und großen Liebesstolpersteine und angstmachenden Traumati-sierungen den Seelenkristall formen, indem sie schlussendlich das Bewusstsein in die wahre Liebe hieven.

Die romantische Liebe –
vom Traum zur Wirklichkeit

In der Tat gibt es Menschen, deren Liebesgeschichte wie ein Märchen klingt. Voller Verzauberung hört man gerne vom Unglaublichen. Wenn sich dazu noch die Tateinheit der Verzückung vor unseren Augen entfaltet, kann man nicht mehr anders, als tief gerührt, seufzend und ein bisschen neidisch, mit einer kleinen Träne im Auge davon zu träumen! Doch ist hier alles Gold, was glänzt?

Und selbstverständlich gibt es sie, die authentischen Liebeskünstler, die dieses Edle in sich selbst und in Verbindung mit dem Geliebten gefunden haben. Danach strebt ja alle und es wäre schlimm, wenn sie enttäuscht diesen wunderbaren Pfad verlassen würden.

Doch bis wir hier erfolgreich sind, bedarf es der großen Herausforderung, uns der im Prozess steckenden Lebensthematik hinzugeben. Nicht dagegen mit aller Macht und Verzweiflung des Ego anzurennen, sondern demütig unser Haupt vor den Aufgaben zu senken, dann den Erlös der Transformation in den Armen zu wiegen, empfiehlt der Seelenhelfer. Obendrein sollten wir sehr aufmerksam die lauernden Gefahren am Wegesrand studieren, damit wir gewappnet sind, um immer mutiger in die höheren Bewusstseinsebenen der Liebe aufzusteigen.

Oft machen uns gerade nach erschütternden Ego-Niederlagen die Liebesangelegenheiten überhaupt keinen Spaß mehr. Frustriert und beleidigt oder voll der inbrünstigen Trauer, des Selbstmitleides ziehen wir uns zurück in den Schmollwinkel.

Das ist völlig in Ordnung so, denn wie soll man sonst einen neuen Überblick gewinnen, wenn nicht mit einem geeigneten Rückzug? Diese Zeit kann Segen bringen. Die Innenschau hält überdies ein großes Geschenk bereit! Da es keine Ablenkung gibt, findet man langsam zurück zu sich selbst, ein wichtiger Teil für das Erlernen des All-Eins-Stehens. Dadurch öffnen sich im Inneren Räume, die Einblick gewähren in die Zusammenhänge der anstehenden Lernerfahrung, und so erhöht sich die Chance eines evolutionären Hürdensprungs.

Nebenbei erfahren wir im Anschluss an die ganze Gedankenhatz Momente der Stille, der Meditation. Auf einmal eröffnen ungeahnte Energiereserven ihre Tore. Waren diese doch bisher an die alten Muster gekettet, eingefroren, solange Verwandlung dauert, danach aber stehen sie zur Verfügung, um all die Dinge zu ermöglichen, die auf Umsetzung warten. Und von einem Moment auf den anderen fühlen wir uns plötzlich auch allein wohl, genährt, verbunden.

Die romantische Liebe dagegen hängt zweifellos über den auf dieser Ebene noch nicht so weit Gereisten wie ein Damoklesschwert, jederzeit bereit sich zu senken. Dann trennt eine scharfe Klinge den dünnen Faden der Verbundenheit. Die großen Gefühlsschwärmer haben allesamt auf Sand gebaut. Und der ist, wie man weiß, keine tragfähige Basis. Die Liebe zerrinnt einem zwischen den Zehen. Wer diesen Traum als Hoffnungsschimmer im Herzen trägt, wird entweder in der Realität aufwachen oder aber enttäuscht und voller Wut das Handtuch werfen. Denn es ist alles nur eine Vorstufe zur goldenen Ebene der wahren Liebe. Als diese muss sie weichen, um der letztendlichen Realität Platz zu machen. So gestalten sich nun mal die Bewusstseinsgesetze.

Gewiss setzt der Großteil der Menschheit auf Romantik pur, umgibt sich mit Glaubensbekenntnissen, die das Angestrebte untermauern sollen. Viele leben ihren Traum ja tatsächlich auch aus, doch wenn man tiefer in die Beziehungskiste gräbt, stößt man auf jede Menge Unausgesprochenes, Unterdrückung, um eine Vorstellung hochzuhalten, oder eine übertünchte unglückliche Grundstimmung, die unter der hauchdünnen Oberfläche des ewigen Lächelns einen riesigen Wutberg bereithält.

Da aber ein Leben länger dauert als eine Phase der Begeisterung, erfährt auch der letzte Liebesritter irgendwann die Endlichkeit der

Herzensgefühle. Was dann kommt, ist die Auseinandersetzung mit der Einsamkeit in der Zweisamkeit, das sichere Gefühl, dass nun irgendetwas tatsächlich nicht mehr stimmt und auch ein Darüberwegwedeln nichts mehr bringt. Das innere Ringen mit dem Sicherheitsdenken, religiösen Schuldgefühlen, entstehenden Existenzproblemen, natürlich den Kindern, die denken, es gibt nur Mama und Papa auf der Welt, erzogen nach eigenem Schubladendenken, zeigt hier prima Wirkung. Ein Ausharren im goldenen Käfig oder die Explosion in irgendeiner Richtung sind die Folge.

Denn Evolution macht vor nichts und niemandem Halt, wir sitzen alle im selben Boot. Damit erschüttern die universalen Gesetze all diejenigen, die die Realität nicht wahrhaben wollen, sich in ein von außen oder gerne auch von innen selbst gestricktes Ego-Gebilde einigeln. Die Konsequenz wird als Quittung sofort und vor allem am Ende erteilt.

Nachlassende Lebensfreude und Wiederholung desselben Themas im nächsten Leben bedeuten dann ähnliche Erfahrungen mit all den quälenden Kindheitserlebnissen. Erneutes Drängen in den Lebensthemen-Spannungsbogen und hinausgeschleudert ins möglichst selbstständige Leben, möchte der Kluge doch Wiederholungen eher vermeiden. Damit hat er allerdings die Herausforderung dieses Lebens auch wirklich anzunehmen, und zwar bis zum glückseligen Ende!

Und dann ist es geradezu erschütternd, wie viele Erdenbürger in diesem wichtigsten Moment versagen, obwohl gleich hinter der nächsten Biegung doch die glücklichste Zeit ihres Lebens bereitsteht! Es wird festgehalten, um jeden Millimeter mit dem lieben Gott gerungen und am liebsten kein einziger Transformationsschritt getan.

Das Misslingen hat größtenteils mit der Verbildung aller Leute in der Kindheit zu tun. Würde man den Erdenbürgern die Realität, den wahren Sinn des Lebens, rechtzeitig klarmachen, würden sie eine

Gesellschaft entpuppen, die die Spitze der Evolution, das Bewusstsein eines Buddhas, spielend als neue Lebensgrundlage etabliert. Doch dafür braucht es Menschen, die die authentische Herzebene erfassen und von dieser gesunden klaren Ebene her nun die Geschicke entfesseln. Ein vertrauendes Herz kann alles erschaffen, nichts ist unmöglich. Es wird zum inneren Gebet, das ist wahre Religiosität. Mit dem Verstand, dem Gedankenapparat, hat das nichts zu tun. Der verirrt sich im Knoten des ewigen Zweifelns. Deswegen müssen wir, um zur wahren Liebe, Freiheit und Meditation vorzudringen, unbedingt mit unserem inneren Beobachter, dem Zeugen der Gegenwart, auf alte Mechanismen und Glaubenssätze achtgeben.

Vertrauen erwächst aus dem Herzen und ist eine völlig andere und neue Qualität des Seins. Das vertrauensvolle Herz kann nicht zweifeln und, verbunden mit der kraftvollen Stimme der Intuition, führt es die Geschicke eines mutigen Suchenden von Liebe und Meditation. Diese Art des Seins symbolisiert zu jeder Zeit völlig eindeutig die Freiheit der Transformation.

Tagtäglich beobachtet vom inneren Zuschauer, wächst dadurch die Kapazität des Erschaffens dessen, wofür man sich auf den Weg gemacht hat. Entscheidungen innerhalb des Bewusstseins werden so vom göttlichen Füllhorn überschüttet, manifestieren sich im wirklichen Leben, aus Traum wird Realität!

Ein unschuldiges, kraftvolles und erlöstes Herz fungiert anschließend als Oase für Durstige! Keinerlei Abspaltung regiert von nun an das System Mensch, allein das einheitliche wahre Sein schreitet voran. Das Herz sagt einfach Ja und vertraut. Dieses gleicht eher einem Gefühl als einer Vielzahl von Gedanken. So erblüht, erwächst es zur höchsten Blume des bewussten Seins.

Damit fällt jegliches »beschützende« Verhalten der Abwehrmechanismen flach. Verteidigungsringe vor dem angstmachenden Ungewissen verwandeln sich jetzt in Abenteuerlust. Das Unbekannte lockt und der mutige Freibeuter der Bewusstseinsmeere verlässt sich neben Kartenregal, Kompass oder Feldstecher in erster Linie auf seine innere Stimme der Intuition. Doch die Helden des wahren Seins stehen den Feiglingen, den angstvoll kopfgesteuerten Zweiflern gegenüber. Zwei komplett verschiedene Energiephänomene rangeln so seit alters her um die Vorherrschaft. Die Meister wie Jesus, Buddha oder Osho gaben ihre ganze Lebenskraft in die Waagschale des Bewusstseins, versuchten das Unfassbare für die Menschheit aufzuschlüsseln, erfahrbar zu gestalten, dass sie es annehmen, damit spielen, vertrauen und hineinwachsen.

Heute wissen wir, dass die Evolution hinter allem steckt. Es geht voran, alles ist im Wandel, die permanente Veränderung zieht ihre Kreise. Viele Seelen werden erwachsen. Die Erforscher der universellen Gesetze, die Entdecker der Mysterien, helfen den Bewusstseins-Wagemutigen auf ihrer Pilgerfahrt in die Buddha-Natur. Ihr Herz trägt sie nach vorne ins Unbekannte. Man lernt die Unsicherheit lieben. Keinerlei Gewissheit existiert, doch das Vertrauen wächst von Minute zu Minute. Der Moment des Springens wird als dauerhaft angenommen. Die schmerzvolle Trennung ist aufgehoben, man spürt sich als lebendiger Teil eines göttlichen Ganzen. Die Zeiteinheit der Gegenwart wird als einzig wahre Seinsebene erlebt.

Wer hier nicht allein zurechtkommt, sucht bis zur Selbstfindung einen authentischen Helfer des spirituellen Wachstumsweges. So entsteht tiefes Verständnis und ein Übersprudeln lichter Herzenergie. Wer das Risiko wagt, gewinnt die liebevolle Freiheit der Stille, und diese transportiert die Infos von Aura zu Aura. Welch ein Crescendo, wenn der Verstand schweigt, was eventuell manchmal noch im Hintergrund Geräusche verursacht, interessiert niemanden mehr. Ungestört wird das Unaussprechliche weitergereicht.

Reines Vertrauen in den Lebensfluss, in den Bewusstseinsstrom, ist dann die Schwimmhilfe, die ein Schwimmenlernen unnötig macht. Die Dreifaltigkeit des Seins wandelt in ein komplettes Einssein im wahren Sein. Die Personamaske und das traumatisierte, verletzte innere Kind sind verabschiedet. Ego-Gesellen weichen einem meisterlichen Sosein, die innere Meisterschaft erwacht. Aufgehoben in der göttlichen Existenz, erkennt das Bewusstsein, dass immer aufs Beste für die Seele gesorgt wurde. Alles gehört zusammen, keinerlei abgespaltenes, unstimmiges Erleben hat die Seele über viele Erdenleben hinweg an diesen Punkt gebracht.

Zu jeder Zeit bekommt der Mensch das, was er für sein Wachstum benötigt. Von diesem Gesetz gibt es keine Abweichung, was man braucht, wird einem zum genau richtigen Zeitpunkt gegeben, erschafft man selbst auf seiner Lebensbühne, erscheint weder zu früh noch zu spät, sondern genau im richtigen Augenblick. Diesem universalen Mechanismus zu vertrauen lernen wir alle Stück für Stück. Man erlernt sozusagen Gottes unsichtbaren Plan!

Der Mensch ist dem Göttlichen nicht egal. Im Gegenteil, Gleichgültigkeit ist der Existenz völlig fremd. Man wird umsorgt, behütet und aus lebensthementechnischer Weiterentwicklung des Bewusstseinskristalls auch mit unangenehmen Dingen konfrontiert. Doch wenn wir auf dieser Bewusstseinsstufe ankommen, erkennen wir sofort, wie der Hase läuft. Vertrauensvoll freuen wir uns auf das, was für uns bereitsteht, womit wir versorgt werden. Sorgenvolle Gedankenhektik macht hier keinen Sinn, wir werden zu Werkzeugen Gottes und seine Herzensgeschenke begleiten uns in die Abenteuer, die er jetzt für uns bereithält.

Und es wird fühlbar, ob für den Liebespartner, die Kinder, Freunde oder Kollegen. Wer Augen hat, um zu sehen, begreift die wunderbare verwandelnde Kraft, die nun von diesem Gefährten ausgeht. Es inspiriert sie ebenfalls, voller Mut ihre Quantensprünge zu vollziehen.

Möglichst unverfälschte Offenbarungen mit dem Erleben von gelebter Bewusstseinsmeisterschaft sind die erhabenen Bausteine des Gelingens. Und das Neue von heute ist die Tatsache, dass die

Meisterschaft des bewussten wahren Seins nicht Einzelnen vorbehalten ist. So viele reife Seelen freuen sich, den Himmel auf Erden miteinander zu erschaffen, und dazu gehört das Begreifen, was es bedeutet, die höchste Form der Liebe, Freiheit und Meditation Hand in Hand, Seite an Seite zu teilen. Das ist das Geschenk der Spiritualität, Vertrauen und Lieben ohne Aufrechnung, mit dem Mut, jeglicher »Gefahr« ins Auge zu blicken. Dies überwindet alle Ängstlichkeiten!

Schritte in die Liebe

Der wichtigste Schritt hin zur Liebe ist die Selbsterkenntnis darüber, wer ich denn eigentlich wirklich bin. Denn wie will ich Liebe erleben, wenn mir der Kontext fehlt. Wie mir innerlich begegnen, wenn mir nicht klar ist, was Leben bedeutet. Mir die Einsicht darin fehlt, was mich in der Kindheit und im Heute umgibt. Die Zusammenhänge der Seelenreise im Verbund meines diesmaligen Daseins sind immens wichtig.

Um mich der Liebe hinzugeben, brauche ich die Koordinaten meiner Lebensthemen, um zu verstehen, warum die wahre Liebe zeitlebens fehlte, warum ich die Liebe nicht erfolgreich umsetzen kann und warum alles Mögliche dazwischenfunkt, von dem ich wiederum keine Ahnung habe, was es zu bedeuten hat. Als Unwissender tappe ich im Dunklen und folge lediglich wie eine Marionette irgendwelchen Befehlsschnüren, die ich zwar nicht durchblicke, mich aber trotzdem von ihnen führen lasse.

Ich muss also lernen, daranzugehen, das Mysterium zu enträtseln. Dabei fällt ins Auge, dass auch mein Umfeld mich zwar stets in dem Glauben gehalten hat, mich aufzuräumen, dass aber diese Informationen mich noch weiter in die Unwissenheit drängten. Und dann muss ich mit ansehen, wie meine Suche nicht respektiert wird, wie man mich zum Außenseiter abstempelt in der Hoffnung, ich möge doch in die Unwissenheit zurückkehren. Also steht man bei diesen Bemühungen erst einmal ganz allein auf weiter Flur da. Macht man sich kundig, wird schnell deutlich, dass es als Erstes gilt dem Moloch

Angst in die Augen zu blicken. Zu versuchen, im Inneren einen Platz ausfindig zu machen, an dem die Angst keine Rolle spielt. Damit entdeckt man dann nach einer Weile tatsächlich sein altes, schmerzlich vermisstes wahres Sein, das in einer Ecke verkümmert. Schon das Wiederfinden entkorkt die eingeschlossene Energie und es tritt sofort eine Potenzierung des Energielevels im Körper-Seele-System auf. Mit dieser aufkeimenden Kraft lässt sich nun prima hantieren. Informationen sammeln über die Tatsache gewisser Lebensthemen und deren Auswirkungen führt zum nächsten Schritt, dem Experimentieren. Die Experimente finden sowohl im Inneren als auch im Außen statt. Man kann sehr schön mit dem neuen Wissen das Innere erforschen, mit der Selbstbeobachtung wichtige neue Erfahrungen sammeln. Manches fällt einem wie Schuppen von den Augen, anderes wird im Zusammenhang sonnenklar. Bewusstseinswerkzeuge helfen, die verschiedenen Impulse praktisch einzuordnen, zu alten Mechanismen wahrhaftige Gegenpole aufzustellen.

Die größte Falle dabei ist, dass man sich gehen lässt in Emotionen, Gefühlen, Intuitionen, die nach wie vor geschickt vom Verstand und den Abwehrmechanismen gesteuert Authentizität vorspielen. Meist reicht die Bewusstseinskraft noch nicht aus, dem Paroli zu bieten. Doch stetiges Üben führt dann trotzdem zum Erfolg und die Macht der Angst samt ihren Vasallen zerbricht. Meditationstechniken besitzen an dieser Stelle eine enorme Transformationskraft, weil sie den Verstand und seine Nebenprodukte lahmlegen.

Mit diesen Schritten erwachsen uns die Flügel der Liebe. Sie tragen uns hinaus in ein Leben, das wir voller Mut erkunden. Dem alten Blickwinkel fügen sich neue Dimensionen hinzu. Es verläuft bunt, statt dass man ins Gräuliche abtaucht. Wir ersetzen den alten Chef Angst durch die Realität, die wahre Liebe! Wer hier an Kraft spart, wird allerdings die Verkrüppelung und Lähmung durch die Furcht relativ schnell wiederbeleben.

Die Erkenntnisse über die individuelle Lebensthematik und das Erlösen, Auflösen von Impulsen auf der Lebensbühne, die in die Transformation drängen, führt in der Selbstfindung zum Erwachen der Liebe und beendet den Teufelskreis alter Gefangenschaft in der Zwickmühle der Lebensthemen. Das sind die Instrumente, die wir brauchen, um in Liebe fortzuschreiten.

Allen, die nach wie vor aber meinen, ohne die Auskehrung der letzten Ecken im Inneren auszukommen, kann ich nur klar und deutlich ans Herz legen, es ist nicht machbar. Die Geburt auf Erden verlangt die Blüte des Bewusstseins. Das ist die oberste Verantwortung, von der Entscheidung der diesmaligen Lebensthemen bis zu deren Erfüllung. Dann erst sind wir hellwach und können unsere nächsten Aufgaben voller Hingabe lösen. Jetzt fällt rechtes Geben und Nehmen leicht, die Berufung wächst aus diesem Schoß.

Freies Teilen des Überflusses degradiert den anderen nicht zum Regenwurm, der in der trockenen Wüste verdurstend nach einem Tropfen Wasser giert. Der Gutmensch, der in großer Geste vermeintlich den Armen hilft, aber eigentlich weit über ihnen thront, hat ausgedient. Es tut ihm gut, so unglaublich Gutes zu tun. Es nährt seine unterernährte Seele, aber in Wirklichkeit schmerzt es tief drinnen die von ihm betreuten Wesen, weil der »Gute« sie benutzt, um sich gut zu fühlen. Er handelt nicht aus wahrer Liebe! Doch im wahren Bewusstsein der Liebe teilen wir großzügig und fragen nicht danach, was dafür die Ernte bringt. Allein Teilen ist die Erfüllung. Wenn es die Menschen annehmen, ist das das schönste Geschenk. Mehr interessiert nicht!

Das ist der große Unterschied zwischen dem »Dienst am Nächsten« und dem Teilen aus dem Überfluss des Herzens. Wer dies erkennt, versucht die Botschaft weiterzureichen, bringt sie zurück in die Gemeinschaft, reiht sich in einer neuen Weise ein, unterstützt so den Evolutionsreigen. Aber nicht in der alten, von Lebensthemen gesteuerten Form: »Ich gebe alles, um ein wenig Liebe herbeizuführen, und das auf der untersten Ebene, weil ich ja nichts wert bin.« Das sind Menschen, die ihre Perlen vor die Säue werfen und sich dabei selbst nicht gesund ernähren. Sie schmieden eine Art heiliges Hamsterrad, das ihr Schiff aber eher auf eine Sandbank setzt.

Die Blume der Bewusstheit ist die einzige wahre Rettung für den blauen Planeten. Alle beheimateten Seelen sind nur kurzzeitige Gäste, ziehen ihr Ding durch und verschwinden wieder, machen aber aus egomanischen Gründen mehr kaputt, als in vielen Jahren mühsam regeneriert werden kann.

Wahre Liebe beinhaltet nicht nur die Liebe zu sich selbst, die Liebe für den Gefährten, die Liebe für die Mitmenschen, sondern mit dem Erlösen in diese Liebe erwacht ebenfalls ein hohes Verantwortungsgefühl für alles, was rundherum passiert, die Umwelt, die Gesellschaft, die Glückseligkeit aller und allem gilt die Aufmerksamkeit. Der wahre Liebende ist kein Zauberer, er ist der Meister seines Lebens und hilft als Körnchen der Schöpfung im Evolutionsreigen mit, dem Paradies dieses Planeten die Krone des Bewusstseins aufzusetzen.

Tantra – die hohe Kraft der Sexualität

Und dann plötzlich gelangt man in die Reife, der ehemalige Sauertopf kocht über vor Liebe. Will sich verströmen, lässt los, geht in die Entspannung und es passiert. Er ist nicht mehr hinterher, das Hamsterrad der Hormone hat seine Zugkraft verloren. Im Inneren erwächst der Raum der wahren Liebe. Er wölbt sich wie die gewaltigen Ausmaße eines Tadsch Mahals, erklingt in den wundersamen Tönen der meditativen Stille und der Farbenpracht des Regenbogens. Heiliges öffnet seine Pforten. Einer Kathedrale gleich dehnt diese sehr wohl spürbare Energie von den Grundfesten des ersten Chakras bis in die Höhe des siebten Chakras die Aura über alle

Grenzen hinaus in den Energiebereich des Universums. Das innere Göttliche trifft auf die uns umgebende heilige Kraft, was Einswerdung genannt wird und die mystische Hochzeit des Tautropfens mit dem Ozean symbolisiert. Ein köstlicher Moment, in dem die Reife, die Erfüllung, die Natur des Buddhas, uns ausfüllt und gleichzeitig die Einheit mit dem göttlichen Ganzen zur Realität erwacht.

Jetzt ist der Augenblick gekommen, in dem wir Liebe verströmen, statt sie krampfhaft von allen Seiten zu erbetteln. Die Gier nach Liebe und das kalkulierende Grapschen danach ist überwunden. Der tantrische Höhepunkt, erlöst von den Anhaftungen der Welt, ist erreicht und verbindet den weiblichen und männlichen Pol im Inneren in optimaler Ausgeglichenheit. Ein Du in Form eines geschlechtlichen Gegenübers wird nicht weiter benötigt, das Eins-Sein im Alleinsein erlebt.

Das All-Eins-Sein explodiert in neuen wundervollen Liedern, im frischen Tanz der Freiheit, des Einklangs und der übersprudelnden Liebe des wahren Seins. Im Herzen erblüht die Musik, die fröhlich jede Note über die verzückte Stimme in den Äther entlässt. Ob da jemand zuhört oder die Schwingungen ungehört verhallen, interessiert den hier Angekommenen nicht weiter. Er tanzt mit erquickenden Schritten in die Seligkeit. Der Strom der Liebe fließt von nun an durchs Land. Wohin das Wasser auf seinem Weg auch gerät, es erquickt, bringt Fruchtbarkeit, wer immer daran teilhat, kann ebenfalls erblühen und seine Früchte ernten.

Die Zeit der unreifen Früchte ist jetzt vorbei. Es geht ein ungeheurer neuer Magnetismus aus von einer tantrischen Seele. Dieser hat nichts mit den alten lebensthemenbedingten Zusammentreffen zu tun. Wenn nun eine Blume naht, die diese Kraft erwidern kann, in diese Höhe mit Leichtigkeit erblüht, gesellen sich zwei wahre Meister ihres Faches in einem Dom aus goldenem Licht. Es ist ein Erhöhen in wahrer Liebe, hat mit dem unbewussten Verlieben keinerlei Ähnlichkeit.

Wir alle können mit dem wunderbaren Tantra in Einklang kommen. Beginnen wir mit dem Stehen im All-Eins-Sein. Üben wir gerade dann, wenn uns die Einsamkeit am meisten schmerzt, die Kunst des All-Eins-Seins. Dabei distanzieren wir uns von diesem Gefühl der Einsamkeit mithilfe einer Meditationstechnik. Und immer wenn uns die Emotionen doch überkommen, geben wir bewusst und gelassen einen anderen Impuls in unser System. Vielleicht nicht beim ersten Mal, aber nach mehrmaligen Versuchen funktioniert es dann doch. Und jetzt lässt man sich nicht mehr gehen in dem Gefühl, das einen so martert. Jede Sekunde wird der Bewusstseinsschalter im Auge behalten und eventuell mit einem imaginären Klebeband festgezurrt.

Wer den Punkt erreicht, an dem die Sexualität zweier Menschen nicht mehr dem reinen technischen Aufeinandertreffen entspricht, Sex nicht mit dem Wettlauf an ein Ziel gebunden ist, sollte dringend damit beginnen, eine Energieblase zwischen den Liebenden zu erschaffen. Der wichtigste Schritt ist dabei, den Verstand auszuschalten. Das Erreichen dieses Freiraums ermöglicht das aufmerksame Aufeinanderzubewegen der Partner. Dabei bleibt man im Hier und Jetzt und weicht keinen Millimeter davon ab. Wenn Ängste auftauchen, wird kurz innegehalten, sie werden mit der Innenschau sortiert und man bewegt sich weiter. Dann willigt man langsam in die Berührung ein und nimmt dabei achtsam, beobachtend wahr, wo überall Berührung stattfindet. Jetzt werden die Energiekanäle und der Energiefluss erfühlt und es wird darauf geachtet, wie der Energiekreislauf zwischen Mann und Frau konkrete Formen annimmt.

Aber bitte nicht übersteuern, sonst setzt der Orgasmus zu früh ein. Bei dem energetischen Gebäude spielt der orgasmische Höhepunkt nicht die Hauptrolle. Es ist ein Raum, in dem die Seelen, die des Mannes und der Frau, miteinander tanzen. Ohne jegliche Ängste schwingt der Reigen in immer höhere Energiekanäle. Wie ein Sonnenaufgang erstrahlt hier eine märchenhafte Vermählung in Glückseligkeit. Die Geübten bleiben so lange sie wollen in dieser Verschmelzung. Im Gegensatz zum rein körperlichen Orgasmus dehnt sich diese Begegnung ins Ewige aus. Man gewinnt einen Eindruck von der Göttlichkeit der anderen Dimension, vom Nirwana, dem himmlischen Paradies.

Tantra gehört wie alles hier Beschriebene zur Wissenschaft des inneren Systems Mensch. Zwei Seelen berühren ihren tiefsten Kern. Hier hören das Wegkeilen, jegliche Machtspiele oder die Langeweile zwischen Liebespaaren einfach auf. Das Mysterium der Verschmelzung sollte unbedingt als hohe Kunst der Liebe in die Sexualkunde der Schulen Eingang finden.

Die Kommunion mit dem Partner wird zur Poesie des Alltags. Der andere wird zu einem göttlichen Tor, wir betreten den heiligen Raum, das Göttliche. Die Energie steigt auf, bewegt sich in den Chakren, man spürt auch ohne sexuellen Kontakt die Verschmelzung in stiller Ekstase, den Einklang zweier freier und unabhängiger Seelen, verbunden im Einssein des kosmischen Bewusstseins, der in Liebe leuchtenden Meditation, Samadhi, der Mensch im höchsten Entwicklungsstadium, dem Christus-Bewusstsein.

Einmal gefunden, braucht es für die Aufrechterhaltung dieses Zustandes nicht unbedingt den fehlenden positiven oder negativen männlich/weiblichen Pol. Ein Buddha sitzt in der Stille und genießt das sich in ihm drehende Rad der Seligkeit. Er ist dabei keineswegs gegen das Weibliche oder Männliche, er benötigt den anderen Teil der Energie nur nicht mehr von außen, der Kreis des ausgeglichenen Yin und Yang hat sich in ihm geschlossen.

Im Allgemeinen wird zwar geglaubt, dass gerade Meditation nichts mit Sexualität gemein hat, aber weit gefehlt, es treibt in dieselbe Energieerhöhung wie das Tantra. Es gibt tatsächlich nur eine Energie, die sich aber in den verschiedenen Ebenen unterschiedlich ausdrückt. In ihrer erhöhten Form ist sie das aus der sprudelnden inneren Quelle aufsteigende Mitgefühl für unerlöste Seelen und die wirkliche Herzensliebe, die Menschen miteinander verbindet. Menschen verstehen Sex meistens als hauptsächlich technischen Teil der körperlichen Zeugungskraft mit einem Fünkchen prickelnden Zubehörs, dem gelungenen Kraftakt des Orgasmus. Vielmehr ist Sexualität ein Teil des Lebenselixiers, die Vitalenergie, unsere Energie des Lebens. Die meisten Meditationstechniken haben tatsächlich vordergründig mit der Sexenergie nichts zu tun, erschaffen aber im Inneren einen Energiekreis, ein Energiehaus, das die Vitalkraft ebenfalls zum Schwingen bringt.

Im Tantra erblüht die Lebensenergie vom ersten Chakra aus, die Chakrenreihe kommt ins Tanzen. Es haucht förmlich Leben ein. Der Mensch wird lebendig, die Vitalität steigt sprunghaft an, die Aura, gesättigt von Gesundheit, Lebenslust und Tatendrang, strahlt vor Wonne. Kräfte werden frei, die in die Kreativität, in die Aktivitäten des Alltags münden.

Wer nun meint, Tantra wird nur zu zweit erfahren, irrt gewaltig. Wie bereits erwähnt, finden wir stets mit der Meditation in selbige Höhen, und was ganz wichtig ist, wir sollten uns trotzdem, egal welches Alter uns narrt, dem tantrischen Ritual der Eigenverwöhnung, so oft wir den intuitiven Impuls in uns aufsteigen fühlen, ausführlich hingeben. Das stimmungsvolle Erlebnis eines Verwöhnungsrituals nur für sich allein lässt einem in jeder Sekunde das Köstlichste zukommen, was seine Sinne überschwemmen will.

Und was für ein Crescendo, mit einem gleichgesinnten Partner in denselben tantrischen Weltraum aufzubrechen! Es gibt so viel zu entdecken. Fliegen wir heute in unserer Energiekugel linksherum oder etwas mehr nach rechts, keiner weiß es vorher. Es ist immer eine Überraschung, wo man sich wiederfindet: heute auf dem Mond, morgen auf dem Mars und übermorgen schlecken wir leckere Eiskreationen auf dem Neptun. Wer dementsprechend sein Liebesleben gestaltet, hat keine Langeweile und erlebt immer etwas Neues.

Doch nur allzu oft verpassen wir den Zug ins Glück. Wissen nicht, warum, Frustration steckt plötzlich in den Knochen. Es liegt an der Wissenslücke. Die Frauen meinen, die Männer wüssten, was sie brauchen, und die Männer verstehen nicht, warum die Frauen auf Knopfdruck so komisch reagieren. Die Anfangsphase der Bemühung und des langen spielerischen Vorspiels ist längst vorbei! Was nun? Nachschulung ist jetzt gefragt!

Was heißt das denn, wenn der Mann dem einen Pol entspricht und die Frau dem anderen? Sie agieren und reagieren verschieden. Ein entgegengesetztes Schwingen erfordert ein konträres Aufeinanderzugehen. Das Körperliche, die Psyche und auch noch das männliche Bewusstsein funktionieren anders als bei der Frau. Die Ladungen verschiedener Zentren sind genau entgegengesetzt.

Bei der Frau ist das erste Chakra-Zentrum negativ gepolt, beim Mann besteht die Ladung aus positiver Energie. Das Positive kann sehr schnell in die höheren Etagen der weiteren Chakren aufsteigen und das weiblich Negative braucht eine weitere Verbindung, um ebenfalls aufzusteigen, damit beide sich im Energiekreis treffen, das tantrische Haus bauen.

Wenn beim Mann das erste Chakra die Energie erhebt, der Penis sich aufrichtet, braucht es den positiven Pol der Frau, ihre Brüste, um die Energie in Zirkulation zu bringen. Dann bewegt sich die Energie von weiblicher Brust in Richtung männlicher Brust, des negativen Pols des Mannes, und von dort hinunter zum Penis, und erst dann ist die Vagina der Frau als negativer Pol bereit, den Penis in Empfang zu nehmen, das schließt den Kreis. Der Kreislauf kommt also in Bewegung, wenn die negativen und positiven Pole liebevoll und zärtlich aufeinandertreffen. Man spricht hier auch von magnetischen Achsen, die das energetische Rad in Schwung bringen.

Doch wer meint, sich mit rein sexuellen Akten geschwind in höhere Etagen zu katapultieren, irrt. Der Zündstoff des tantrischen Rades ist und bleibt die Liebe, die Liebe des wahren Seins. Ohne diese kostbare Energie gibt es kein Rotieren in die Tiefe. Es entsteht lediglich ein kleines, kurz aufprasselndes Feuerwerk ohne jeglichen Zauber. Die großen Feuerwerkskörper dagegen entfesseln ihren Feuersturm erst in der Tateinheit mit der Liebe.

Ansonsten bewegt sich die Energie lediglich linear, denn Sex ohne Liebe funktioniert nicht als Energiekreis. Wer hier gefangen ist, benutzt, beutet aus, findet so allerdings nicht in die höchsten Weihen des Tantra. Erst mit dem Kreisel der Liebe erleben wir die Verschmelzung, von der wir alle so träumen. Wer im Inneren nicht wirklich in die Liebe aufsteigen kann, erzeugt sich auf der Lebensbühne weiterhin die wertlose Kunst des Energieverschleuderns.

Dann spielt die richtige Liebestechnik eine große Rolle. Was nützt es, in der Liebesfähigkeit anzukommen, wenn man die Sache falsch angeht? Die Männer müssen darauf achten, dass der weibliche Körper genau umgekehrt funktioniert wie der eigene. Das sogenannte Vorspiel sollte die Gedankenleere der Meditation beinhalten und nicht den schnellen Quicky nach Sportschau und einem Bier im Sinn führen.

Meditation erlaubt den freien Lauf der Energie, der im rechten Moment an der richtigen Stelle andockt. Damit folgen wir im Einklang den Energiebahnen, die wie kleine Glockentöne die jeweiligen Chakren zum Klingeln bringen. Wie bei einem Kehraus wird alte, abgestandene Energie aus dem System gefegt. Herein weht der tantrische Wind, Vertrauen, Geborgenheit, stille Ekstase, lauthalses Herausseufzen der Erneuerung, der Energiewelle, die durch den Körper saust.

Es ist die Kundalini-Energie, die Schlange, die ihr Haupt erhebt, der energetische Phallus, der stoßweise im System Mensch nach oben steigt, die Chakren aktiviert. Wenn zwei erlöste Menschen diesen Gipfel erstürmen, fliegen sie frei ohne jede Anhaftung.

Die sieben Chakren stehen dabei für verschiedene Aufgaben und Themen, die es auf dem Weg dorthin zu entwickeln und zu verarbeiten gilt. Unsere Lebensthemen spiegeln sich in den Chakra-Themen. Der Name Chakra kommt aus dem Sanskrit und steht für Kreis oder Rad. In der Tat handelt es sich um kleine, in ganz unterschiedlichen Frequenzen schwingende Energiewirbel, durch die wir Energie entweder aufnehmen oder abgeben. Die Chakren dienen uns als Verteilerstellen der Energie, Tore der Kraft für Körper, Psyche und Seelenebene. Die sieben Chakren sitzen zwischen Damm und Scheitel in einer Linie entlang der Wirbelsäule.

Das *erste Chakra* heißt Wurzel-Chakra und liegt zwischen den Genitalien und dem Anus. Es ist zuständig für die Sexualität, die Fortpflanzung der Spezies, das Überleben, die Vitalität und das Sichern von materiellem Besitz.

Das *zweite Chakra* liegt zwei Fingerbreit unterhalb des Nabels und wird Hara-Chakra genannt. In ihm ist das Leben verankert. Hier ist die innere Quelle zu Hause. Zu jeder Zeit können wir uns nach innen wenden und uns an diesem Feuer wärmen, auftanken. Es erweckt den tantrischen Geist, ist zuständig für das Gefühlsleben, die Kreativität, hier entdecken wir die Berufung, unsere Visionen steigen auf.

Das *dritte Chakra* ist der Solarplexus, auch Sonnengeflecht oder Sonnen-Chakra genannt. Es befindet sich auf der Höhe des Magens. Von hier geht der Mensch nach außen in die Welt. Dies Chakra steht für Karriere, Standfestigkeit, wir strahlen von hier aus in unsere Umwelt. Außerdem sind die Aspekte Durchsetzungskraft, Mut, Ausstrahlung, Individualität und Macht, aber auch Machtmissbrauch, tyrannisches Verhalten, also auch die Krankheitsbilder der Lebensthemen, mit an Bord.

Das *vierte Chakra*, das Herz-Chakra, liegt mitten in der Brust und steht für den Mittelpunkt der Chakrenreihe. Es gilt als das Zentrum der Liebe. Von hier aus strömt die Energie in beide Richtungen, sie

149

verbindet die unteren und oberen Chakren. Die Fähigkeit, Liebe aus vollem, großzügigem Herzen heraus schenken und empfangen zu können, zählt zu den höchsten menschlichen Qualitäten. Das Herz-Chakra ist zuständig für die Transformation und dafür, sich dem Leben vertrauensvoll hinzugeben.

Das *fünfte Chakra*, das Kehlkopf-Chakra, liegt in der Mitte des Halses im Kehlkopfbereich. Es wird das Zentrum der Kommunikation genannt. Durch die Stimme nehmen wir Kontakt zur Außenwelt auf. Je ausgeglichener und kräftiger das Chakra schwingt, umso eindeutiger der stimmliche Ausdruck. Bei Überaktivität gilt es auch stimmlich manchmal die Zügel anzuziehen. Man spürt die Präsenz eines Menschen mit einem ausgeglichenen Kehlkopf-Chakra. Es symbolisiert Loslassen, Entspannung und das Aussprechen der inneren Wahrheit. Hier spricht das wahre Sein.

Das *sechste Chakra*, das dritte Auge, hat seinen Platz zwischen den Augen oberhalb der Nasenwurzel. Intuition, Einsicht in das, was passiert, Einordnung der Vergangenheit in das Potpourri der Lebensthemen, Sitz des fest montierten inneren Beobachters, der, ständig vor den Abwehrmechanismen auf der Hut, die Alarmglocken läutet, wenn die Unbewusstheit wieder zuschlägt, das Licht ausknipst. Als Weiteres ist hier der Sitz des Hellsehens, des Verständnisses unserer Träume, das bei der Visionsfindung hilft. Auch Erfahrungen jenseits der körperlichen Wahrnehmbarkeit und die Verbindung zur geistigen Welt werden diesem Zentrum zugeschrieben. Wenn wir uns der Erfahrung der Meditation öffnen, können die Elemente des sechsten Chakras in unserem Leben stärker zum Tragen kommen.

Das *siebte Chakra* wird auch Kronen- oder Scheitel-Chakra genannt. Es liegt an der höchsten Stelle des Kopfes. Hier öffnen wir uns der spirituellen Welt und werden uns der All-Einheit bewusst.

Über dieses Chakra sind wir mit dem Grund allen Seins, dem Göttlichen, verbunden und fühlen uns in ihm vertrauensvoll geborgen und aufgehoben.

Die Kundalini-Schlange bahnt sich ihren Weg kraftvoll auf den Energiebahnen dorthin, und wo immer in den Chakren der Müll der Lebensthemen lähmt, sprengt sie die Ketten, entfacht die Feuersbrunst der Freiheit, öffnet den orgiastischen Raum.

Der Mann kennt dieses Gebaren des Eindringens, ist es doch seine Weise der Begegnung mit der Sexualität der Frau. Bei ihm steigt die Energie sofort in diese Richtung. Die Frau empfängt dagegen den Penis mit ihrer Vagina erst, wenn sie bereit ist, sie schmilzt dann dem Phallus entgegen, nimmt ihn zärtlichst auf, nun erbebt die Energie langsam nach oben, ähnlich und doch ganz anders als beim Mann.

Bei der Frau steigt die Energie eher passiv die Energiebahnen empor, dagegen stößt der Mann mehr dem Gipfelpunkt entgegen. Das Weibliche öffnet inwendig, gibt nach, und das Männliche durchbricht die Schranken, worüber sich das Weibliche wiederum im Einklang erfreut, dem sogar entgegenfiebert. Nun klingeln die Chakren im tantrischen Verbund.

Der Ungeübte wird hier die Überwindung des Verstands als schwierigste Aufgabe erfahren. Wie so oft im Leben sind wir geprägt von Zielvorstellungen, die als oberstes Gebot der gesellschaftlichen Anerkennung gelten. Wer an dieser Stelle immer noch auf diese Makulatur hereinfällt, wird den Augenblick verpassen, ihn mit Gedanken, Wünschen oder Versagensängsten zuschütten.

Absichtsloses Ineinanderbegeben ohne Zeitdruck und Geschäftstermine, ohne Schielen nach dem orgasmischen Ziel führt in die völlige Entspannung und mit dem tiefen Vertrauen in die wahre Liebe des Partners fühlen wir Ruhe, Zeitlosigkeit in uns aufsteigen. Das innerste Zusammentreffen löst die Ich-Einheiten völlig auf. Es erklingt wie Musik mit Tausenden von Noten, immer neu, nie ein

Abklatsch alter Symphonien. Alle Identifikationen lösen sich, was bleibt, ist ein Bündel wahren Seins frei schwebend in der universalen Herrlichkeit.

Und plötzlich taucht er auf, kündigt sich an am Firmament, erfasst die Liebenden wie Blitz und Donner, durchschießt die Energiebahnen mit einer tosenden Feuerwalze, erfüllt die Aura, hört gar nicht mehr auf, erbaut sich zur nächsthöheren Welle, ebbt ab, nur um erneut durchzustarten. Der tantrische Orgasmus lässt uns bis ins Mark erzittern, die Seelen assimilieren mit dem Ozean. Grenzenloses Pulsieren der vereinigten Energien verleiht der Materie Flügel. Die Körper erlöst, aufgelöst, verschwindet das, was wir für unser Selbst halten, wird zur reinen leuchtenden Lebensenergie. Die Herzschläge pochen in einem Rhythmus. Die Zweiheit tritt in die Einheit der Schöpfung, in den großen universellen Orgasmus.

Energiestopp – direkter Draht und der Knackpunkt

Ja, den Energiestopp kennen wir alle, wenn der Verstand dazwischenfunkt, wird der Lebensfluss schlagartig unterbrochen. Der direkte Draht ins wahre Sein ist für diesen Moment beendet.

Als leichte Variation erleben die Menschen diese Angstbarriere, wenn sie einander ihre Liebe gestehen möchten. Eine härtere Variante ist das Nicht-aussprechen-Können des eigenen Standpunkts. Wenn die Kehle wie abgeschnürt kein Wort herauslässt, der wichtige Satz im Hals stecken bleibt. Angst hat sich der Handlungsfäden bemächtigt. Höchste Zeit, das eigene Selbst und sein Umfeld zu durchleuchten, auf traumatische Bedingungen abzuklopfen.

Wie können wir dem Energiestopp begegnen, wenn die Katze bereits in den Brunnen gefallen ist, wenn wir mitten im Leben stehen und irgendwie mit der Situation zurechtkommen müssen?

Um das Trauma aufzulösen oder zu umschiffen, bedarf es des inneren Glückspiraten, des wahren Seins, das sich die Prägung der eingeschliffenen Mechanismen nicht weiter gefallen lässt, sich auflehnt, die transformatorische Revolution entfacht. Wo immer der alte Impuls auftritt, wird dieser einfach hinausgeworfen oder überbrückt, eine neue Energieleitung gelegt. Damit steht der freien Entscheidung nichts mehr im Weg. Und wie soll das nun gehen?

Genauso wie wir von Menschen, die eine gewisse Kraft geleitet hat, energetisch, verbal oder körperlich manipuliert und traumatisiert wurden und sich dabei gewisse Energieleitungen oder Barrieren in uns gebildet haben, können wir diese Schöpferkraft in uns entfachen und kraftvolle Energiebahnen für das wahre Sein installieren. Dies gelingt, wenn Idee, Entscheidung und Handlung auf einer Wellenlänge ausgeführt werden. Natürlich bedarf es ständiger Übung, damit, wenn der Feuertest naht, das wahre Sein behauptet wird, das Herz nicht mehr vor Angst in die Hose rutscht, sondern ganz vorne an der Rampe, genau da, wo es immer so vermeintlich wehtut, stehen bleibt und um sein Leben kämpft, die authentische Wahrheit vertritt.

Im tantrischen Liebesakt kann ein einziger Gedanke den Teilnehmer aus dem Liebeskarussell katapultieren. Die ganze wunderbare Energie bricht dann plötzlich zusammen. Dann gilt es ganz schnell meditativ die Kurve zu kratzen! An dieser Stelle wird es jedem klar, das kennt man und vor allem auch die hilfreichste Lösung: nämlich sofort alle aufkommenden Gedanken in die Auflösung verabschieden. Und natürlich ist, wie man weiß, Eile geboten!

Aber dasselbe gilt eben auch für andere Momente. Genau diesen Trick können wir immer dann anwenden, wenn es brenzlig wird. Wenn uns die Mechanismen unseres Dramas mit selbigem erneut in die Identifikation schicken. Wenn wir wie blind eigenhändig die Mauern abermals hochziehen und dabei meinen, die Impulse kommen aus dem wahren Sein.

Doch was tatsächlich passiert, ist ein Energiestopp, ein Knackpunkt, der die Realität abschaltet. Eine Pseudoinstanz, das Schattendrama übernimmt die Handlungsetage, den Chefsessel, durchgesetzt vom Verstand.

Was jetzt noch nützt, ist der geschwind gelegte neue direkte Draht, der zum wahren Sein führt. Wir sind imstande, genau so ein Stück Energiebahn blitzschnell aufzubauen und um den Stau herumzuleiten. Das ist im Übrigen das einzige Rezept gegen alle erneuten Übergriffe vonseiten des eigentlich erlösten Lebensthemas, wenn die im System durch die Explosion des Dramas herumfliegenden Restposten meinen oder die Chance wittern, über den Verstand das wahre Sein erneut zu korrumpieren. Gemeint ist hier deren abermalige Machtergreifung. Da viele Jahre unter dieser Diktatur gelitten wurde, existieren nach wie vor, wie bei einem Süchtigen, Andocker, die willkommen heißend die Arme ausbreiten. Doch einem Blitzableiter ähnlich, reagiert der neue Energiedraht sofort auf die Weichenstellung des wahren Seins und lässt den alten Boykotteuren keine Chance.

Wer diese Anleitung versteht und sie auch nur ein einziges Mal erfolgreich im Inneren inszeniert hat, weiß nun, wie er im Notfall mit solch einer Situation umgeht. Damit können wir die alten Kreisläufe endgültig verabschieden und mit dem wahren Sein auf höhere Stufen der Evolutionsspirale klettern.

Klienten klagen meist über Fluchtgedanken, die sie schlagartig überfallen, wenn ihnen der Liebespartner zu nahe tritt. Was durchaus verständlich ist, da die Energie der tantrischen Liebe mit ihren geöffneten Chakren eine hohe Energieschwingung aufweist. Wer diese Frequenz nie kennengelernt hat, geht leichter in den schreckhaften Abstand, als glückselig auf diese hohe Ebene der Liebe einzuschwingen, kreiert dann eher einen verbalen Schlagabtausch, damit keiner mehr Lust auf Nähe hat.

Dieses Phänomen ist so weit verbreitet, dass man sich wundern muss, das Liebende trotzdem zueinander finden. Leider kreieren die meisten dadurch eine künstliche Liebesenergieblase, eine Maskerade, mit der sie einen Einklang vortäuschen, aber diesen kunstvoll auf lange Sicht aushalten. Das ist dann, als ob zwei Fremde miteinander den großen Bund der Ehe schließen und sich dabei eigentlich nie wirklich kennenlernen. Die Personamasken täuschen so perfekt, dass nicht einmal der Träger der Maske bemerkt, dass dies mit der Realität nicht viel gemein hat. Derbe Schicksalsschläge bringen dieses Gebilde erst ins Wanken. Doch versucht man so lange wie irgendwie möglich die Lüge aufrechtzuerhalten. Aber es nützt alles nichts, ob Liebesrausch oder Angsttriaden, um etwas grundlegend zu ändern, muss das transformatorische Tor durchschritten werden!

Genau dieses Tor trägt als weitere Überschriften die Beendigung jeglicher Kontroll- und Machtspiele. Und, kaum durchschritten, fällt tatsächlich sämtlicher Missbrauch, über die Sexschiene an Energie heranzuschleichen oder Menschen an bestimmte Plätze so zu stellen, dass sie nicht anders können, als als Energiespender zu dienen, einfach weg. Das Gleiche gilt für die Folgeerscheinungen der erlebten Traumata. Man ist davon befreit, fast so, als ob sie nie da gewesen wären.

Jetzt gilt es die Verantwortung für die selbst ausgesuchten Lebensthemen samt ihren Umständen voll und ganz zu übernehmen. Transformation heißt nun mal Transformation und nicht halbseidene Verwandlung vom Schmetterling zur Raupe. Es gibt hier keinen Rückschritt, die Devise heißt »Nach vorne in den freien Flug«!

Sicherheitsdenken –
der Verrat an sich selbst

Sicherheitsdenken bedeutet eine Massenflucht vor der Glückseligkeit. Auch hier wirkt der Teufelskreis geprägter Menschen, die Neuankömmlinge auf Erden ebenfalls in vorgegebene Prägungen schicken.

Statt die anvertrauten Seelen zu motivieren, die Evolutionshürden mutig zu nehmen, werden die jungen Erdenbürger ermutigt, größte Vorsichtsmaßnahmen anzustreben, in die Sicherheitsfalle gestoßen, den »Garanten« für ein harmonisch wohl geordnetes Leben. Und so bleibt die Jugend als Sicherheitsventil für die Alten erhalten. Die Versorgung in späteren Jahren scheint damit gewährleistet. Oder die Programmierung der Jugendlichen geht so weit, dass diese wie selbstverständlich einer frustrierten Elternschar zur Verfügung zu stehen haben.

In einer Extremsituation hat eine Mutter ihrer Tochter abverlangt, für ihr Wohlergehen zu jeder Tages- und Nachtzeit zur »freien« Verfügung bereitzustehen! Als diese sich davon befreien wollte, schlugen die Eltern erbarmungslos zu. Nach dreißig Jahren und heute mit einem sechsjährigen Kind wollte die Tochter endlich ein selbstbestimmtes Leben führen, zog aus der unmittelbaren Nähe der Eltern in die nächste Großstadt, fand dort ihr Glück mit einem neuen Mann, der auch von ihrem Sohn ausdrücklich herbeigewünscht wurde. Befreit und voller Freude richtete sie ihre neue Wohnung ein. Es machte ihr viel Spaß, Kleines und Größeres für das neue Zuhause einzukaufen.

Und dann geschah es wie aus heiterem Himmel: Den Eltern gelang ein Übergriff auf die Tochter und sie machten ihr klar, dass sie diesen Unsinn mit dem Umzug doch gar nicht nötig hätte. Sie schafften es, ihr über die alte manipulative Angstschiene so nahe zu treten, dass sie reumütig ihre frisch erworbene Freiheit »gerne« aufgab, um wunschgemäß ins elterliche Heim zurückzukehren. Ihre neue Wohnung wurde aufgelöst. Die Beziehung mit dem Mann ihrer Träume wurde natürlich auch sofort beendet. Und das alles im Namen der »Liebe«.

Sicherheitsdenken wird über traumatische Erlebnisse in die Menschen transportiert. Dort hockt es dann, bis es über einen Freiheitswunsch so aktiviert wird, dass es massiv gegensteuert. Diese traumatische Programmierung lässt sich jederzeit über ein bestimmtes Eingangssignal abrufen, der jetzt Genötigte verhält sich ab sofort wie eine willenlose Handpuppe. Er bleibt »lieber« in der vorgegebenen Sicherheitszone, ein Ausbüchsen kommt für ihn in diesem Augenblick nicht infrage.

Es kann also entweder wie in der gerade erzählten Geschichte von außen gesteuert werden oder der Impuls wird ohne Fremdeinwirkung im eigenen System gezündet. So oder so ist man nicht Herr seines Selbst, ist fremdbestimmt!

Um es noch einmal deutlich zum Ausdruck zu bringen, die Dame in der Geschichte hat alles verraten, was ihr eigentlich ungeheuer wichtig war. Die Liebe und Freiheit für sich selbst, für den Sohn, der sich in der neuen Situation, befreit von den Großeltern, in kurzer Zeit so gut entwickelte, dass er die normale Schule besuchen konnte. Vorher hatte die Erzieherin im Kindergarten oft gesagt, das Kind sei zurückgeblieben und würde die Aufnahmeprüfung nicht bestehen. Weiterhin hat sie die Liebe zu einem neuen Mann verraten, mit dem sie die Partnerschaft völlig neu entdeckte, ja glücklich war. Sie konnte das innere Angstdrama, unter das die Eltern sie ein Leben lang gestellt hatten, nicht ablegen. Die Erlösung dieses Lebensthemas, in die Freiheit und reale Liebe aufzubrechen, misslang bei diesem Anlauf.

Unglaublich viele Partnerschaften lassen sich von der Sicherheitsecke leiten, spulen dabei ihr Programm ab und halten das für Liebe.

Verständlich, angesichts der extrem hohen Dunkelziffer von traumatischer Unterdrückung. Man strebt völlig unreflektiert in der Jugend eingetrichterte Werte an. Ist dabei nicht imstande, kurz einmal aufzuwachen und sich genau anzuschauen, was man da eigentlich tut. Die vermeintliche Liebe zu ehemaligen Peinigern verhindert das Aufwachen, hält in der Verdummung! Die Eltern haben erfolgreich die feinen Antennen einer frei schwingenden Bewusstheit gekappt, man traut sich nicht in ein selbstständiges Aufräumen!

Das Schlimmste dabei ist, dass jeder, der sein Thema nicht in die Transformation bringt, bis zum Tod ein unbewusster Verfechter dieses Verrats bleibt. Alle, die mit ihm in Berührung kommen, werden von ihm nach Möglichkeit mit dem Virus des Sicherheitsfanatismus angesteckt. Er wirkt auf der Evolutionsbühne kontraproduktiv, verschreibt sich der dunklen Seite der Macht, wird zu deren Seelenfänger. Auf der Bühne des Lebens dagegen zeigt er sich als ehrenwerter Zeitgenosse. Wer nicht über die Sehkraft des dritten Auges verfügt, geht ihm mit Leichtigkeit auf den Leim.

Die durch das Erziehungsprogramm erzeugte Angst vor dem Unsicheren, dem Chaotischen, dem jederzeit Veränderbaren, dem Unkalkulierbaren, dem Fluss des Lebens selbst, macht aus den Befolgern dieser eingebläuten Gesetze den »Gutmenschen«, der sich nicht traut, gegen diese Unterdrückung aufzustehen. Er wird selbst zum Unterdrücker seines wahren Seins. Wer immer mit ihm in Verbindung kommt, dem wird automatisch die Energie des Mutes, der Risikobereitschaft genommen. Der »Gutmensch« saugt diese Kraft förmlich ab, lebt davon.

Wenn die Liebe endet!

Die Liebe, die wir in uns finden, kann nicht enden. Die Quelle ist eins mit dem göttlichen Ganzen, das immer existiert. Das ist unser großer Vorteil, im wahren Sein sind wir direkt daran angeschlossen. Die Liebe ins Außen, zum Partner, kann allerdings sehr wohl ein Ende finden.

Für viele Menschen liegt diese Erfahrung auf ihrem Weg, damit sie, statt von außen Unterstützung zu benötigen, in der jetzt erforderlichen Selbstfindung ihrem eigenlichen Kern begegnen. Bevor wir für die Liebe, die wir meinen, bereit sind, gilt das universale Gesetz, die labende Energiequelle in sich selbst aufzuspüren. Erst dann sind wir für höhere Liebesweihen qualifiziert.

Doch zuvor lernt der Suchende des heiligen Grals der Liebe den Umgang mit Enttäuschungen so hinzunehmen, wie es auf dieser Bewusstseinsebene ansteht.

Man kann nicht meinen, dass, nur weil für den Partner die Liebe jetzt zu Ende ist, einem irgendetwas davon noch gehört. Sofort bricht der Selbstverantwortliche in seine Innenwelt auf, um mit dieser Umschau allen seinen Schattengefühlen und Handlungsimpulsen auf die Spur zu kommen, die nicht den Werten des wahren Seins entsprechen. In eiserner Selbstdisziplin müssen beide Bewusstseinsarbeiter an dieser Stelle ihres Weges ihre Weichen äußerst genau stellen. Wenn die Liebe endet, ist das als sehr wertvoller Spiegel zu verstehen, um in der Selbsterkenntnis noch etwaige Restthemen aufzuspüren.

Niemand hat das Recht, etwas einzufordern, was der Partner zu geben nicht mehr imstande ist. Damit hat sich der Liebeskranke abzufinden. Wenn es ihm nicht gelingt, muss er eventuell auf bittere Weise aufwachen, muss ihm der Weg gewiesen werden.

Erst müssen wir lernen, was wahre Liebe eigentlich ist, und dann müssen wir sie wieder loslassen, wenn der Partner sich anderweitig entscheidet. Aber wenn wir unsere Lektionen gelernt haben, kann uns das nicht mehr wirklich erschüttern. Was jeder Mensch zu jeder Zeit an Wachstumsimpulsen braucht, entscheidet er selbst, und dann gibt es noch die Instanz der göttlichen Schöpfung, die ebenfalls ihre Finger mit im Spiel hat.

Wenn die wahre Liebe beginnt!

Reife ist gleichbedeutend mit dem Ablegen der Dramen der Traumatisierung. Es eröffnet einen völlig neuen Seinszustand. Man erkennt sich kaum wieder, staunt über sich selbst und den Reigen der Liebe, den man für sich gar nicht mehr erhofft hatte. Das Verstehen, das Loslassen, das Aufgeben des Kampfes gegen oder für etwas lässt den Kokon plötzlich einfach abfallen oder platzen. Von einer Sekunde zur anderen existieren keine weiteren Angstimpulse. Friede, Freiheit, Meditation und Liebe kehren ein!

Das All-Eins-Sein erschließt in diesem Moment die Quelle des wahren Selbst, das wahre Sein übernimmt den Chefsessel im System Mensch. Die wahre Liebe entspringt aus dieser Quelle. Plötzliche Grenzenlosigkeit und gleichzeitiges Erbauen einer Lichtsäule der aktiven Chakrenreihe, das ist das Phänomen, das passiert. Das bedeutet die Selbsterschaffung eines völlig neuen Menschen, der klar und eindeutig im bewussten Hier und Jetzt steht!

Die aktive Chakrenreihe schließt die Verbindung vom Seelenwesen mit dem Göttlichen. Die Einswerdung vermeldet den Aufstieg in die höchsten Bewusstseinsebenen. Das sind die Weihen des Erwachenden! Mit diesem hier entspringenden Überfluss an Liebe begegnet der Mensch nun den Gefährten, den ihm nahen, geliebten Seelenwesen. Eine nie da gewesene Harmonie breitet sich aus, der Quantensprung der wahren Liebe.

In Partnerschaften finden Seelen gegenseitig sehr leicht den

Anschluss an denjenigen, der eventuell einen Schritt voraus ist. Reife Seelen befruchten sich gegenseitig und erst recht, wenn es um das höchste Gut der Bewusstwerdung geht. Mitgefühl zeigt sich hier ebenfalls von seiner höchsten Ebene. In Zukunft werden wesentlich mehr reife Menschen davon profitieren! Das Erwachen des Bewusstseins gehört einfach zur Seelenreise und wir stehen an einem neuen Zirkel des Umgangs mit diesem Phänomen.

Das ist das Experimentieren mit dem Christus-Bewusstsein. Der Mensch im Einklang mit seinem wahren Sein, den erfüllten Lebensthemen und als Quell der Liebe sich selbst genügend, aber auch im tantrischen Raum zu Hause. Ein Buddha im weiblichen wie im männlichen Sinne, der seine Entscheidung zum Zölibat oder der wunderbar erlebten Sexualität genießt! Kein Anhaften an moralischen Religionsvorstellungen oder weltfremden Gesetzen. Immer frisch, immer im Hier und Jetzt fließt der Lebensfluss stets in das Neue. Er kümmert sich nicht um Überlieferungen, Meinungen, er zeigt sich authentisch, frei und, für viele sehr erstaunlich, in keine Vorstellungen, welcher Art auch immer, einzuordnen!

Wahre Liebe hat also die Tragweite bis hin in das Unglaubliche und vor allem aber ist sie nicht weit entfernt von dem, was man Erwachen nennt. Ja, tatsächlich ranken darum herum mehr Gerüchte, als das Naheliegende einfach wahrzunehmen. Die Erleuchtung in die Seelenmeisterschaft ist eben kein so weiter Schritt, wie es uns vorkommt, ganz im Gegenteil ist es das Einfachste und Natürlichste auf der Welt und wer die Reise bis an diese Stelle unternimmt, kann davon zeugen.

Die neuen Offenbarungen wollen uns hinführen in eine gewisse Selbstverständlichkeit, diesen Pfad mutig voranzuschreiten, ohne dass befürchtet werden muss, nie anzukommen, da dies nur wenigen vorbehalten wäre! Und sie räumen mit dem Märchen auf, dass erwachte Liebe nur einem selbst vorbehalten ist, also nicht mehr mit einem männlichen oder weiblichen Partner geteilt werden kann!

Im Gegenteil, das Gold der partnerschaftlichen Liebe wird erst über das gewachsene Bewusstsein erreicht. Aber dann brauchen wir uns an keinen Grenzen mehr festzuhalten. Was für eine wunderbare Erlösung, gleichfalls den Aberglauben vom Zölibat endlich abzulegen und in den Reigen der wahren Liebe aufzusteigen. Damit ist der Bann gebrochen, den uns die alten Weisheitslehrer auferlegten. Denn es gibt keinen triftigen Grund, warum der Mensch den Rest seiner Tage auf Erden allein bleiben muss, nur weil einige meinen, Erwachen führt zwar direkt in die Verbundenheit mit dem göttlichen Ganzen, aber Mann und Frau dürfen dann in keine engelgleiche Verzauberung aufsteigen!

Jahrzehntelang spiegelte die Liebe den Seinszustand voll der Qualen, die nichts anderes bedeuteten, als Lebensthemen bewusst zu machen. Aber jetzt, wo man weiß, wer man ist und wo man steht, wo das Bewusstsein des wahren Seins die Führung übernommen hat, sind Liebe und Meditation zusammengewachsen, tragen beide Flügel das Gleichgewicht, kann das Experiment Liebe von Neuem beginnen, beide Schwingen im freien Himmel die Einswerdung feiern.

Liebe und Meditation beißen sich nicht, sie können im Einklang das höchste Bewusstsein erklimmen. Genau hier muss der Suchende gewaltig aufpassen und darf die alten Schriften nicht missverstehen. Sonst meint man leicht, entweder die Liebe auf Kosten der Meditation oder die Meditation auf Kosten der Liebe vorzuziehen. Dabei unterstützt die Meditation die Liebe auf grandiose Weise. Und wir kennen alle das verhängnisvolle Ende so mancher Romanze, weil die Qualität der Meditation noch keine Früchte getragen hat.

In die Meditation gelangt der Mensch am einfachsten, wenn er auf sich selbst zurückgeworfen wird, und das ist nun mal meistens nach der Beendigung einer Liebschaft. In diesen zwar harten, aber sehr wertvollen Zeiten bleibt dem verletzten Ego nichts anderes übrig, als nach innen in die Stille seines Seins zu wandern und dort nach den Hintergründen Ausschau zu halten. Dabei erhebt das wahre Sein die Stimme. Und mit diesen Worten kann man dann etwas anfangen.

Sie sprechen von der Selbstliebe und von den Folgen, sich ständig selbst zu verurteilen, den Verstandeskritiker des Makels nicht unter die Kontrolle des bewussten Beobachters zu stellen, sich zu fragen: »Wer kann denn so einen wertlosen Zeitgenossen wie mich wirklich gern haben?« Man liebt sich ja selbst nicht, wie kann das dann ein anderer tun? Die innere Stimme spricht von dem Unsinn, den man sich hier antut! Sie rät und berät in einem so leisen Flüsterton, dass man sie leicht überhören kann.

Wenn zwei Menschen sich treffen, ist das so, als würden sich zwei Universen begegnen. Völlig fremde Welten versuchen etwas, was meist zum Scheitern verurteilt ist. Doch wer seine Hausaufgaben erledigt, dazulernt, der erlöst auch das ewige Rätsel der Liebe, des Daseins überhaupt. Der erkennt die Qualität der Spiegelung in einer Partnerschaft. Denn hinter den eigenen Kulissen den Tatsachen auf die Spur zu kommen ist fast unmöglich, aber im Spiegel des anderen kann man die eigene hässliche Fratze nicht ausradieren. Man vertritt zwar die Meinung, der Spiegel sei der Schuldige, aber irgendwann lassen sich die Tatsachen nicht mehr verdrehen. Natürlich blicken wir wechselseitig in unsere unerlösten Gesichtszüge.

Nützen wir doch lieber diese Spiegelungen, um die anstehenden Transformationshürden in Angriff zu nehmen. Wer dies versteht, wird überrascht sein vom Erfolg und der Belohnung, die sich dann auftun. Gehen wir also der Liebe nicht aus dem Weg, lassen wir uns auf allen Stufen von ihr tragen und freuen wir uns über die Erfahrungen, die wir wie Geschenke aneinanderreihen, bis sie uns auf eine höhere Ebene schieben.

Die Liebe ist wunderbar, weil sie uns genau zeigt, wo jeder steht, und dann bewerkstelligen wir die Weiterentwicklung aus dem inneren Chaos mit dem Bewusstseinswerkzeugen der Meditation, der aktiven Innenschau unter Berücksichtigung des wohl installierten bewussten Beobachters, des inneren Zeugen. Sie rüttelt und schüttelt uns, bis wir uns der Realitäten bewusst werden und uns unseren Lebensthemen so widmen, dass die Erlösung der wahren Liebe vonstatten geht.

Um es noch einmal zu wiederholen: Die Liebe unterstützt die Meditation, also nicht vor lauter Satori-Erfahrung die Liebe vergessen! Vermeidung ist jetzt völlig fehl am Platz. Die Liebe öffnet das innere Schatzkästchen dort, wo noch Probleme liegen, macht sie dem Betrachter bewusst. Wer sich dem aus Feigheit nicht aussetzt, folgt eher seinem eigenen Trugbild. Das führt zwar in einen gewissen Sicherheitsbereich, aber der bedeutet auch, vom wirklichen Leben völlig abgeschnitten zu sein. Und nichts ist schlimmer als ein Scheinleben der Idiotie!

Und die alten Gesellen der Lebensthemen haben ausgedient, Energieraub, Erwartungen, Besitzergreifen, Eifersucht oder ängstliches Klammern sind aus dem System gestrichen. Und was bleibt übrig? Die Liebe des wahren Selbst! Jegliche egomanischen Kämpfe sind auf der Strecke geblieben. Und das, was man für sein eigentliches Selbst hielt, verschwindet dadurch ebenfalls!

Die Quelle des Seins sprudelt, ob jemand davon trinkt oder nicht, interessiert erst in zweiter Linie. Von Vorteil ist jetzt die automatische Umwandlung der Lebensperspektive. Die Sicht der Dinge wächst und als Konsequenz verändert man den Umgang mit dem Leben. Alles wird wesentlich spielerischer, auch wenn man die Verantwortung erst ab diesem Moment richtig in den Griff bekommt.

Und die Liebe ist das wunderbarste Spiel aller Spiele, die großartigste Transformationsmöglichkeit für den Menschen. Dabei gilt es gelassen Erfahrungen zu sammeln und gleichzeitig lebensthemengemäß auf der Evolutionsspirale weiter hinaufzukommen. Wir lernen das Einlassen und das Loslassen. Und ob der andere einen währenddessen immer so liebt, wie man sich das wünscht, das kann man nur hoffen, genau wissen wird man das nie. Denn zwei völlig Fremde treffen aufeinander und meinen, nur sich ganz schnell bis ins Innerste erblicken zu können.

Intimität – Aufrichtigkeit riskieren

Wirkliche Nähe zwischen zwei Liebenden wird Intimität genannt. Offenheit, Vertrauen, Liebe lässt Authentizität wachsen. Wann immer dann Wut, Traurigkeit oder Missverständnisse auftauchen, erlaubt diese Basis einen Umgang mit Problemen, die nichts unter den Tisch kehrt. Grundvoraussetzung ist, dass man sich zeigt, nichts versteckt, dem wahren Sein Spielraum gibt.

Hilfreich bei dieser Selbstfindung ist die Frage: Wer bin ich?

Antworten darauf führen stets nach innen, hinter der Oberfläche wartet bereits ein uraltes Seelenwissen, macht bereit für die Realität. Dieses besagt, dass wir Erdenbürger ganz individuell auf verschiedenen Evolutionsstufen zu Hause sind und dass wir uns über das Erkennen der Lebensthemen so mit der kindlichen Prägung auseinandersetzen können, dass Störendes in Gelingen verwandelt werden kann, wir in Transformationsschüben immer mehr dem wahren Selbst ähneln. Damit werden wir zum Quell der Liebe.

Zuneigung entwickelt Herzenswärme und diese fließt in die Hingabe, die Liebenden nähern sich an, schaffen mit beiderseitiger Aufrichtigkeit einen unglaublich schönen gemeinsamen Raum des Kennenlernens. Das noch Befremdende wandelt sich in liebevolle Freundschaft, selige Verschmelzung.

Als nächste Stufe kommt das mutige Aufbrechen ins Meisterliche, dabei scheuen wir keinerlei Mühe und verraten möglichst niemals die Wahrheit oder geben sie auf gegenüber allen Ansprüchen der Prägungsinstanzen. Der bewusste Mensch rückt nun keinen Millimeter mehr ab, die Lüge der alten Prägungsschatten kann ihm nichts mehr anhaben. Eher steht er wie eine Wand gegen die dunkle Seite der Macht. Er bleibt der Fels und opfert die Wahrheit nicht. Er weiß, nur Wahrheit erzeugt Wahrheit, Falschheit dagegen lediglich Falsches.

Wahre Intimität heißt Schluss mit jeglicher Maskerade. Alle Fassaden haben ausgedient. Nur wer sich von seinem wahren Sein her zeigt, sich in die Begegnung von Seele zu Seele fallen lässt, erfährt die Segnungen der damit verbundenen Glückseligkeit. Ängste haben hier nichts verloren. Nur wer sich traut, die innere Problemhütte zu verlassen, erfährt diese herrliche freie Begegnungsart. Alter Feigheit hingegen begegnet man am besten mit Experimentieren. Voller Hingabe in die Wildnis des Unbekannten aufzubrechen, so lautet die Devise der Unverzagten.

Wie immer ist der bewusste innere Beobachter, der Zeuge des Daseins, die bessere Instanz, der man vertrauensvoll die Zügel in die Hand gibt. Damit gewährleistet man am ehesten den Bewusstseinszustand der Liebe, die sprudelnde innere Quelle. Man ist zur Liebe geworden, statt bedürftig im Namen der Liebe jemandem hinterherzujagen.

Intimität und tantrischer Raum

Traumatische Erlebnisse lassen in unserem Inneren verschiedene Kräfte entstehen, denen wir im Erwachsenenalter oft hilflos gegenüberstehen. Das heißt, eher den Konsequenzen, die sich daraus ergeben. Die Dreiteilung unseres Wesens vermag den innersten Kern, die Seele, aus seinem Urplatz zu versprengen. Andere übernehmen das Ruder, die Personamaske und der kleine innere Tyrann.

Diese zeichnen ihre Bestimmerqualitäten aus, indem sie Abwehrmechanismen installieren und damit ihre Despotie untermauern.

Damit stehen zwischen Realität und Scheinsein unsichtbare Wände, die wirkliche Verbindung ist unterbrochen. Alles, was nun im Zwischenmenschlichen entsteht, sind lediglich künstliche Verbindungen, die, da negativ geladen, keine ganzheitliche Erfüllung bringen. Ohne diese Nähe wirken Verbindungen in keinster Weise nährend für die Beteiligten. Denn nur eine gewisse Intimität lässt die Herzen höher schlagen, hat eine positive Schwingungsfrequenz. Ansonsten entsteht ein Sog der Negativität, der unersättlich immer weitere und größere Kreise zieht.

Was nun eine nährende Begegnung unmöglich macht, sind genau diese oben genannten Abwehrmechanismen. Von dort gesteuerte »Vorsichtsmaßnahmen« blockieren den freien Fluss der Lebensenergie. Dieses Festhalten erzeugt Spannungen, die sich in kleineren oder größeren Aussetzern wie Hochmut, Zurückstoßen von Nähe, Nebeneinanderleben bis zum Nimmerleinstag, sich gegenseitig das Leben zur Hölle machen, aber auch Krankheit, Unfall oder Misserfolg bemerkbar machen.

Indes brauchen wir für wahrhaftige Begegnungen genau diese Verletzlichkeit eines zarten Herzens. Erst wenn wir nicht weiter versuchen, irgendetwas zu verbergen, alle Masken fallen lassen, kann freundschaftliche Liebe entstehen. Auch von vermeintlichen Vorteilen bei Abgrenzung gilt es sich zu verabschieden. Mit dem Rechenschieber gelingt kein Planungsvorgang. Das Thema Macht und Machtmissbrauch ist in der Intimität genauso fehl am Platz, steht dem diametral gegenüber, verhindert die wertvolle Begegnung.

Nehmen wir uns also voll und ganz selbst an und klären Lebensthemen, die die Selbstliebe verhindern. Das bildet den Brückenschlag, um jegliche Angst vor Intimität loszulassen.

Geradezu nackt steht man vor sich selbst und über das fünfte Chakra entsteht eine aufrichtige Authentizität, die weithin ansteckend wirkt. Ermutigt tun es Seelen, die dazu bereit sind, gleich. Intimität steht nun für Offenheit, Vertrauen und wahre Liebe.

Lassen wir uns doch von diesem Vertrauen tragen, wenn es so weit ist. Und übrigens, ein wenig zitternde Ungewissheit vor dem, was da kommen mag, gehört auch dazu, das ist das Champagnergefühl vor dem Sprung ins golden glänzende Ungewisse.

Nährend und von tiefer Befriedigung geprägt, finden Liebende in eine nie gekannte Erfüllung ihres Daseins. Das ist Meditation vom Feinsten, der hohe tantrische Raum erblüht.

Das gelingt allerdings nur, wenn wir die alte Mühle der Traumata verlassen und uns neu definieren, wer wir wirklich sind. Und alle haben Angst vor Intimität, wollen deswegen die eigene Abwehr nicht gern preisgeben. Aber der Geliebte sollte möglichst alle seine Wunden auf den Tisch legen. Wer das so nicht versucht, lernt dann vielleicht am Scheitern seine Lektion. Aber das muss wirklich nicht sein, mit etwas Courage sollte der Versuch einer tief gehenden Offenheit gestartet werden. Zur Überraschung reagiert ein bewussterer Partner ebenso dankbar mit weit geöffnetem Herzen. Die Berührung in die Tiefe gelingt jetzt wie selbstverständlich. Zwei Wesen treffen sich am goldenen Tor der Begegnung des reinen Seins.

Gespräche über sogenannte Tabuthemen ergeben sich wie von selbst. Es entwickelt sich eine Art Seelen-Talk, ein Gespräch von wahrem Sein zu wahrem Sein. Alle Problemzonen tauscht man nun ganz entspannt und locker miteinander aus. Dies erzeugt wiederum eine neue Dimension von tieferer Nähe und Verbindung. Hier kommen Dinge zur Sprache, die vielleicht ein Leben lang noch nicht angesprochen wurden.

Lassen wir diese Intimität zu, sind wir keine Fremden mehr. Und alle trennenden Prägungen und daraus entstandenen unstimmigen Konzepte, alle idiotischen Gesetze, die wir uns selbst zufügen, sind ad acta gelegt. Wir nehmen den herrlichen Duft der Liebe in höheren Sphären wahr, öffnen das tantrische Wirkungsfeld.

Dafür sollten wir die unsichtbare Trennwand der gegenseitigen Privatheit aufgeben. Wer sich aufrichtig selbst beobachtet, kann diese transparente Wand sehr schnell lokalisieren. Man ist nicht wirklich offen, hat seine Geheimnisse voreinander. Wer die tantrische Liebe erleben möchte, lässt den anderen in sich eindringen. Erst gegenseitiges Durchdringen entfacht eine unglaubliche Seligkeit.

Dieser Energiefluss reinigt das Haus, das System Mensch von Grund auf. Alles Unnötige wird fortgespült, nur Wesentliches bleibt zurück. Und wenn diese Hüllen fallen, verschwinden auch Scham und Unsicherheit. Wir nehmen uns an, so wie wir wirklich sind. Das erlaubt ein völlig nacktes Stehenkönnen, ob körperlich oder seelisch. Vorsichtig legen wir nun die Hände ineinander und bewegen uns gemeinsam durch die Zeitschiene, Zielen entgegen, die vor uns liegen.

Intimität heißt freundschaftliche Liebe und diese ist eben auch ein Zeichen von hoher Menschlichkeit. Manchmal macht die »lange Leine« mehr Sinn, statt wie ein Beamter ständig nach Verfehlung zu schnüffeln. Totale Harmonie, in der alles bis aufs i-Tüpfelchen zusammenpasst, ist eine Vorstellung, die an Perfektion glaubt, hat allerdings dann nicht mehr unbedingt die Lebendigkeit, die es braucht, damit der Lebensfluss in Gang bleibt. Mann und Frau ticken einfach zu verschieden, als dass man sie in eine einzige Schablone pressen könnte. Eher ergänzen sie sich zur Einheit.

Lassen wir also etwas Diskrepanz gelten und eines kann man dann auf jeden Fall versichern: Es wird nicht langweilig. Beide Individuen gehen weiterhin auf Entdeckungsreise, erforschen gegenseitig ihre Einzigartigkeit. Im tantrischen Haus bleibt ein Hauch von Unentdecktem, die Freiheit des Unvorhersehbaren.

Liebe im Sinne von Religion, Politik
und gesellschaftlichem Wandel

Wir weisen meist negative Auswirkungen von Fehlinformationen oder Unwissenheit weit von uns. Beachten dabei gar nicht, wie fast jeder von uns mit unbemerkter oder absichtsvoller Manier die Menschen seines Umfelds so zu sich stellt, dass es ihm dabei gutgeht. Das ist erst einmal nichts Verwerfliches. Doch beim zweiten Blick fällt dem einen oder anderen vielleicht auf, dass man mit allen zur Verfügung stehenden Mitteln versucht, Menschen zu manipulieren. Auch schon sogenannte »homöopathische« Dosen können hier traumatische Störungen auslösen.

In der Liebe benötigen wir oftmals einen Sicherheitsbereich, ohne den wir uns schutzlos fühlen, glauben, nicht richtig geliebt zu werden. Und den kreieren wir uns dann ohne Rücksicht auf Verluste. Da wird über Kontrolldramen versucht, Macht zu gewinnen, es wird versucht, geliebte Menschen dahin zu bringen, der eigenen Bedürftigkeit freiwillig Energie zu spenden, indem sie tun, was man will. Ob Krankheit oder aggressiver Kritiker, alle involvierten Parteien tragen irgendwie zu diesem dramatischen Energieraub bei. Ein gordischer Knoten, der unlösbar erscheint.

Die Angst vor der Liebe tut ihr Übriges, lieber ein Scheinleben zu führen, als die authentische Liebe anzukurbeln. So gesehen erscheint es schier unmöglich, dass Liebe jemals für die goldene Ebene startklar wird. Hinzu kommen noch die gesellschaftlichen Einflüsse, alle möglichen Konditionierungen, die die höchste Bewusstseinsstufe vermeiden. Trotzdem reden alle von der Liebe, romantisch angehaucht bis zum Sexspielzeug, überall vermehren sich die Menschen, haben irgendwie Spaß an der Liebe. Doch sind sie dabei auch glücklich und vor allem frei? Nein! Vielerorts herrschen Vorstellungen, die man in aufgeklärteren Gesellschaftssystemen kaum für möglich hält. Dergestalt befinden wir uns dort nie im Nullbereich, sondern auf einer Seite der Medaille, die permanent Unterdrückung, Unfreiheit hervorruft.

Wenn wir davon ausgehen, dass eine Gesellschaft stets im Wandel ist und dabei ihre evolutionären Hürden nimmt, müssen wir allerdings feststellen, dass die Trotzburgen alter Machtvorstellungen und moralisch-ethischer Vorstellungen weiterhin die Geißelung der Erdenbürger ganz selbstverständlich ausüben dürfen. Der Rest der Welt ist dabei zum Zuschauen verdonnert. Ob Tibet, Afghanistan, Iran oder Afrika, die Chancen für Gesundung stehen schlecht. Es existiert keine Weltpolizei oder ein Weltrat, der nach neuesten Gesichtspunkten, höchster Bewusstseinskompetenz weltumspannende Richtlinien beschließen kann.

Und auch angebliche Vorreiterländer können nicht behaupten, ihre eigenen Hinterhöfe im Sinne der höchsten Menschlichkeit aufgeräumt zu haben. Genau Gegenteiliges muss von dort berichtet werden. Die »hoch« entwickelten Länder befinden sich genauso in einer Krise, wollen dies aber nicht wahrhaben. Verteidigen ihre Errungenschaften, ja verbreiten sie nach wie vor als das Nonplusultra in alle Himmelsrichtungen. Dass dabei eine Menge ihrer eigenen Leute jämmerlich auf der Strecke bleibt, wird ihnen nicht wirklich bewusst.

Man versucht, als Gegenmittel in allen möglichen Hamsterrädern den Druck zu erhöhen, und wer doch durch das Raster fällt, ist selbst schuld. Die Verantwortlichen waschen ihre Hände in Unschuld. Und eines ist dabei völlig klar, die wenigsten Politiker machen diesen

Job aus Menschenliebe. Machtbedürfnis und sonstige eher unangenehme Charakterzüge spielen hier unterschwellig eine wichtige Rolle. Es besteht kein echter Freiraum für unabhängiges Forschen in die Zukunft. Die Herausforderungen künftiger Generationen werden mit Maßstäben der alten Dickköpfe beantwortet.

Die Gesellschaft krankt von unten nach oben und von oben nach unten. Unbewusstes Handeln nach unaufgeräumten Krankheitsbildern lässt den Teufelskreis der Kräfte gegen eine bessere Welt nicht durchbrechen. Wo man hinschaut, »schwimmen« die Menschen in ihren Lebensthemen, sind nicht imstande, ihr Ding zu machen und transformiert für eine bewusstere und gesündere Welt einzutreten.

Seelen, die auf der Erde landen, haben erst einmal damit überhaupt nichts zu tun. Konditionierung beginnt mit den in der jeweiligen Gegend vorherrschenden Glaubensvorstellungen, Richtlinien in der Kindererziehung, längst überholte Überzeugungen geben den Ton an, was funktioniert und was nicht, interessiert keinen. Die ältere Generation macht sich sozusagen die nachfolgende Generation untertan, ohne darauf zu achten, dieser den Freiraum der eigenen Entwicklung zu lassen. Fest vorgegeben werden die alten Ziele, Beweglichkeit der Intelligenz braucht dagegen, um zu wachsen, von Grund auf Freiraum, sonst ist sie ziemlich eingeschränkt, stumpft ab. Die Menschen werden gezwungen, etwas nachzubeten, statt eigene Erfahrungen zu machen.

Und es wird nach wie vor die Maxime gelehrt: Du musst über dem anderen stehen, mehr Macht haben, dann bist du in Sicherheit. Dann kannst du dein Lebensboot ungestört an die andere Seite des Lebensflusses steuern. Dass dabei das Wichtigste, nämlich das Leben selbst, auf der Strecke bleibt, fällt gar nicht weiter ins Gewicht.

Die verschiedenen Systeme auf dem Erdboden funktionieren dermaßen lange, weil sie über geschickt manipulierende Schulungsgefüge verfügen. Und der normale Bürger hat keinerlei Chance, dieses infrage zu stellen. Selbstverständlich dem untergeordnet, wächst auch die nächste Generation in den alten konditionierten Grenzen heran. Wie soll sich denn da etwas Entscheidendes in den Elternhäusern entwickeln? Nur scheinbar gelten wir als aufgeklärt und verständnisvoll im Hinblick darauf, was hinter den Kulissen des Lebens passiert. Doch weit gefehlt. Die Mechanismen und Muster der Lebensthemen werden ebenso weitergetragen und ziehen dann Seelen an, die versuchen, diese in die Erlösung zu bringen. Doch mit wie viel Erfolg, zeigt der Querschnitt durch unsere Gesellschaft.

Aufklärung tut not. Die Erkenntnisse über den Sinn des Lebens dienen als Antworten für einen Aufbruch, den jeder verstehen kann. Außerdem spürt der sensible Mensch anhand der Geschehnisse auf seiner Lebensbühne, wohin er sich wenden sollte.

Doch wie es sich auch in meinen Seminaren zeigt, will ein Großteil der Teilnehmer, die mit diesem Schritt ihre Unzufriedenheit über ihre Situation zeigen, letzten Endes das System nur modifizieren, sobald sie wieder auf ihrem Fernsehsofa liegen: Nach wie vor bereitet der entscheidende Sprung über die persönliche Wachstumshürde zu viel Angst. Und man weiß nicht, wohin es einen letztendlich trägt. Das ist die größte Angst und die inneren Abwehrmechanismen eilen sofort diensteifrigst hinzu, um das alte System wieder hochzufahren.

Alle traumatischen Erfahrungen schicken nun aus dem Scheinsein des inneren Tabernakels ihre Botenstoffe an die Handlungsinstanz, um diese so zu manipulieren, dass man in der vertrauten Sicherheitsschatulle der Lebensthemen gefangen bleibt. Das wiederum ruft die universalen Gesetze auf den Plan, der Transformationsverweigerer wird erneut auf der Lebensbühne angeschossen, und zwar so lange, bis er entweder feige stirbt, im Niemandsland eines goldenen Sicherheitskäfigs jämmerlich vergreist und verknöchert oder endlich sein Ding macht. Das Gold der reifen Liebe kommt natürlich in all den Jahren viel zu kurz, wird mit diesem Nichterlösen komplett ausgeschlossen. Das muss man bis in die tiefsten Zellen verstehen und verinnerlichen, denn gerade das ist der Grund, warum es dermaßen vielen Menschen nicht gelingt, in ihr Glück aufzubrechen.

Wenn die Gemeinschaft das endlich verstehen würde, dann würde sich eine völlig veränderte Gesellschaft herausbilden. Jeder würde jeden mit aller Liebe in seiner Freiheit respektieren und genügend Freiraum für Transformation bieten. Freie, erlöste, egolose Menschen missbrauchen niemanden, werden nicht übergriffig, versuchen, den neuesten Wissensfluss weiterzuleiten, lassen Kinder in gesunden Grenzen aufwachsen, haben immer Lust auf das Abenteuer neuer Entwicklungen, experimentieren damit und verändern, was es auch immer zu verändern gibt, damit alle in ihrer Glückseligkeit ruhen.

Doch die weitergereichte Lieblosigkeit eines unerlösten Vaters an die Tochter schickt diese ebenfalls auf eine Umlaufbahn der Unerlösbarkeit ihres wichtigsten Lebensthemas. Wann immer das Transformationstor vor der Nase steht, entscheidet sie sich lieber für wuterfüllte Heimzahlung und ewige Vermiesung ihres Lebensreigens. Schon im Vorfeld einer Beziehung wird sie die Liebe ablehnen und sich weiterhin auf die Suche nach der nie bestandenen Vaterliebe machen. Wenn ein Abenteuer vor der Einfahrt steht, schätzt sie ihn ab und missbraucht ihrerseits, lässt sich den Genossen ohne größere Liebesanwandlung einfach schmecken oder pflügt ihn unter ihre Stiefel als einen mehr, dem sie es gezeigt hat. Vor wahrer Transformation läuft sie davon wie der Teufel vor dem Weihwasser. Damit kreiert sie sich aber keinesfalls das erhoffte Liebesparadies.

Wenn man nun fragt, warum sich so viele Menschen nicht aus ihrem Elend erheben, kristallisiert sich die Antwort doch recht schnell: Weil sie sich so sehr daran gewöhnt haben! Das ist ihnen wenigstens sicher! Und wer weiß schon, was geschieht, wenn man sich auf etwas Neues einlässt, von dem man nicht weiß, wie es enden wird?

Rapide Veränderungen fordern uns heraus, unsere Intelligenz, unsere Wachheit, unser Bewusstsein zu stärken. Wir können nicht mithalten, wenn wir über alte Methoden der Wissensvermittlung versuchen, uns die Welt zu erklären. Die Jugend gehört so auf die Zukunft vorbereitet, dass sie die Herausforderungen der jeweiligen Gegenwart freudig annehmen kann. Doch die alten Ausbildungsstätten versagen, weil sie nichts anderes als alte, aus jahrhundertealten Traditionen entstandene Methoden zu bieten hat.

Mittlerweile hat sich tatsächlich die Veränderung des Lebens selbst verändert und kann nicht mehr in alten Kategorien gefasst werden. Noch vor etlichen Jahrzehnten kam man nicht über den Tellerrand des eigenen Dorfes hinaus, heutzutage ist man dagegen weltweit vernetzt. Damals reichte ein Grundstock von Information, mehr brauchte man das ganze Leben nicht. Alles lief in gleichen Bahnen von der Wiege bis zur Bahre.

Spontanes Agieren ist heute angesagt, keine alten Lernmethoden bereiten darauf akkurat vor. Sofortiges Reagieren und direktes Handeln innerhalb der Realität der Zukunft, wie immer die aussehen mag, ermöglichen ein schnelles Einstellen auf Situationen, die die Umwelt oder andere plötzlich auftauchende Gegebenheiten von den Erdenbürgern dann abverlangen. Die Erziehung der Zukunft heißt Bewusstsein!

Doch was machen wir aus dieser Erkenntnis? Nichts! Im Gegenteil, die Macht des Alteingesessenen haut nach Möglichkeit alle Erneuerung aus dem Felde. Der Bewusstseinssucher legt famose Lippenbekenntnisse ab und meint, damit hat er es geschafft.

Mitnichten, und genau das ist die Krux im Evolutionskarussell. Hier fehlt die Achtsamkeit in Bezug auf die eigenen Heimzahlungsschlachten, den Bereich, der nach all der Schmach, Traumatisierung gierig darauf wartet, Macht auszuüben, mit dem Zepter in der Hand selbst zuzuschlagen, sich dabei, vom Bewusstsein völlig unbeobachtet, tyrannisch an diesen »Erfolgen« zu weiden.

Tatsächlich erfährt der »Bewusstseinssucher« an dieser Stelle ein pervertiertes Glücksgefühl, das er als vermeintlich reale Transformation bewertet. Er ist wieder einmal hereingefallen auf die größte Falle auf seinem Weg: die Falle der Bewusstlosigkeit!

Solange Eltern glauben, dass ihnen ihre Kinder gehören, ihr Eigentum sind, dass sie bestimmen und sie in den engen Familienverbund zwingen können, wird eine bewusste Gesellschaft nahezu unmöglich. Zu gewaltig wirken die Traumatisierungen, als dass sich ganz einfach die Freiheit des Bewusstseins in aller Ruhe in den Kindern entwickeln könnte. Das Gegenteil ist der Fall, und so sind Menschen auf ewig verdammt, im Kreislauf der Gefangenschaft zu verharren. Und den Kindern bleibt nichts anderes übrig, als selbige Fehler unreflektiert zu übernehmen. Das nennt man dann gesellschaftliche Prägung!

Um die Lebensthemen in die Transformation zu bekommen, braucht es einen gewissen Freiraum von Freiheit, Bewusstheit und wachsender, wachsamer Intelligenz im Menschen, ohne den die Bewusstseinskristallisation nicht gelingt. Ich kann mich nicht wehren, ich kann das nicht – so lautet der Spruch vieler traumatisierter Kinder und Erwachsener. Und damit sind viele Erdenbürger unreflektiert dazu verdammt, selbst zum Täter zu mutieren. Dies wiederum ist das Ergebnis einer Erziehung durch Eltern, die ein Kind über zwanzig Jahre in ihrer Machtzone besitzen. Damit gibt die Gesellschaft ihnen genügend Raum, ihr »Eigentum« so zu sich zu positionieren, dass Kinder ihnen wie die Milchkühe bis ans Lebensende als Energiespender zur Verfügung stehen.

Kinder haben nicht selten das Gefühl, dass ihre Eltern den Göttern gleichen. Schließlich waren sie es, die jederzeit Handlungsfreiheit über die ihnen Anvertrauten genossen. Niemand konnte ihnen ins Handwerk »pfuschen«. Götter, Machthaber über Krieg und Frieden, Liebe oder traumatisierende Strenge, Missbrauch, Todesangst.

Die zur Abnabelung wichtigen Kräfte konnten sich durch diese Handhabung der Eltern nicht entwickeln. Auch wenn der Betroffene den dringenden inneren Wunsch hegt, endlich dieses Raster aufzubrechen, stehen die Chancen für ein Gelingen eher schlecht. Meist bedarf es entweder des Zusammenbruchs, einer Krankheit, Erfolglosigkeit, Partnerprobleme etc. oder der Erkenntnis, mit therapeutischer Hilfe eine Innenschau zu betreiben, um damit einmal richtig rundherum aufzuräumen.

Es ist immens wichtig, sich klarzumachen, dass in diesen dunklen Kraftfeldern alles andere als Liebe herrscht. Es wird eine Scheinliebe vorgegaukelt, die so lange hält, wie man in der vorgegebenen Grenzsetzung bereit ist auszuharren. Im kompletten Umfeld wirkt die seit langer Zeit installierte und permanent wirkende Selbsthypnose, »Ich kann nicht, ich darf nicht, ich will nicht«, wie ein Panzer. Geht keine Liebe rein, geht keine Liebe raus. Ein Entrinnen scheint unmöglich. In der einen oder anderen Form, vielleicht etwas abgeschwächt, haben wir alle mit Situationen zu tun, die uns in der Kindheit die wahre Liebe verweigerten. Wie soll man da Vertrauen in eine Liebe entwickeln, die es nie gegeben hat? Es macht uns zu Vasallen der dunklen Seite der Macht. Das Scheinbare, Oberflächliche ergreift von uns Besitz, bis wir, wenn wir Glück haben, durch einen deutlichen Wink des Schicksals aufgeweckt werden.

Der konstante Hunger nach Liebe und das ewige Unerfülltsein lassen dem erwachenden Sucher irgendwann vielleicht die unglaubliche Erkenntnis der Realität vor Augen knallen. Jetzt blicken wir in die Fratze unseres Seins. Keine tiefe Freude, kein erfülltes Herz, nur irgendein Getue füllt unser Tagesgeschehen. Das ganze Elend kommt zum Vorschein, man fühlt sich hohl und leer. Angebliche Erfolge rinnen einem wie Sandkörner durch die Finger. Der Strohhalm der Personamaske greift nicht länger, auch dem inneren Tyrannen bleibt sein schräges Lachen im Halse stecken. Das wahre Sein fordert endlich seinen Tribut! Irgendwo erwächst die Gewissheit, da gibt es mehr! Irgendetwas erfüllt mich mehr als das, was ich bisher erlebt habe! Ja, es ist der Anflug von wahrhaftiger Liebe. Dem will ich mich nähern!

Doch was passiert denn da auf einmal? Aus allen Ecken in mir kriecht die Angst hervor. Ich kann mich nicht bewegen, nicht vorwärts, nicht rückwärts! Angst steht im Raum! Immer wieder diese Angst, die ich seit der Kindheit nur allzu gut kenne. Und im selben Moment nagt auch schon der Zweifel. Der Verstand hat mich in seiner gnadenlosen Zange! Wie komme ich hier bloß wieder heraus?

Das ist der Augenblick, in dem sich der Same im Boden auflösen muss. Die Form wechselt. Der Same stirbt, um als kleine Pflanze wiedergeboren zu werden. So ist es mit der Identifikation über den Verstand, die Personamaske und der tyrannische Bereich müssen sterben, damit das wahre Sein bis an die Oberfläche und darüber hinaus wachsen kann.

Es birgt ein enormes Risiko für den Menschen, da er keine Ahnung hat, was da passiert. Noch nie zuvor hat er diesen Schritt gewagt. Wer bin ich denn dann? Gibt es eine Garantie, in der neuen Form Geborgenheit, Liebe, Vertrauen zu finden? Werde ich als das zurückkehren, was ich zu sein glaube? Trägt das Neue in irgendeiner Form? Oder sterbe ich vollständig gleich mit? Und der Verstand hat längst beschlossen, dieses Risiko nicht einzugehen! Was nun?

Feigheit, Fluchtgedanken, Todesangst stehen den Errungenschaften einer Transformation gegenüber, dem Gewinn der Liebe, der Geburt ins wahre Sein. Der Verstand wird auf einmal sogar tausenderlei Gründe erfinden. Ein schlauer Geselle im Verbund mit den Abwehrrecken. Also schweben ständig zwei »Seelen« in derselben Brust, die eine will in Liebe weitergehen, die andere bäumt sich voller Angst dagegen auf. Das gilt es zu verstehen und trotz größter Angst muss immer im Sinne der Transformation gehandelt werden.

Die sich nicht trauen, in die Liebe aufzusteigen, verpassen den eigentlichen Tanz des Lebens. Gehören Sie nicht dazu! Gestatten

Sie sich nicht, weiterhin ein Leben im Kompromiss zu führen. Finden Sie Ihren inneren Lotus und wenn er erblüht, lassen Sie den Duft der Liebe überfließen. Das Leben wird zum Lied, trunken wie das Frohlocken eines Gesegneten, Strahlen der Anmut blitzen durch die Aura. Die wahre Liebe lässt das Blumenmeer des Frühlings in der Seele erblühen. Wahre Liebe verleiht eine Bewusstseinstiefe, die sofortige Transformation bewirkt.

Schluss mit der Tragödie angstvollen Handelns auf der Lebensbühne, ab sofort wird das Schauspiel zur Authentizität. Schluss mit den negativen Auswirkungen einer Prägung durch Eltern, Staat und Kirche. Nehmen wir die Verantwortung in die eigenen Hände, das ist das Tor zur Freiheit. Verantwortung und Freiheit sind die Zauberworte, die aus der Sklaverei der Angst führen. Das ist für jede Seele oberstes Lebensthema. Das ermahnt uns, alten Strategien von Energieraub und Traumatisierung mit totaler Vereitelung zu begegnen. Freiheit bedeutet, sich aller Ketten und Fesseln zu entledigen. Angst, Schuld, Makel, Wertlosigkeit haben ein Ende. Zugangscodes und Energietentakel des Missbrauchs werden gesprengt oder für immer abgeschlagen. Genau das kristallisiert das befreite wahre Seelensein. Im selben Augenblick erblüht die ersehnte Seelenblume, beschenkt das Umfeld mit ihrem betörend zarten Duft.

Der Tanz auf des Messers Schneide beginnt wie immer mit dem ersten Schritt. Dieser ist das Verstehen, dann lässt man sich nicht weiter am Wachsen hindern und erkennt ebenfalls die Spiele, die hier laufen. Der Weise zieht sich daraus zurück und lebt trotzdem in derselben Welt. Er hat seinen eigenen Kreuzweg erkannt, begegnet ihm mit Transformation, wird danach von den alten Wunden nicht mehr berührt. Damit erwächst Verzeihen und Dankbarkeit und vor allem, der alte Groll verraucht.

Die Evolutionsreise gedeiht in Richtung Höhepunkt. Das Kamel wurde von der Puppe zur Raupe, der Löwe geboren. Aus dem nicht enden wollenden Jasager brüllt der Löwe sein Nein der Masse entgegen. Niemals kehrt er in das Stadium des Kamels zurück. Das Nein zeugt von Unabhängigkeit und großer Freiheit. Dies symbolisieren die Künstler, Revolutionäre, Maler, Dichter, Musiker. Das Ego wächst zur Höchstform. Es braucht an dieser Stelle ein dickes Ego, das sich behauptet, nur mit einem erfüllten Ego kann der nächste Evolutionssprung gelingen, das Loslassen der Egomanie, der Schritt auf eine neue Bewusstseinsebene. Ein Angsthase kommt dagegen nirgendwohin!

Zuerst also die Prägung der Gesellschaft, dann macht man sich die Unabhängigkeitserklärung selbst zum Geschenk und darauf kann schließlich die Blüte des Seins erwachen. Die kriechende Raupe entpuppt sich als Schmetterling – der krönende Abschluss einer langen Reise. Doch hierfür braucht es zumeist ein Vorbild, an das man sich anlehnen kann, um Mut zu schöpfen. Denn die Raupen behaupten leider allzu oft, nicht fliegen zu können, und verhindern so gegenseitig das Durchstarten in die Bewusstseinshöhen. Die vertikale Dimension steht der Raupe einfach nicht zur Verfügung. Dafür wurden schon immer die Meister des Evolutionsweges gebraucht. Die großen bunten Schmetterlinge, an denen nicht einmal ein Blinder vorbeikommt.

Damit beginnt die Möglichkeit des Träumens – tatsächlich, es gibt die Höhenflüge, wird mancher Raupe bewusst. Ein Jesus, Buddha, Mevlana Rumi oder Osho erwecken durch ihre Präsenz den Menschen zum Höhenflug.

Menschen wie du und ich zwar, doch von etwas durchdrungen, das normalerweise unbekannt ist. Es ist die Greifbarkeit des Göttlichen, man wird davon beseelt, dem Lichtstrahl aus der anderen Dimension ansichtig. Eine tiefe, nicht mehr löschbare Sehnsucht erwacht, die Gewissheit vom Erringen der Kapazität eines Schmetterlings stellt sich ein, kommt in Reichweite.

Haben wir also den Mut, den goldenen Papageienkäfig, mit dem unentwegten Ruf des armseligen Tieres nach Freiheit, durch die jederzeit offene Käfigtür zu verlassen, hinaus in die Freiheit. Sonst zerstört die Käfighaltung alle wichtigen Werte, übrig bleibt ein winselndes Wesen, das sich selbst nicht kennt, irgendwann einfach tot im Gitterhaus liegt.

Eine weitere tragische Geschichte zum Thema liefert Michael Jackson, der King of Pop, der als Kleinkind von den Eltern gezwungen wurde, bei der Musikgruppe seiner Brüder, den Jackson 5, mitzumachen. Man kann den Seelenmenschen heute wahrlich mehr denn je erkennen. Gekreuzigt von seinen Sehnsüchten und naiven Verbesserungsvorschlägen für sein Äußeres und für Gastkinder auf seiner Neverland Ranch. Gepeinigt auch von den Anschuldigungen der sexuellen Nötigung ihm anvertrauter Jugendlicher. Trotz der Abwehr dieser Klage vor Gericht erscheint er seitdem eher als ein gebrochener Mann, nicht wie der strahlende Sieger, bereit für weitere Platinalben.

Wie er selbst berichtete, war seine Kindheit eine einzige Traumatisierung. Mit Schlägen und überfallartigen Aggressionsattacken eines äußerst jähzornigen Vaters, der daranging, seine verkrachte Existenz über seine Kinder in etwas Glorreiches zu verwandeln, dabei aber jegliches liebevolle Augenmaß verlor. Die Brüder, über Angst und Schrecken in die Karriere gezwungen, hatten zwar außergewöhnlich große Erfolge, aber Wesentliches blieb dabei auf der Strecke. Die Auswirkungen kann man bei Michael Jackson von allen Brüdern und Schwestern am deutlichsten sehen. Das Äußere besticht heute durch die Maske einer Persona, die ihr krankes Ego nicht mehr verbergen kann. Bis zur Unkenntlichkeit ist das ehemalige Gesicht entstellt. Sein Inneres auf Kleinkindebene festgezurrt, bleibt er der, dem man seine Kindheit geraubt hat, und ist bis heute darin gefangen.

An sich sollte man meinen, dass Eltern ihre Kinder lieben, tun sie ja auch hin und wieder, doch ihre Unwissenheit und die Drangkraft aus dem eigenen Unbewussten ist so stark, dass bei Kindern oft lebenslange schwere Schädigungen entstehen. Wirkliche Gegenmittel für Gesundheit und den Aufbruch ins Glück sind dagegen rar. Man doktert mit allem Möglichen daran herum, aber den kraftvollen Transformationsschlüssel finden nur wenige.

Michael Jackson hat freilich auf seiner Ranch einen Vergnügungspark errichtet, aber ob das die geeignete Antwort auf Missstände ist, möchte ich stark bezweifeln. Sein eigenes Krankheitsbild hindert ihn daran, wirklich ausdrucksstarke Dinge ins Leben zu rufen, den Hebel der Veränderung so anzusetzen, dass sich tatsächlich etwas bewegt!

In einem Filmbericht erzählt er, wie süchtig er nach allem ist, was viel kostet. Einfach mit dem Finger schnippen und mitnehmen, für ihn ein köstliches Gefühl. Das zeigt allerdings wiederum nur sein Feststecken in der Kindlichkeit. Dabei gehen Millionen Dollar verloren und es ist niemandem geholfen, am wenigsten ihm selbst. Die Traumatisierungen haben ihn zwar in den persönlichen Erfolg eines Solokünstlers katapultiert, doch am Ende steht er mit leeren Händen da. Weltweit profitieren die Menschen von den tollen Songs, aber sie erlösen nicht den Interpreten. Und dass seine Fassade dabei bröckelt, kann jeder im Fernsehen gut beobachten. Vor lauter Operationswut bricht das Gesicht langsam in sich zusammen.

Es passt dann wieder ins Krankheitsbild der Gesamtsituation, dass der Vater, nachdem er über Jahre von Michael gemieden wurde, genau an dessen Tiefpunkt vor Gericht seinen großen medienwirksamen Auftritt hat, als liebender Vater, der seinen Sohn treu unterstützt. Nach dem Freispruch reiste Vater Jackson sogar nach Deutschland, um für die Fans seines Sohnes eine Dankesparty und für sich selbst dabei gleichzeitig ein Geburtstagsfest zu feiern. Michael Jackson lässt sich derweil entschuldigen...

Wenn Traumatisierung geschieht, hat das immer mit den gewählten Lebensthemen zu tun. Damit stehen wir ein Leben lang in der

Verpflichtung, diese aufzuräumen. Natürlich haben die Prägungen der Lebensthemen nicht nur negative Seiten, wie Michael Jackson geht es vielen Künstlern, die gerade nur wegen der Umstände innerhalb ihres Lebensthemen-Spannungsbogens, der ersten zwanzig Lebensjahre, diese Art von künstlerischen Erfolg ernten können.

Mein alter Freund Hans-Jürgen Buchner, Haindling, der nicht nur in Bayern seine musikalischen Höhepunkte feiert, hatte ebenfalls eine traumatische Jugendzeit im Internat. Als Nichtfußballer ausgegrenzt, blieb ihm nur das Klavier einer Lehrerin, die ihm die ersten Handgriffe darauf zeigte. In die Musik konnte er sein ganzes Herz hineinlegen, was ihm im richtigen Leben nicht immer gelingt. Hätte er nicht seine Musik gehabt, wäre er vielleicht nur ein verknöcherter Niederbayer geworden.

Den Weg des Herzens sollte eine wahre Erziehung lehren. Das Herz macht den Menschen aus. Der Kopf baut Häuser und Straßen, doch die Glücksschmiede liegt im Herzen. Der Tanz des Lebens ist dem Verstand allerdings fremd. Lebensfreude und die Lust, Kreativität zu versprühen, gibt es erst mit dem Herzen. Und wenn auch die offiziellen Erziehungsorgane heutzutage ihr Heil in der Schulung meist über mehr Druck und noch mehr Wissen suchen, gilt der eigentliche Anstoß eher, die Kinder als Weiteres in Richtung Transformation zu führen. Die Kunst ist hierbei, das geeignete Maß der Ingredienzien für den Erziehungscocktail zu finden. Wie bei einem guten Essen verdirbt ein Zuviel von dem einen oder ein Zuwenig von etwas anderem leicht die Speise. Qualität und Quantität der Zutaten entscheiden über ein leichtes Verdauen oder ein Übergeben des Ganzen.

Den Intellekt mit seiner Denkfähigkeit und Logik gilt es dabei genauso als funktionierendes Werkzeug für die Kinder greifbar zu machen. In vielen Situationen ist er es, der uns in die richtige Handlung leitet. Dieses Werkzeug muss ebenso trainiert werden wie zum Beispiel die Meditation. Alle Komponenten sollten im richtigen

Maße zum Aufbau der Intelligenz eines Menschen beitragen. Mit einer gesunden Grenzsetzung und einem gelungenen Erziehungscocktail erwecken wir die Freude am Lernen, die die Jungen brauchen, um in einer engagierten Teilnahme am gesellschaftlichen Geschehen ihren ganz einzigartigen Beitrag zu leisten und ihren jeweilig stimmigen Platz einzunehmen.

Wie könnte nun ein Unterricht der Zukunft aussehen? Prüfungen in alter Form sollten out sein! An deren Stelle treten die täglichen Beobachtungen des Lehrers. Diese sollten es als Aufzeichnungen über das ganze Jahr hinweg ermöglichen, dass zu jeder Zeit alle Schüler den Lehrer um eine nachvollziehbare Beratung ersuchen können. Das Gesamtbild wird dann am Schluss des Schuljahres mit dem Schüler und allen wichtigen Bezugspersonen so besprochen, dass dem Kind die Konsequenzen und Weiterentwicklungen klar werden. Außerdem macht sich die Klassengemeinschaft zusammen mit dem Lehrer und eventuell anderen Bezugspersonen deutlich, welch synergetische Schritte sie gemeinsam für den Einzelnen unternehmen können. Das erlaubt ein gewisses Auffangen der etwas Langsameren und die schnellen Schüler werden mit ihrem synergetischen Engagement im Vorwärtsdrang ein wenig gebremst. Dabei entsteht der große Vorteil, die alte Krankheit Konkurrenz auszuschalten. Niemand muss mehr in die Abfallecke der Minderwertigkeit und keiner schaut von oben herab, weil er der Beste ist. In jedem darf gleichermaßen die eigene wunderschöne Blume des Seins erwachsen.

Die Lehrer werden eher zu Ratgebern der Schüler und in den Schulen halten vermehrt die Medien Einzug. Man hat in Zukunft eingesehen, dass Wissen sich immer explosionsartiger ausbreitet und jeder über viele Jahre ausgebildete Lehrer am Ende seiner Ausbildung schon wieder neue wissenschaftliche Wissenslücken aufweist. Über Computer und Fernsehen lassen sich diese Lücken viel schneller schließen, da der Mensch am leichtesten und effektivsten über seine visuellen Fähigkeiten lernt. Computer können mithilfe der Software einfach immer auf den neuesten Stand gebracht werden. Fachbücher haben dagegen in der Folgezeit lediglich noch begleitenden Charakter. Der Ratgeber verweist dann größtenteils eher auf Bezugsquellen oder Links im Internet, die den Schüler an die richtigen Wissensschnittstellen bringen.

Natürlich sollte in den Schulen von morgen auch der Humor nicht zu kurz kommen. Ein guter Witz zur rechten Zeit bringt doch einen tiefgreifenden Entspannungsmoment. Schallendes Lachen befreit von Griesgram und schlechter Laune. Die Zeit der grauen Anstalten, des Ernstes und der angstmachenden Disziplin dürfen der Geschichte angehören.

Dafür sollten die Kinder von klein auf Wutmanagement erlernen, den kleinen inneren Tyrannen erkennen und vor allem rundherum die Liebe mit all ihren Facetten erleben. Wer in Liebe eingebunden die Bezugspersonen ebenfalls in Liebe verbunden spürt, hat keinerlei unterernährte Traumatisierung zu befürchten. Das ist ein guter Schlüssel zum Erfolg!

So erwächst in den Kindern auf natürliche Weise der Respekt vor dem Leben selbst. In Liebe stehen sie dem Phänomen der Natur und ihren Geschöpfen gegenüber, ja verbinden sich mit diesem Wunder mit einer selbstverständlichen Vertrautheit. Es erwächst eine Achtung und Rücksichtnahme, die einen angemessenen Umgang mit dem Planeten und dem Leben verspricht. Die göttliche Schöpfung erfüllt ihr Herz.

Eine weitere Dimension ist, die eigene Schöpferkraft zu erleben. Kreativität, ausgedrückt in den gebackenen Kuchen im Sandkasten oder später in der Kunst, Musik, Malerei, Dichtung oder beim Gartenanlegen: Kinder lernen etwas zu erschaffen. Der eine versucht sich auf der Blockflöte, die andere malt ein Bild, beide sind glücklich. Ohne Bewertung und Vergleich bringt man durch sich selbst etwas Neues in die Welt. Man bemerkt, dass auf diese Weise etwas zum Ganzen beigetragen wird. Es erwächst eine unendliche Freude, etwas an der Sache beizusteuern. Und in der Kindheit gelernt, verliert sich dies keinesfalls im Erwachsenenleben. Auch wenn einmal ein Job dabei ist, der nicht von vornherein der Traumarbeit entspricht, kann dies nicht die Freude am Spiel, einmal etwas ganz anderes auszuprobieren, aufhalten. Im Gegenteil, es hat eine nicht zu unterschätzende Qualität, das Leben von verschiedenen Blickwinkeln aus kennenzulernen. Und es unterstützt spielerisch dabei, sich voller Vertrauen dem Lebensfluss hinzugeben.

Ein weiterer wichtiger Aspekt der Erziehung sollte die schrittweise Erklärung vom Übergang der Seele, dem Dimensionswechsel auf der Evolutionsspirale, von Leben und Tod und Leben und wieder Vergehen des Körpers und dem fortwährenden Weiterexistieren unserer innersten Heimat der Seele, das Wissen über die Reinkarnation, beinhalten. Dabei kommt die Kunst der Meditation mit ins Spiel, das Bewusstsein vom ewigen Leben und damit die ganzheitliche Dimension von Erziehung voll zum Tragen.

Erst in dieser Weise dem Leben zu begegnen heißt, jederzeit ohne Angst vertrauensvoll in Unbekanntes aufzubrechen. Und die Zukunft, die vor uns liegt, braucht genau diese freien Menschen, um auf schnelle Veränderungen immer spontan und authentisch zu reagieren. Da im Moment der Erscheinung einer neuen Bedingung bereits eine Antwort in uns aufsteigt, möchte ich die Handlungsweise eher Agieren nennen. Es erscheint für Außenstehende so, als ob ein solch gewachsener Mensch immer mit dem direkten Draht der göttlichen Schöpfung verbunden ist, immer stimmig in Liebe und Verbundenheit mit der höchsten Qualität in der Handlung, die es in diesem Augenblick braucht. Wir sind alle Kinder dieses Universums und die göttlichen Schwingungen sind dementsprechend stets für unser höchstes Seelenheil ausgleichend zur Stelle.

Wenn wir als Erziehungsberechtigte der jeweiligen Blume vertrauen, dass sie ihr Innerstes nach außen kehrt, werden wir die Bestimmung jedes Wesens erleben. Therapie wird überflüssig, wenn in kindlicher Leichtigkeit die Wahl der Berufung und die erlösten Lebensthemen im Einklang stehen.

Wir sollten uns nicht zu sehr um Geld und Ansehen kümmern, es sind die Aushängeschilder und Verführungsmittel der alten, einer durch und durch korrumpierten Gesellschaft. In der neuen Welt gelten andere Werte als bahnbrechend. Sie öffnen für alle Bewusstseinsarbeiter eine Flut von Glückseligkeit. Mit liebevoller Authentizität begegnen wir so dem Leben leidenschaftlich und doch voller Mitgefühl. Und für heute gilt bereits, tue alles, was dafür nötig ist, denn die universalen Gesetze wirken zu jeder Zeit! Blicken wir einmal in die Sternenwiese des Nachthimmels, sie lehrt uns voller Ehrfurcht und Staunen die Begegnung mit dem Mysterium des Daseins.

Der Mensch wird für dieses Wagnis vorbereitet und aufgefordert, Taten folgen zu lassen. Unsere Betrachtung der Realität lässt keine anderen Schlüsse zu als die Abkehr und Neuordnung dessen, was funktioniert oder eben nicht funktioniert. Das Festhalten an alten Traditionen wirkt oftmals tödlich für die dort anvertrauten Seelen. Seelenerfahrung ist zwar der Kernpunkt dieser Reise, aber ebenso die Beseitigung von Dingen, die in der Gemeinschaft derartige Schäden anrichten.

In der Welt der Musik existieren leider noch etliche weitere Beispiele, die uns vor Augen führen, was es heißt, in der Erdengemeinschaft auf umgreifende Transformation zu verzichten. Die Kelly-Familie ist ebenfalls ein Paradebeispiel für den Wahnsinn eines Familienvaters, der seine »Idee« auf seine vielen Kinder abwälzt. Sie feierten sicherlich große Erfolge, verdienten sehr viel Geld, aber die Befreiung von dem Druck eines nicht selbst gewählten Lebens begann erst mit dem Tod des Vaters. Sicherlich werden einzelne Mitglieder oder auch alle zusammen immer wieder mal auftreten, Konzerte geben, doch zuerst müssen sich alle selbst erfahren, zu sich selbst finden, um an eine Fortsetzung ihrer Karriere zu denken.

Ein weiteres Beispiel sind die Beach Boys. Mit ihren leichten lustigen Songs beglückten sie die Generation in den 60er-Jahren. Auch dort brachte Zwang und Übergriff am heimatlichen Herd das Ganze erst zum Klingen. Viele weitere unerlöste Seelen verließen viel zu früh die Erde. Jimi Hendrix, Janis Joplin, Jim Morrisson, Marvin Gaye, John Lennon, um nur einige zu nennen, gehörten dazu.

Billig verkauft sich der Mensch an falsche Werte. Vermeidungsstrategien erschaffen geschickt das Gegenteil von dem, wohin er eigentlich gehen will. Ihr Echtheitsgrad hat nur die Funktion des schönen Scheins, Bequemlichkeit ist oberstes Gebot. Es macht zum Sklaven nicht realer Sicherheitskonzepte, wohl ausgedacht von ihren Nutznießern. Und die gegenseitige Abmachung unter Sklaven besteht darin, sich selbst und den Kollegen etwas vorzumachen und vor allem in der gegenseitigen Geruhsamkeit. Das Vorspiegeln einer heilen Welt, zumindest im kleinen Umkreis, erhöht enorm das gute Gefühl der Sicherheit. Dabei zittern in Wirklichkeit alle bis in die Grundfeste ihres Daseins. Irgendwie unverständlich ins Leben geschleudert, macht man halt das »Beste« daraus.

Sklaven müssen einen Treueschwur leisten, Loyalität vorgaukeln. Die meisten glauben auch noch an das, was sie da tun. Doch Treue ist die oberflächliche Art der Liebe und nicht die wahre Liebe selbst. Das Herz bleibt unbeteiligt. Der Verstand, das Ego, zeigt hier sein Können als Rädelsführer. Das gilt für Liebesbeziehungen ebenso wie für das Einlassen auf das Leben mit allen Begegnungen und Handlungen auf der Lebensbühne.

Jede Geste wirkt einstudiert, das wahre Sein völlig unbeteiligt, wenn man daran rüttelt, zeigt sich direkt hinter der Maske das Gesicht der Angst des inneren kleinen Kindes. Ein treuer Vasall ist tief drinnen komplett vergiftet, voller Hass auf den Unterdrücker. Die Menschlichkeit sinnbildlich auf ein Leben in den Ketten des Puppenspielers reduziert, zum Kriechen verdammt, Liebe restlos ausgeräumt. Höchstens vergleichbar mit dem Stiefellecken eines unterwürfigen demütigen Hundes, der nach jedem Schlag noch mit dem Schwanz wedelt. Die Demütigung der Würde entfacht ein Feuer des Hasses und dieser wird sich irgendwann in einem Vulkanausbruch für die angetane Schmach rächen, in einer Implosion den Freitod wählen oder selbst den Ausweg des Täters vorziehen.

Wahre Liebe dagegen entsteht unter dem vollständigen Beteiligtsein des schlagenden Herzens für den Geliebten. Ein Teilenwollen quillt aus dem Inneren hervor. Das geschieht ohne jegliches Pflichtgefühl, fließt miteinander und ineinander.

Doch Sklaverei hat tiefe Wurzeln in der Evolutionsgeschichte der Menschheit. Und alte Traditionen, die einseitig bestimmten Menschen Vorteile versprechen, sterben, wie man weiß, nur allzu langsam aus. Die zahlreichen Formen der Sklaverei sind der Gesellschaft, die heute auf dem Planeten das Sagen hat, oftmals gar nicht bewusst oder man verschließt nur zu gerne alle Sinnesorgane und genießt entsprechend die daraus entstehenden Vorteile.

Wahre Liebe führt in die Freiheit und keine Moral oder Doppelmoral sollte Treue vorgaukeln noch sollte jemand hinter vorgehaltener Hand Dinge treiben, derer er sich vielleicht genüsslich am Stammtisch rühmt. Männer haben sich dabei schon immer ein freieres Leben eingeräumt und Frauen mussten in den ihnen zugesprochenen Freiräumen Zuflucht nehmen.

Eigentlich spüren die Menschen sehr genau, wo Liebe vom Herzen her fließt oder nur geheuchelt wird, doch die weltweit so hohe Zahl der konditionierten, missbrauchten und angstgeleiteten Opfer unserer Gesellschaftsformen ist zur Manifestation dieser Liebe nicht imstande.

Oft unter Tränen wird mir in Einzelsitzungen berichtet, wie Betroffene mit der wahren Liebe umgehen, wenn sie endlich auf der Bildfläche erscheint. Eine Klientin machte ihrem lang ersehnten Traummann den Garaus, als er nach kurzer Bekanntschaft ihr einen Blumenstrauß und ein Geschenk überreichte, sie nahm deutlich seine überfließende Liebe wahr. Einen Tag später bat sie ihn über eine SMS, sie nicht mehr zu belästigen. Eine andere Klientin erzählte mir, dass sie auf einer Party den Mann wiedergetroffen habe, den sie viele Jahre zuvor bereits als den kennengelernt hatte, nach dem sich ihr Herz eigentlich sehnt. Doch dieses Mal war ihre Reaktion noch viel abstruser; als er, innerlich tief berührt von dem Wiedersehen, von Hochzeit sprach, nahm sie Reißaus und warf sich ein paar Ecken weiter dem Nächstbesten in die Arme. Beide Beispiele zeigen sehr unglückliche Zeitgenossen, die nun im reiferen Alter fast keine Chance mehr auf glücklichere Tage haben. Die frühkindlichen Traumatisierungen sitzen fest betoniert in ihnen.

Wer den Mut und die Freude aufbringt, sich der wahren Liebe hinzugeben, hat aber ebenfalls eine wichtige Aufgabe für sich und den Partner zu erledigen. Beide sind ihrer wahren Liebe gegenüber verpflichtet, immer wieder in Abständen prüfend festzustellen, wo sie im Augenblick wirklich miteinander stehen. Ist die Liebe noch vorhanden oder hat man sich an ihren Schein gewöhnt? Wenn ja, wunderbar, wenn nicht, gilt es der wahren Liebe hinterherzuspionieren und damit nicht aufzuhören, bevor sie nicht wiedergefunden wird.

Aber wenn tatsächlich keinerlei wahre Liebe zwischen den beiden im Raum schwingt, muss man sich aus der Verpflichtung gegenüber der wahren Liebe trennen. Bevor man ein Heuchler wird und etwas vorspielt, die Liebe verrät und jetzt der Versklavung der Treue die Fahne hält, gilt es dem eigenen Seelenleben gerecht zu werden und in die Veränderung, Loslösung, in einen neuen Lebensabschnitt ohne den Partner aufzubrechen.

Wir müssen uns, wenn wir den Werten der bewussten Menschlichkeit gerecht werden wollen, gegenseitig in die Freiheit entlassen. Das ist die angemessene Handlung in der neuen Zeitrechnung des bewusst voranschreitenden Erdenbürgers. Auf Befehl lässt sich Liebe nicht hervorbringen und ist sie verflogen, kann man sie nicht wieder künstlich einsetzen. Das machte die wahre Liebe durch die

Jahrhunderte so gefährlich. Lieber schuf man Gesetze oder eine tief wirkende Moral, damit konnte man die so entstehenden Familienverbände besser unter Kontrolle halten, für bestimmte Zwecke gebrauchen. Da ja fast immer Krieg herrschte, bnötigte man schließlich immer Kanonenfutter und dafür lassen sich »Untergebene« in festen Bahnen gelenkt viel besser benutzen.

Wahre Liebe ist etwas Größeres als man selbst. Es pocht im Inneren unkontrollierbar und wenn man wie im Rausch seiner Geliebten den Hof macht, wirkt das nicht selten wie Besessenheit. Man erscheint etwas verrückt, außerhalb der Spur, aber authentisch. Diese Energie unterdrückt nicht, sie befreit, entfesselt von den Energietentakeln alter Prägung. Man wird bereit, ein Risiko einzugehen, wagt einen großen Sprung. Wenn man Glück hat, erlöst sich hiermit ein wichtiger Transformationspunkt. Dann macht Liebe tatsächlich frei! Genau das ist der oberste Wert der Zukunft, Liebe führt nicht in die Sklaverei, sondern in die Freiheit.

Wahre Liebe ist eine existenzielle Erscheinung, eine Erfahrung, ein Geschenk des Universums. Sie kommt und wann sie geht, das weiß allein der Wind. Man kann und sollte sie nicht künstlich festhalten. Alle, die versuchen, sich wie Ertrinkende daran zu klammern, haben lernen müssen, ohne sie auszukommen. Andernfalls reißt es einen in den Abgrund von Depression, Krankheit etc.

Aber der Gesellschaft ist dies nicht einerlei, sie baut auf die Ehe und möglichst feste Richtlinien fürs Glück. Doch das Gelingen dieser Vorstellungen zerbröckelte in den letzten dreißig Jahren vor unseren Augen. Die Scheidungsrate und das Singlephänomen zeugen von der Schwierigkeit, mit alten Traditionen die Zukunft lebenswert gestalten zu können. Es gelingt einfach nur noch zu selten, als dass sich damit ein gesunder Hofstaat hervorbringen ließe. Die Psychologie dieser Art der Treue hat ausgedient.

Für das Heute und Morgen brauchen wir gelingende Modelle, die den Werten der wahren Liebe und Freiheit entsprechen. Und wer behauptet, diese gibt es nicht, sollte sich erst einmal der Forschung hingeben und über das Wagnis von Experimenten herausfinden, was der Menschheit wohl mehr helfen könnte, um dorthin zu gelangen, wohin sie sich gerne entwickeln möchte.

Wahre Liebe bedeutet höchstes Vertrauen, erschließt größtes Bewusstsein. Dazu gehört auch, im Leben allein im All-Eins zu stehen. Allzeit bereit zu sein, dem Anspruch von wahrer Liebe, dem vollen Einsatz für die Liebe oder die Verabschiedung in Liebe, Genüge zu tun, bezieht sich nicht nur auf die Lebenspartner, Freunde oder Kollegen. Auch die Kinder sind lediglich Seelengefährten, die eine Weile in der Liebe dieses Hauses verweilen und dann ihrer eigenen Wege gehen. Hier gilt es genauso rechtzeitig abzunabeln, den Kindern in Liebe die Freiheit zu schenken. Falsches Festhalten kann katastrophale Folgen für alle Beteiligte haben.

Eine neue Instanz sollte in der Gesellschaft eingerichtet werden, die das Geschehen rund um das Aufwachsen der Kinder im Auge behält, die notwendige Nachschulung für Eltern fördert und vor allem im Notfall rechtzeitig eingreift, um Schlimmes zu verhindern. Niemandem sollte mehr gestattet werden, mit einer unerlösten Lebensthematik als lebende Zeitbombe durch die Gegend zu laufen.

Ehe, Familie und Kinder – zukunftsweisende Alternativen

Es hat etwas Erhabenes, etwas Unglaubliches, sollte die größte Wertschätzung auf Erden erhalten – Kinder, hier neugeborene Seelen, die sich für diese Eltern, dieses Umfeld und diese Zeitschiene entschieden haben, in der sie gerade landen.

Die jeweilige Generation steht in der evolutionären Pflicht, einen Nährboden bereitzustellen, der ein optimales Großwerden für den Nachwuchs garantiert. Eine in höheres Bewusstsein aufbrechende

Gesellschaft weiß um die Mysterien der Evolution und richtet sich danach. Aber nicht statisch, sondern immer neu, den jeweiligen Ansprüchen genügend. Eines erwacht aus dem anderen. Der Fluss des Lebens ist fortwährend neu und frisch. Es braucht gewisse Aufwuchszellen, die für den allerbesten Gedeih sorgen. Diese müssen wir so gestalten, wie wir uns dem Lebensfluss hingeben, flexibel, immer optimal auf die Erhöhung des Bewusstseins ausgerichtet.

Damit sind keine festen Vorgaben, geschriebene oder ungeschriebene Gesetze gemeint, es ist die jeweilige Antwort auf das Zusammenspiel von Transformation der Lebensthemen und einer bewussten Gesellschaft, die mit ihren immer nach neuesten Informationen ausgerichteten Vorbereitungen Bedingungen erschafft, die es erlauben, dass sich weitgereiste Seelen vermehrt auf Erden reinkarnieren. Das erzeugt ein Klima, in dem dann wieder Seelen reinkarnieren, die den Versuch unternehmen, von einer entfernteren Bewusstseinsstufe einen großen Quantensprung zu leisten. Gemeint ist hier der Sprung ins Christus-Bewusstsein, die Buddha-Natur.

Gestern noch galt die Großfamilie als wertvollste Keimzelle der Gesellschaft, danach kam die Kleinfamilie mit höchstens zwei bis drei Kindern. Heutzutage versagt diese Einheit größtenteils. Eine Lösung zu finden versuchte eine Vielzahl der 68er-Generation mit Experimenten von Wohngemeinschaften kleineren und größeren Ausmaßes. Nachdem diese Experimente misslangen, war die Reise in die Selbsterfahrung angesagt. Aber auch dieser Streifzug brachte nicht das gewünschte Resultat. Vielfach lösten sich die Gemeinschaften wieder auf, um zur Kleinformation der Partnerschaft, Familie oder dem Singledasein zurückzukehren.

Der Erfolg war ihnen vor allem aus einem Grund nicht vergönnt. Es fehlte die Wahrnehmung für die im Hintergrund schwelenden Lebensthemen, die, ob erkannt oder nicht, die geheime Chefsache im System Mensch bilden. Auch New Age, Esoterik oder die Meister fernöstlicher Weisheit konnten daran nicht viel ändern. Erst die

Erforschung dieser bis dahin dunklen Ecke brachte den Erfolg und die effektive Möglichkeit, mit aller Kraft im Dunkeln das Licht der Erkenntnis und die Handhabung neuer Handlungsweisen zu entzünden. Damit ist die Basis für ein erfolgreiches Aufbauen von funktionierenden Alternativen zur heutigen Familiensituation gelegt. Beziehungen enden dann eben nicht im alltäglichen Kleinscharmützel, vielmehr begegnet man sich aufgeräumt und in Liebe in spielerischer Leichtigkeit. Die eigenen Lebensthemen fest im Blick, legt jeder Beteiligte seine Grundsteine fürs große Gelingen.

Die Frustrationen des Machtkampfes und der Knechtschaft in Beziehungen transformiert in den erwachenden Seinszustand der Liebe in jedem Menschen. Liebe trägt jetzt das Sein und damit in die Unabhängigkeit, ins All-Eins. Partnerschaften erhalten den Freiraum für wahre Liebe und, was sehr wichtig ist, dies tangiert nicht mehr das Wohlfühlen der Kinder. Wahre Liebe beinhaltet das Wissen um den Beginn der Liebe und die Möglichkeit, dass Liebe jederzeit enden kann. Der Verbund von Eltern und weiteren Bezugspersonen und den Kindern wird so gestaltet, dass alle im Verbund bleiben können oder einer der Exgeliebten in die nahe Umgebung, in einen weiteren Verbund zieht. Damit ist gewährleistet, dass sich alle wie bisher sehen. Die Vorzeichen haben sich etwas verändert, doch die Essenz der Liebe bleibt dieselbe und wird gelebt.

Als Alternativen zum Singlehaushalt oder der Kleinfamilie oder den Alleinerziehenden oder dem Wohnen der Senioren zeichnen sich verschiedene Entwürfe ab. Eine mir liebe Variante ist die Gemeinschaft aller Altersstufen, die in bestimmten Wohnungs- und Häuserformationen zusammenleben und vor allem die Gemeinschaftsräume miteinander teilen. In ähnlich gearteten Projekten zog in jedem Fall eine große Freude mit ein. Menschen, die an dem Punkt angelangt sind, solche Möglichkeiten auszuprobieren, haben vielfach bereits einiges an transformatorischen Erfahrungen hinter sich, öffnen sich so wesentlich leichter einem Gelingen.

Wer das Unpersönliche eines Mietshauses oder auch die Abgeschiedenheit von Einzelhäusern auf weiter Flur kennt, wird zustimmen, dass ein Wohnprojekt mit genügend individueller Freiheit und kommunikativer Nähe etwas sehr Schönes sein kann. Die Menschen haben nicht nur innerlich mehr Raum füreinander, man fühlt sich auch in den Wohnungen der Nachbarn aufgehoben und zu Hause.

Gleiches gilt für die Kinder, die in der Gemeinschaft leben, sie werden von allen Parteien mit betreut, die Kinder gerne erfreuen und sie und ihre Eltern im Alltag unterstützen. Bei einem Wohnprojekt, in dem alle Altersstufen vertreten sind, lernen die Kinder ganz automatisch den respektvollen Umgang mit den Mitbewohnern und ernten dabei das, was jedes Lebensalter in Liebe an sie weiterreicht. Wenn die Menschen in der Gemeinschaft von der Liebe ihres Seins getragen sind, wird das zu einer reichen Erfahrung für alle Beteiligten.

Eine weitere Alternative besteht für Menschen, die ihre Transformationserfolge an andere Suchende auf dem Weg weitergeben möchten. Zentren bilden sich mit verschiedenen Schwerpunkten zum Erlernen der Fähigkeiten, die einen bewussten Umgang und ein bewusstes Wachstum initiieren. Es ist ein Kreativplatz mit genügend Räumlichkeiten zum Wohnen und Arbeiten und mit einem Gästebereich für Schulungszwecke und Einzelgäste. Hier liegt der Schwerpunkt auf der Weitergabe von Informationen und der Integration dieses neuen Wissens. In verschiedenen Seminarklassen wird über die Selbstschau die Selbsterfahrung betrieben und mit neu entscheidbaren Handlungen experimentiert. Die Palette der Schulung reicht von der Therapie, Ausbildung, künstlerischen Gestaltung, Musik und Gesang bis zur Schauspielerei oder was immer noch dazukommen mag. Gleichzeitig bildet die Gemeinschaft als solche selbst den Anschauungsunterricht für ein gelingendes Zusammenleben in Liebe und Freiheit. Diese Erfahrungen nehmen die Gäste mit nach Hause, lassen sich inspirieren für ihr eigenes Umfeld.

Solch wunderbare Gelegenheiten zeigen den Menschen, wie einfach und angstfrei man im Grunde das Leben meistern kann. Ein wenig Mut ist wichtig, Risikobereitschaft nützlich und da lebendige Beispiele direkt vor einem stehen, man sozusagen bildhaft lernt, entfällt hier eher ein inneres Abwenden, gesteuert von den eigenen Abwehrkräften, die permanent Transformation vermeiden. Auch in einem Lernzentrum ist es möglich, die Generationen zu integrieren. Geborgenheit und ein liebevolles Spielfeld für die Kinder sollte dort ebenfalls selbstverständlich sein. Gerade die Lebenserfahrung und der Umgang mit den Bewusstseinswerkzeugen, die Senioren an Ort und Stelle vermitteln, sind für jüngere Teilnehmer eine stete Quelle der Inspiration und Unterstützung.

Es ist ein Ort, an dem die lebensthemenbedingten Traumata abgebaut werden und die Menschen erschließen, wohin ihre Bestimmung oder ihre Vision oder das, wofür sie sich berufen fühlen, sie führen will. Lange Jahre der Gängelung, gehalten an unbewussten Energiefäden, künstlich eingepflanzten Befehlen, fremdgesteuert von Makel und Schuld, Gehorsamspflicht, Verboten, Geboten, Missbrauch und energetischem wie auch körperlichem Übergriff, Manipulation aus dem Elternhaus, der Religion oder den Ausbildungsplätzen sind endgültig vorbei.

Die in derartigen Schulungszentren gezeigten Erfolge machen nicht nur bei den Teilnehmern und den Menschen, die sich von diesen haben anstecken lassen, Halt, auch Politiker sehen hierin neue Ansätze, die tatsächlich die herrschenden Probleme in etwas Positives verändern könnten, und sicherlich nicht zuletzt aus Gründen ihrer Wiederwahl beginnt hier eine Öffnung, die Großes verspricht, Politiker entwickeln eine gewisse Hellhörigkeit für das, was geht. Damit ist der Damm gebrochen, jetzt leitet auch dort nicht weiter die Angst, sondern aus welchen Gründen auch immer kommen die erfolgreichen Experimente nun der Gesellschaft zugute. Der neue Weg vertraut auf den freien Menschen, der die richtigen Impulse aus seiner Intuition erfährt und damit die menschlichen Werte automatisch hochhebt. Das Band der Liebe verknüpft die Menschen, die gegenseitig darauf achten, dass es allen gutgeht. Damit entsteht eine bedeutsame Welle von Liebe, Respekt, Brüderlichkeit und dem in Erfüllung gehenden Wunsch, dieses Boot, in dem wir alle sitzen, vom Meer der Evolution in den Hafen des Erwachens, ins Goldene Zeitalter zu steuern.

Gesunde Grenzsetzung – Traumata vermeiden

Aufgearbeitete Lebensthemen führen nun automatisch in das Bedürfnis, auf allen gesellschaftlichen Ebenen für gesunde Grenzsetzung einzustehen. Keine weiteren Übergriffe seitens des eigenen Selbst, der Partner der Liebe, innerhalb von Freundschaften und in Arbeitsverhältnissen werden ferner geduldet. Schatten alter Lebensthemententakel hin zu Eltern und in Richtung eigener Kinder durchschaut der Bewusstseinssuchende bereits im Ansatz. Der installierten permanenten inneren Aufsicht des bewussten Beobachters entgeht nicht die kleinste Anbahnung von altem Verstandesgezeter.

Und die Schönheit und nährende Liebe einer befreiten, intakten, natürlichen Kommunikation überzeugt sofort all diejenigen, die hier mit der Transformationsarbeit gleichfalls erfolgreich experimentieren und ohne weiteres Zögern über die Schwelle des so lange angstvoll Vermiedenen treten können. Danach stellt man mit einem lachenden und einem weinendem Auge die Tatsache fest, dass sich die Seinslandschaft wunderbar verändert hat, lachend, weil man endlich angekommen ist, und weinend, weil man sich immens lange Zeit gelassen und Glückseligkeit verändelt hat.

Welch gelassene Ansicht bereitet dem Mutigen nun die Selbstschau und um wie viel toller fühlt sich ein Sein an bei angemessener gesunder Grenzsetzung nach innen wie nach außen. Doch das Zur-

Ordnung-Rufen bei eventuellem Schattenboxen im Innenbereich und das ultimative Ansprechen von tyrannisch-faschistischen Ego-Tendenzen im Umfeld gehören ab sofort trotz gelungenen Quantensprungs zur täglichen Selbstbeobachtung. Ein Gehenlassen in Pfützen alten Ungemachs kommt nicht mehr infrage.

Erst ein so aufgeräumter Mensch wird in der Weitergabe der Werte an Kinder und dem Einhalten ihm wichtiger Paradigmen zu einem Glücksfall für junge Erdenbürger. Denn ein rundum gesunder, aufgeklärter und lebensthemenerlöster Zeitgenosse verhält sich im Inneren wie in seinen Handlungen im Außen stets stimmig. Er braucht keine künstlich erzeugte Maske der Vorbildfunktion, um Dinge zu vermitteln. Das integrierte Wissen um die universellen Gesetze und die direkte Verbindung zur inneren Stimme zeichnen ihn als Lichtbringer auch für die nächsten Generationen aus. Zeitgenossen mit dieser Qualität bringen Kinder stets sicher ans Ufer des Lebensflusses, lassen sie vertrauensvoll darin baden. Wo immer dann die Reise hingeht, werden diese Kinder ihren Platz im Evolutionsreigen selbstverantwortlich und fruchtbar einnehmen.

Eine gesunde Grenzsetzung gehört hier ebenso zur Kommunikation wie ein liebevolles In-den-Arm-Nehmen mit tiefer Zärtlichkeit von ganzem Herzen. Das ist überhaupt die Sensation eines solchen Wohltäters, jederzeit den richtigen Zugang in die Herzen der Kinder und der anderen Mitbürger zu finden. Wenn Grenzen gesetzt werden müssen, dann geschieht das deutlich und ohne Widerspruch. Hier ist die Macht des Stimmigen gefragt. Nichts anderes macht Sinn!

Wer die Erlösung seiner Traumata und Lebensthemen abgeschlossen oder diese im festen Blick hat und sich der optimalen Kindererziehung verschreibt, kann unter dem Einblick in das Lebensthema dessen, der vor einem steht, eine klare Grenzsetzung praktizieren. Das sollte nicht vorsichtig oder zaghaft geschehen, sondern klar, eindeutig und unmissverständlich, aber nicht gewaltsam.

Die Verbindung zum göttlichen Ganzen, hergestellt mit der Überwindung der Lebensthemen, lässt hierbei die richtigen Eingebungen fließen.

Man erhebt die Sprache und kann sich auf den Redefluss verlassen. Ein entsprechend adäquater Moment kann sich auch darin zeigen, dass laut gebrüllt wird oder man die Hand einem Donnerschlag gleich auf die Tischplatte niedergehen lässt. Kein Überlegen bringt allerdings an dieser Stelle den Durchbruch zur Einsicht im Gegenüber. Einem Handeln aus der Authentizität des Bewusstseins steht dagegen die gesamte Bandbreite dessen, was in diesem Augenblick nötig ist, zur Verfügung und damit der Schlüssel für eine Übertragung des Anstehenden, was es auch sein mag.

Eltern, die sich mit ihren Kindern auf die Lebensthementherapie einließen, berichten einstimmig von wunderbar positiven Veränderungen, die Kinder durchschreiten, die dank der anschließend ebenfalls geläuterten Weise der Eltern dies auch von ihnen behaupten. Damit öffnet sich ein neuer, vormals oft unbekannter Raum, ein Raum des Vertrauens und des gegenseitigen respektvollen Umgangs.

Eltern und Kinder verstehen hierbei sehr schnell, dass es doch eigentlich genau die Möglichkeit der Kommunikation ist, die sie sehnlichst herbeiwünschen. Liebe fließt wechselseitig und gleichfalls das Vertrauen der Kinder in die Grenzsetzung bewusster Eltern. Jugendliche ertasten dabei die Grenzen ihres Seins, ihrer Handlungsfreiheit, und lernen im Fall von Geboten oder Verboten, auch mit Frustration, Wut, dem Willen, alles haben zu wollen, umzugehen. Dabei justieren sie automatisch, wo sie die Grenzen des anderen verletzen. Die Erfahrung von Grenzen macht also erst eine allseits zufriedenstellende Kommunikation aus, es ermöglicht das Leben und Erleben von Gemeinschaft.

Mit dem integrierten Wissensstand der universalen Gesetze dürfen Eltern nicht weiter zögern, wenn nötig Grenzen aufzuzeigen. Über die altersgerechte Erklärung der Welt werden die Kinder dann darauf aufmerksam gemacht, welche Punkte diesem oder jenem Aspekt der Lebensthematik einem Kind entsprechen, was fehlt oder wie es damit umgehen kann. Danach werden die Konsequenzen aufgezeigt, wohin Missachtung, innerer Boykott oder mutwillige Zerstörung, Grenzenlosigkeit und Egomanie führen. Aber ebenso sollten Eltern bereits vorher jegliche religiöse und sonstige gesellschaftliche Prägung mit dem Wissen um die universelle Gesetzmäßigkeit hinterfragen. Da Kinder eben auch Seelenwesen sind, verstehen sie die Evolutionsreise mit all ihren Eskapaden und springen sofort in den Lebensfluss!

Partnerschaft in einer veränderten Gesellschaft

Die Liebe der neuen Zeit verströmt einen ständigen Duft von Freiheit. Das wahre Sein der Menschen erreicht den hundertprozentigen Wesensanteil, wird zum Quell der Liebe. Ein Hauch von Göttlichkeit erstrahlt.

Diese Bewusstseinsebene lässt keinerlei alten Mechanismen mehr Platz, hat egomanisches und tyrannisches Verhalten abgelegt. Die Verantwortung für Lebensthemen mit all den Hürden und die Reise auf der Evolutionsspirale, die Bewusstseinserweiterung, ist völlig klar. Die darin liegenden Aufgaben werden voll Freude und Dankbarkeit zu jeder Zeit angenommen. Die Manifestation dieses Zustandes der wahren Liebe lässt die Käfighaltung von Manipulation und gegenseitigem Energieraub gar nicht erst entstehen. Innere Gefängnisse der Angst sind verschwunden, erscheinen in höher entwickelten Gesellschaften überhaupt nicht auf der Bildfläche.

Liebe als Seinssituation hat mit Machtkampf alter Prägung keine Gemeinsamkeit. Man hat in sich die Liebe erweckt, unabhängig von Partnern im Außen. Es ist keine Beziehung im üblichen Sinne. Die erblühte Knospe hat die Angst und den Geiz weit hinter sich gelassen, verströmt ihren Duft ungeachtet der Schnuppernasen, ohne Kuhhandel und Verlangen auf Gegenleistung, gibt einfach. Wo immer die wahre Liebe auf einen Widerhall trifft, potenziert sie sich mit dem entgegenströmenden Energiefeld. Die Aufnahme des Duftes im Aroma des Gegenübers ist Belohnung genug, steht für sich selbst.

Liebespartner werden in Zukunft wie der freie Lebensstrom miteinander agieren. Vielleicht reicht die Liebe von der Quelle bis zum Ozean oder es ergibt sich auf der Reise ein Richtungswechsel und der Lebensfluss rauscht in verschiedenen Flussbetten von dannen. Manchmal verweilt er auch in Wasserlöchern oder Seen.

Der wahre Liebende ist ein Wesen, das völlig im All-Eins zu stehen vermag. Er hat die hohe Kunst des Wechsels von der Einsamkeit in das All-Eins-Sein gelernt und die Thematik des Lebens ebenfalls gemeistert, somit die Plagegeister der Bedürftigkeit abgelegt. Er braucht niemanden für die Glückseligkeit. Seine Seligkeit ist ein Dauerzustand. Wenn zwei Liebende in dieser Bewusstseinshöhe aufeinandertreffen, gleicht das zwei unabhängigen Zentren, die verbunden sind in der Energieform der waagrecht liegenden Zahl Acht.

Nur wenn Liebe nicht gefordert wird, erblüht sie zum Geschenk. Denn Vertrauen erwächst aus dem Herzen und das kann von niemandem erzwungen werden. Erst dann gedeiht die Liebe und erweitert gleichzeitig unser Bewusstsein. Keiner zwingt den anderen noch in ein Korsett seiner Vorstellungen. Begegnung findet damit immer im Hier und Jetzt statt und trägt die Qualität von Freiheit. Das lässt die wahre Liebe würdevoll gedeihen. Vertrauen heißt auf dieser Ebene, den anderen aus der ständigen direkten und indirekten Beobachtung zu entlassen. Es entsteht Frieden zwischen den Liebenden. Man bemerkt sofort den Unterschied, die Bereicherung des Lebens, die diese Freiräume schaffen.

Man verbringt wunderschöne Stunde voller Harmonie und Intimität, geht danach seinen individuellen Interessen nach, um dann im nächsten Moment wiederum in die Begegnung, das nächste

Treffen von Körper und Seele, die Verschmelzung, einzutauchen. Wahre Liebe, die wie der Lebensfluss fließt, erzeugt Wellen der Nähe und Ferne. Der bewusste Mensch erkennt diesen natürlichen Rhythmus, er hat keine Angst davor, dass der Geliebte ausbricht, er vertraut. Kann so mit dem eigenen Herzschlag ins Unbekannte aufbrechen und erntet damit auch die süßen saftigen Früchte.

Je liebevoller zwei Menschen miteinander sind, desto weniger brauchen sie ein Gefüge von moralischen Gesetzen, die sie für immer in diese Position einpferchen. Liebe ist zum Seinszustand geworden, dem eigentlich natürlichsten Zustand des Menschen, seinem Urstadium. Und jetzt findet er mit seiner geläuterten Seele dorthin zurück. Erspäht diese liebevolle Energie in seinem Inneren, genau dort, wo sie immer auf die Wiederentdeckung gewartet hat.

Die Liebe glüht nun aus der inneren Quelle ohne bestimmte Ausrichtung. Diese Schwingungen entfernen sich in alle Richtungen, breiten sich überallhin aus. Sie treffen in der Umgebung auf Lebendiges und leblose Materie und gestalten einen Schwingungsrahmen, ein Energiefeld, das die Gemeinschaft berührt. Sie erhellen und beleben, Umwandlung von negativer Energie in positive Ladung ereignet sich. Die Aura der wahren Liebenden erfrischt, heitert auf, wirkt spielerisch leicht, macht Mut, lässt viele Suchenden mit ihrem Beispiel in selbige Höhen aufbrechen.

Doch wer hier experimentiert, muss dringend auf seine Erwartungen achtgeben. Die schleichen sich schneller ein, als man denkt. Und in der Selbstschau des inneren bewussten Beobachters lässt die Aufmerksamkeit deutlich nach, wenn der Fisch erst einmal an der Angel zappelt. Gegenseitige Projektionen entwerten dann den anderen, noch bevor man ihn richtig kennengelernt hat. An diesem Punkt angelangt, stellt man etwas später erstaunt fest, wie schnell Liebe plötzlich in Hass umschlägt. Die gute Stimmung ist verflogen, wie vergiftet steigen dunkle Wolken auf. Jetzt wird repariert, was noch zu flicken ist, aber irgendwie bleibt ein fader Geschmack. Dieser gesellt sich dann gerne an den Platz in unserem Inneren, wo ehedem alle schmerzvollen Erlebnisse gespeichert sind, im heiligen Tabernakel unseres Schein-Ich. Und das hat zur Folge, dass man sich, wie öfters schon passiert, bald frustriert voneinander zurückzieht. Nur um von vorne zu beginnen, nach einem neuen Partner Ausschau zu halten.

Wir sind dann also herausgefordert, hier für Entlüftung zu sorgen, unseres wahren Seins wieder gewahr zu werden und so zurückzukehren ins Hier und Jetzt. Genügend installiertes Gewahrsein lässt die Liebe immer mehr ins Licht des Bewusstseins rücken. Der neue Mensch nennt die Verbindung nicht länger Beziehung, es weht spürbar der Wind der Freude, Wahrheit und Freiheit zwischen zwei Liebenden, die dadurch sichtlich in weiteres Wachstum finden. Es entwickelt sich zwischen beiden ein loses Band der Liebe, die bei jedem aus dem Überfluss ihrer eigenen Quelle aufsteigt, aus der erlösten Selbstständigkeit. Und damit, so paradox das auch klingen mag, wächst gleichzeitig eine feste, stabile Verbindung, aus der es keinen Grund gibt, frühzeitig auszusteigen. Sie bleiben allerdings Einzelwesen ohne die alten Verklebungen der Bedürftigkeit. Die Verbindung entsteht und bleibt, nur aus der Liebe erzeugt, im wahren Sein. Dieses Band besteht aus Schwingungen der Freude, des Jubilierens, des Zelebrierens, des steten Tanzes der Glückseligkeit.

Körperliche, psychische und spirituelle Freiheit – für eine glückliche Gemeinschaft

Freiheit, die wir in den westlich geprägten Staaten dieser Erde als selbstverständlich erachten, zeigt bei genauer Betrachtung erhebliche Mängel, gemessen an dem Wertemaßstab unserer Einsicht. Gegenüber anders konditionierten Ländern hängen wir beachtlich selbstzufrieden die Messlatte in die Höhe. Auch wenn evolutionär auf technischem Gebiet in den letzten zwei Jahrhunderten Sensationelles in Bewegung kam, sollten wir bei aller Überheblichkeit den Blick vor der eigenen Haustür nicht abwenden, sondern eher schärfen und im Hinterhof die Begrenzung der Großzügigkeit auf allen Ebenen des menschlichen Miteinanders wahrnehmen.

Im Namen von Liebe, Freiheit und Religion begeht die Menschheit überall auf der Welt Dinge, die alles andere zeigen als eine liberale und zivilisierte Gesellschaft! Und großspurige Politiker lassen global eine wirkliche Reife vermissen, die imstande wäre, den kreativen Prozess anzustoßen, damit Freiheit und Wohlstand für alle wahrhaft großgeschrieben werden.

Weder ist die Gleichstellung von Mann und Frau weltweit vollzogen noch sind Sklavenmärkte vollkommen abgeschafft. Ob Arbeiter in der Dritten Welt, die für einen Hungerlohn den reichen Ländern immensen Profit einfahren, oder die sexuelle Ausbeutung von Frauen aus dem Osten, die mit Mafiamethoden in ihrer Heimat entführt und hierzulande gewaltsam in die Prostitution gezwungen werden. Oder die vielen Sextouristen, die ungeniert ein moralisches Doppelleben führen und darüber hinaus mit ihrer Unverantwortlichkeit tödliche Krankheiten verbreiten.

Es ist eine Frage des Bewusstseins und des Wissens um die Funktionsweise der Seelenentwicklung und damit die Evolution des Kollektivs Mensch. Doch die herrschenden Modelle für ein friedliches und liebevolles Zusammenleben in Freiheit versagen auf breiter Front. Wir sind an einem Punkt angelangt, wo jeder Einzelne aufgerufen ist, mit neuen Experimenten tragfähigeres Handeln im Sinne der Freiheit und Liebe in der Welt zu materialisieren.

Kleinkariertes, Hauptsache, ich komme sicher durchs Leben und erzeuge Frau, Kinder, Schiff, Haus, Auto, Geliebte etc., gehört altem egomanischem Verhalten an und duftet immer nach unaufgeräumter Lebensthematik. Der evolutionäre Strom dagegen, der Lebensfluss, fließt ständig hin zur Meisterschaft der Seele. Und auf diesem Weg fließt der gereinigte und erlöste Mensch genauso hin zu liebevollen Freunden, Frau, Mann, Kind, der Berufung oder einer wunderbaren Unterkunft, eben rundherum stimmig und im Einklang mit der Schöpfung.

Wenn wir uns also gegenseitig körperlich nicht in Ketten legen und ohne psychische Sklaverei, die vom Großteil der Erdenbürger immer noch einfach hingenommen wird, den Transformationsweg beschreiten, gelingt das Unterfangen.

Der Hauptpunkt der psychischen Abhängigkeit sind die jeweils vorherrschenden Prägungen, auf der einen Seite das Erziehungssystem und auf der anderen Seite die diversen religiösen Gepflogenheiten weltweit. Die psychische Freiheit blockiert von Konditionierungen, die gewissen Teilen der Bevölkerung großen Nutzen bringt.

Es ist überall dasselbe, die Unterdrückung eines religiös oder politisch verblendeten, an die Grenzen des Erträglichen gelangten Systems hält seine Anhänger oder Verweigerer gleichermaßen gefangen in Gesetzen, gegen die man sich nicht auflehnen darf. Und dabei sind die Führungsschichten im Hinterstübchen ihrer eigenen Doppelmoral verfallen. Bis in die untersten Gesellschaftsschichten gilt die eher traditionelle Hierarchie der Oberschicht. Die Strukturen reichen bis in die Familien, und alle Schulungsinstrumente sind dem untergeordnet. Damit hat man über Generationen die Instrumente der Freiheit oder Unfreiheit in der Hand und braucht keinen Millimeter zu weichen, benutzt die »Untertanen« für das eigene Wohl, windet sich so aus den eigenen inneren Ängsten, wiegt sich damit in Sicherheit.

Machthaber missbrauchen die Kraft, die ihnen übertragen wurde oder die sie sich geholt haben. Das sind die Bremser der Evolution. Haben Angst vor der Aufgabe ihrer Privilegien. Meinen, es gehe ihnen dann vielleicht genauso schlecht wie dem Großteil ihrer Untertanen. Wie in Sandförmchen gepresst, dürfen diese höchstens ihre kleine verordnete Scheinfreiheit erleben.

Doch das ist gar keine Freiheit, sondern ein Gehaltenwerden, ein angepasstes Leben im vorgefertigten Geschirr ihrer Führerschaft. Religiös begründete Knechtschaft wird geschickt in den Kaderschmieden der diversen Glaubensbekenntnisse eingehämmert, die Gläubigen auf Kurs gebracht. Wer da rauskommt, kann kaum noch selbstständig denken und hat so gut wie keine Kritikfähigkeit mehr, um die tatsächliche Realität des Mysteriums Leben wahrzunehmen.

So wie damals zur Zeit der großen Kreuzzüge müssen heute die Menschen nicht weniger leiden dank der Verblendungen im Namen des Herrn. Auch im sogenannten aufgeklärten Westen finden wir überall noch die Spuren damaliger Unterjochungspraktiken. Missionare brachten und bringen den religiösen Größenwahn in alle Welt. Doch in altbackenen Machtzentralen findet kaum Erneuerung statt.

Die Menschheit braucht aber unkonventionelle Ideen und meisterliche Impulse für die Bewältigung der anstehenden Probleme. Wir sind in der Evolutionsgeschichte an einem Punkt angekommen, wo wir das einsehen müssen. Räumen wir freiwillig festgefahrene Konzepte weg, damit das Wachstum der Menschheit nicht weiterhin unnötig stillsteht. Wir benötigen in der Gesellschaft auf allen Ebenen innovative Ansätze, um in den Zielbereich der Evolution zu gelangen.

Mit diesem Entschluss müssten freilich alle bereit sein, ihren Spiegel der Lebensthemenbewältigung aufzupolieren, um in der Selbsterkennung die Fehltritte als Politiker, Priester, Wirtschaftsbosse, Partner, Eltern, Freunde und Kollegen wahrzunehmen!

Dabei genügt es nicht, keine Kriege mehr zu führen, weil wir seit den Tagen und dem Ergebnis des Zweiten Weltkrieges darauf hingewiesen wurden, dass man so nicht mit Menschen umgeht. Erst weitere Einsichten in den Umgang miteinander und in die Mysterien des Lebens bringen die nötige Umwandlungsenergie in die Gesellschaft. Vor allem würde es jedem Einzelnen damit viel besser oder erst richtig gutgehen. Die Erdenbürger entfalten dadurch wesentlich freier ihre volle Liebe und Nächstenliebe. Automatisch hören menschenunwürdige Verhältnisse langsam auf, von den weltweiten Arbeitsbedingungen gar nicht zu reden. Erst das Wissen um den Sinn des Lebens führt automatisch in eine Neuordnung des Lebenssinns.

Die Fortsetzung der Struktur alter Unterdrückungen oder neue Errungenschaften ähnlicher Art führt hingegen zu einer ständig wachsenden Eigendynamik, zu einem noch unwürdigeren Seelendasein mit immer schlimmeren Konsequenzen, dem globalen Ego-Crash!

Leben ist Wandlung, Veränderung, evolutionäre Umorientierung! Etwas Neues entsteht nur in dieser Richtung. Dergleichen funktioniert und funktionierte die Weiterentwicklung immer schon. Umso früher wir mit Tragfähigerem im Sinne der Evolution experimentieren, desto eher werden wir auch dessen Erfolge ernten!

Die Ideologien völlig überholter Lebensmuster dagegen halten die Betreffenden auf einer eher mittelalterlich evolutionären Bewusstseinsstufe oder nur knapp darüber. Diese weltanschaulichen Konzeptionen, ob religiöser, politischer oder sozialer Natur, haben erwiesenermaßen nicht dorthin geführt, dass es allen gutgeht und wir ganz entspannt nach den neuesten Offenbarungen die jeweils anliegenden Lebensthemen erlösen können. Damit bleibt in großen Teilen der Welt der Lebens- und Bewusstseinsstandard auf absolut geringem Niveau eingefroren.

Aufgeklärte Erdenbürger haben nun die Pflicht, in höchste Bewusstseinsstandards aufzusteigen und als leuchtende Beispiele die Dunkelheit des Unbewussten aufzuhellen.

Dabei steht die Erziehung der Kinder im Vordergrund. Wenn wir den Nachwuchs rund um den Globus mit den höchsten Bewusstseinsstandards in die Selbstständigkeit geleiten, ernten wir sofort, innerhalb einer einzigen neuen Generation, den ersehnten Erfolg. Was wir in erster Linie an die Kinder weitergeben, ist geboren aus dem vor Angst schlotternden Kniefall vor dem weithin sichtbaren Standbild des einverleibten Sicherheitsdenkens alter Überzeugungen oder traumabedingter ungesunder Prägung. Anstatt alles zu hinterfragen, gibt man lieber die kranken Auswüchse veralteter und überholter Überlieferungen an die Nachfahren weiter, zwingt in Abhängigkeiten. Und wir nehmen das, was Politiker und Religionsoberhäupter aus ihrer eigenen unerlösten Lebensthematik heraus unserem Wissensdurst entgegenschleudern, oft als bare Münze. Alte Obrigkeitshörigkeit der letzten Jahrhunderte steckt uns noch in Knochen und Genen. Aber die größte Hürde ist nach wie vor die Unwissenheit über den Wachstumsweg der Seele, die Wissenschaft vom inneren Bewusstsein.

Wir können uns erst dann als zivilisierte Gesellschaft fühlen, wenn unsere Kinder, unsere Hoffnung für die Zukunft, in die materielle, physische, psychische und spirituelle Freiheit entlassen werden, wir ihnen keine Dinge mehr eintrichtern, von denen wir nichts wissen, verstehen oder trotz besseren Wissens, der Bequemlichkeit halber, einfach so tun, als ob es das Falsche nicht gibt oder schon alles seine Richtigkeit hat. Vielleicht sogar nach dem guten alten Motto »Das hat noch keinem geschadet«.

Heute gewährt man als fortschrittliche Seele, infolge der Gegenbewegung der antiautoritären Erziehung seit den 1970er-Jahren und deren unvorteilhaften Ergebnisse, der gesunden Mitte, einer möglichst bewussten und realitätsgetreuen Erziehung, den Vortritt.

Kinder werden dadurch zukünftig mehr dazu aufgerufen, selbst der Wahrheit hinterherzuforschen. Das macht sie wacher und degradiert sie nicht zu reinen Befehlsempfängern oder tyrannischen Zerstörern. Die Jugend entdeckt die Realität und erweckt damit die Intelligenz der Freiheit, die Intelligenz des eigenen Herzens.

Wenn man Kinder nicht an die Kette legt, bleiben sie empfänglich und wach, jederzeit mit klaren Augen bereit, die Realität des Erdendaseins auszuloten. Damit sind sie psychisch frei für die Exkursionen ihrer Lebensthemen. Das Schöne daran ist, dass Kinder auf diese Weise automatisch die Übernahme von Verantwortung für ihre Handlungsweisen lernen. Sie sind ja nicht mehr an die rebellischen Gegenwinde gebunden. Damit findet jeder ganz einfach heraus, was für ihn richtig ist. Und auf gar keinen Fall entsteht aus dieser Freiheit Anarchie und Chaos, im Gegenteil, endlich verschwinden gewaltsame Übergriffe, sexueller Missbrauch, Kriminalität, Krieg, Armut und sogar die Zerstörung der Umwelt findet ein Ende. Bewusst sein heißt der neue Taktstock!

In diesem Zusammenhang sei daran erinnert, was Friedrich Nietzsche uns als Weisheit hinterlassen hat: die Geschichte vom Kamel, dem Löwen und dem Weisen, eine Fabel, die das menschliche Verhalten verdeutlicht.

Ein Kamel ist nach Nietzsche einem nicht verwandelten Schmetterling gleich, der nicht in die höheren Ebenen aufsteigt. Der Sicherheits- und Wohlfühlfaktor hat hier Vorzug. Geduldig und genügsam zieht es in der »kargen Wüste« seine festen Bahnen. Links und rechts vom Pfad interessiert ihn nichts. Zufrieden in der Herde und selbstzufrieden dank der ohnmächtigen Scheuklappenmentalität, hält es vieles aus. Es ist feige, aber standfest. Und es bewegt sich gerne wie geheißen. Redet nach der Mehrheit, ist eher konservativ, traditionsverbunden, bloß keine tiefgreifenden Veränderungen! Ein Herdentier, das die Farbe grau bis gräulich für sich beansprucht. Der Rest der Farbpalette interessiert überhaupt nicht. Abenteuerlust ist ihm ein Fremdwort. An der bunten Vielfalt des Lebens zieht es seelenruhig vorüber. Es ist vergangenheitsorientiert, aber feinfühlige Schlüsse kann es daraus nicht ziehen. Entscheidungen werden in Orientierung nach der großen Masse getroffen. Ein Nein kommt niemals in Frage, ist gänzlich unbekannt. Dabei wirkt es allerdings eher kraftlos, es brabbelt das Wort Ja einfach den anderen nach. Ein Kamel versteht oft gar nicht, worum es geht, da es nicht mit seinem Bewusstsein bei der Sache ist, sondern sich lediglich am Hinterteil des Vordermanns orientiert. Glaubt alles, was ihm gesagt wird, und nimmt jederzeit gehorsam die Richtlinien und Richtungsweise von oben an.

Ein Bewusstseinsstadium ohne das wahre Sein des klaren und deutlichen Selbst, ja sogar ohne tätigen Verstand. Getrieben nur vom Überleben im Schoß der Sicherheit. Das Tor des Nein ist noch nicht geboren. Aufbäumung, Selbstfindung und Rebellion gehören zum Baum der Erkenntnis, doch dieser wächst erst auf der nächsten Bewusstseinsstufe, wenn der gewählte Weg von der Abhängigkeit in die Unabhängigkeit mündet, in die Loslösung vom blinden Hinterherlaufen und dem Autoritätsglauben an die prägenden Instanzen Eltern, Kirche, Staat. Das rumorende Selbst des Menschen wird langsam wichtiger als das Umfeld, das Geschöpf entwickelt sich zum Einzelgänger in Reinkultur, dem brüllenden Löwen!

Jedoch relativ selten gelingt der Quantensprung auf Anhieb. Einem zähen Kaugummi gleich, zieht die alte Kamelmasse den »Ausbrecher« gerne zurück ins wärmende Nest der Verantwortungslosigkeit. Dem einen Prozent Aufmüpfigkeit versagt dementsprechend leicht die Kraft unter der spannungsgeladenen Stimmung der restlichen Herde. Plötzlich und unerwartet dann doch der Wachstumsschub. Schluss mit dem angepassten Dasein, jetzt brüllt der Mutige sein Nein in den Äther. Endlich der Durchbruch, die Explosion, die Rebellion gegen eine engstirnige Kamelexistenz!

Man kennt dies ebenso als Phase bei Kindern, wenn man verwundert feststellt, dass das Kind plötzlich alles ablehnt. Dort gehört es zur beginnenden Selbstfindung, hat allerdings auch seine Grenzen, wenn das Kind lernt, seinen Platz in der Gemeinschaft einzunehmen. Irgendwann kommt die Zeit, in der es in erster Linie von der Mutter, aber ebenso vom Vater etwas abrückt, um Schritt für Schritt mehr an der Welt teilzunehmen. Achtsam, aber eindeutig ziehen die bewussten Begleiter bei der Jugend gesunde Grenzen.

Das Kamel muss sich in den Löwen verwandeln, um die Authentizität der eigenen inneren Quelle kennenzulernen, damit aus der dort vorhandenen Mitte gesunde Entscheidungen aufsteigen. Mit der Verpflichtung gegenüber dem tiefliegenden Potenzial seiner Lebensreise, den Ecken und Kanten der Lebensthemen, gelten ab sofort neue Wertemaßstäbe.

Doch das ist noch lange nicht das Ende der Fahnenstange. Weiter geht es in die Transformation der Lebensthemen, bis in die höchste Etage des wahren Seins, das Stadium des Weisen, die letztendliche Meisterschaft.

Seit Menschengedenken heißt es bei den alten Wahrheitsexperten öfters deckungsgleich: »Wenn ihr nicht werdet wie die Kinder, tretet ihr nicht ein in das Himmelreich!« So geht es auch unserem Kamel in der Geschichte. Über den das Alleinsein lernenden Löwen entwickelt es sich während seiner hoffentlich glückenden Quantensprünge in das höchste Wachstumsprodukt, den bewussten Weisen, der in kindlicher Fröhlichkeit sein Leben genießt.

Der Löwe brüllt, wehrt sich vehement gegen die alten Zügel des Kamels, setzt sich durch, wird zum rebellischen Einzelgänger. Lange Zeiteinheiten der Einsamkeit vergehen und dann ist es auf einmal doch so weit, geschafft, Stille. Das All-Eins-Sein stellt sich ein, nach einer für jeden Glücksanwärter individuellen Zeitdauer des einsamen Pilgerns ist man bereit für einen weiteren Quantensprung, in ein nächstes Ziel, die höchste Bewusstseinsklasse – die Buddha-Natur. Das bedeutet allerdings, dass der Erdenbürger von diesem Moment an sich von seiner Lebensthemenprägung vollständig lösen muss. Er findet zurück oder besser voran in eine kindliche Unschuld, doch voll der Weisheit.

Die letzte Trotzburg, das innere Tabernakel seiner schmerzvollen Traumatisierungen und erduldeten Lieblosigkeiten, legt er jetzt endgültig ab. Das ist ein unabdingbarer Teil des Transformationsschritts, er muss diesen nunmehr unsinnigen »Tresor« des Leids, der innigsten Identifikation, aus seinem Inneren entfernen. Sollte davon auch nur ein allerkleinster Rest übrig bleiben, erwächst daraus in Kürze ein weiteres Gebilde der Verweigerung von Freiheit, Frieden, Glück und Liebe.

Auch die Wut der alten Wunden ist damit endgültig verraucht, zündet nicht mehr, gilt als erfahren und entlüftet. Lediglich die unbedeutenden Restschatten einer Sonne im Zenit benutzt der Weise als Erinnerung, es sind sozusagen die Orden seines heiligen Kreuzweges, allerdings ohne jegliche nachträglich schädliche Wirkung, mit heller Strahlkraft zeugen sie von hoher Transformationsfähigkeit. Falls hier die Alarmglocken einmal schrillen, benutzt er sie als Wegweiser zu weiterer Erlösung.

Seine Achtsamkeit gilt nun dem vergreisten zahnlosen Schatten des Kamels und der Angst des Löwen vor den alten Monstern, dass sie ihn noch heimsuchen könnten. Diese an sich energielosen Geister machen vor nichts Halt, das ist das Gefährliche. Bei Wachstumssprüngen ist es unabdingbar, das Erreichte immer wieder bewusst zu beobachten oder den bewussten Zeugen gegebenenfalls neu zu installieren, andernfalls droht der Absturz des Phönix.

Der Bewusstseinssucher muss genau jetzt seine wichtigste Transformationsarbeit erledigen, sonst bleibt er ein Psychokiller in spe. Er muss sich, wann immer die alten Impulse im Inneren aufsteigen, sofort fragen, was sich da in ihm tut. Und vor allem: Wie will ich, meinem wahren Sein gerecht, wirklich handeln? Dann darf lediglich der Wahrheit, der einzigen wirklichen Realität, entsprochen werden, dem wahren Sein! Wer jetzt also nicht sofort über hundert Prozent Bewusstseins- und Transformationskraft dort freisetzt oder einsetzt, wird automatisch, egal wie viel Erlösungsarbeit bis dahin geleistet wurde, in niedrigere Evolutionsebenen zurücksacken. Das ist dann sein eigener Verdienst der Bewusstlosigkeit.

Doch sogar den wenigen, die vorbildliche Entwicklung leisten, drängen sich nach dem Sprung über ihre Transformationshürden noch Bilder, Sätze, Emotionen, Reste der niederen Gesellen, vor das innere Auge. Damit sind sie bereits in der Vorbereitung zum nächsten Quantensprung, dem Motto »Nach dem Spiel ist vor dem Spiel« folgend.

Auch diese Dinge müssen lebensthemengemäß eingeordnet werden und decken desgleichen alte Mechanismen auf. Ab sofort lässt man mutig und frei die Transformationspferde galoppieren. Das Entrümpeln von jeglichem weiteren Nonsens wird fortgesetzt.

Leider wehren sich diese Instanzen wiederum vor der Aufdeckung, lösen nicht selten sogar auf der Körperebene Schüttelfrost und Ähnliches aus, setzen Fluchtimpulse. Wollen weiterhin lieber im Hintergrund unentdeckt ihr Eigenleben führen, die heimliche Führung innehaben, fühlen sich wohl, sicher und geborgen da unten im Keller, im Schattenreich. Sind dabei aber jederzeit bereit, das Gebilde Mensch mit der vom wahren Sein geraubten Energie machtvoll für eigene Interessen einzuspannen. Das Pech dabei ist die immens starke Identifikation des Menschen mit dieser Ego-Ebene. Wir meinen fälschlicherweise, dass wir letzten Endes genau dieser Teil unseres Wesens sind. Doch weit gefehlt, und zwar mit niederschmetternder Konsequenz.

Hier liegt die Krux begraben. Verständlich, aber einfach nicht wahr. Indem wir uns mit dieser Blase des Schmerzes, des Makels und der Schuld eins fühlen, bestimmen wir unseren Alltag voll der Traurigkeit und des Nichtgelingens von Liebe und Glück. Wir haben es ja nicht verdient, redet diese Instanz uns verstandesmäßig ein. Man ist aufgrund des Makels und der Schuld grundsätzlich ein schlechter Zeitgenosse, folgt als weiterer Gedanke. Oder es wird suggeriert, dass ja alles bestens vorangeht, und mit einer gewissen Schöpferkraft entsteht auf der Lebensbühne tatsächlich so etwas wie eine Alias-Ebene. Es schaut aus wie ein Gelingen der tiefsten Wünsche, ist aber nur deren Abklatsch, eine goldene Käfighaltung. Wirklich wichtige Transformationserfahrungen können dort nicht stattfinden. Es geht weiter auf der Schiene des Ersatzlebens im alten Sicherheitskokon. Wie ein Fremdkörper im eigenen Korpus betreibt dieses Kunstgebilde den Chefratgeber bei allen wichtigen Fragen der Veränderung. Transformation wird mit den Kumpanen der Abwehr und dem Tyrannen lediglich in Gedanken positiv abgehandelt, doch wenn die integrierte Handlung ansteht, schaltet die Bewegungsampel umgehend auf Rot. Damit sind alle Veränderungskräfte von jeglicher Energie abgeschaltet. Und so fällt man unnötig ein weiteres Mal zurück in die Angstblase, den Kokon der Einsamkeit, abgeschnitten von jeglicher Realität, und füttert mit dieser »freiwilligen« Handlung wiederum die irreale innere Kunstfigur.

Warum nicht das Leben genießen ohne den künstlichen Quatsch, warum dieses unerbittliche Festhalten? Weil wir tief drinnen das Gefühl haben, uns gegen Gott zu versündigen! So muss es wohl sein, weil sich ja alles, wie man sieht, gegen einen verschworen hat.

Auch in den Quantensprung-Seminaren kommt es nicht selten vor, dass Teilnehmer versuchen, diese Etage vor dem therapeutischen Handanlegen zu verstecken, vor dem Zugriff der Realität zu schützen. Der eigentliche Fremdkörper versteht sich als letzte Bastion und warnt vor der Gefahr der totalen Auslöschung des gewohnten Ich. Deshalb diese machtvolle Abwehr vor dem Aufbruch ins Glück, es wird der Tod der Seele vorgegaukelt, doch sterben oder hinausbefördert werden muss gerade dieser scheinheilige Bruder. Erst dieser eindeutige Akt garantiert ein Erleben dessen, was einem wirklich wichtig ist.

Es sei noch einmal daran erinnert, dass der Mensch in der Pflicht seiner Lebensthemen steht, und dazu gehören eben auch die Entdeckung der Tatsache gewisser Themen und das Überspringen dazugehöriger Wachstumshürden. Mit aller Macht muss also für Klarheit gesorgt werden und nur mit einem stählernen Willen kann der eindeutige Durchbruch gelingen. Diese Auseinandersetzung lässt sich keinesfalls vermeiden.

Alle, die vom Kamel aufbrachen, um über die Etappe des Löwen in die höchste Bewusstseinsklasse aufzusteigen, können ihre eigene Geschichte dieser Instanz des Drachentötens erzählen. Ohne Beseitigung dieser Scheinexistenz bleiben die höheren Bewusstseinstore ewig verschlossen. Doch die Evolution verlangt nach ihrem Recht, und die Lebensthemen der Evolutionsspirale wählt jede Seele schließlich selbst, trägt damit die letztendliche Verantwortung und kann nun diese Hürden nicht aussparen, ohne den Sprung keine Bewusstseinsfreiheit gewinnen.

Kamel, Löwe und jetzt die kindliche Weisheit, das sind die Quantensprünge einer erwachenden Seele. Keinerlei Gängelung wird vom Löwen akzeptiert, gegen jegliche Autorität steigt er auf die Barrikaden. Der Rebell entdeckt sein inneres Seelenlicht, weiß jetzt um den authentischen Platz seiner Quelle. Genau dort entsteht, mit der Schöpferkraft eines Gottes, die Kreativität für das Potenzial der Lebensthementransformation und die Visionen eines erwachenden Bewusstseins. Dankbar und frei von jeglicher Vergangenheit, ohne Zorn und Wut auf Demütigungen, Traumatisierungen, Schmerzen und Entbehrungen, streift er sodann eine weitere eng gewordene Hülle ab: Ihm ist jetzt bewusst, alles musste so stattfinden, um das Seelensein der meisterlichen Höhe anzunähern. Die aufblühende unschuldige Liebe zeugt davon, verströmt ihren Duft ins Hier und Jetzt der Gegenwart, bis weit in die Geschehnisse der Vergangenheit, in die Untiefen vergangener Inkarnationen und in die exzellenten Weiten des Abenteuers Zukunft.

Körperliche Freiheit – psychische Freiheit – spirituelle Freiheit: die drei großen F für eine glückliche Gemeinschaft/Gesellschaft lassen sich erst voll und ganz verwirklichen, wenn jeder Einzelne seine individuelle Transformationsreise vom Kamel über den Löwen bis zum meisterlichen Sein verantwortungsvoll gestaltet.

Erst ein kollektives Erwachen in die Realität erübrigt ferner den harten Griff zahlloser strenger Gesetze, ob moralisch oder politisch und sogar religiös gesehen, sind diese künstlichen Richtlinien geradezu überflüssig. Mit schwereloser Leichtigkeit verbreitet sich überall eine nie gekannte Stimmigkeit von authentischem Handeln, man tut einfach das Richtige. Synergie und Liebe verbinden die Menschen und egal welcher Tätigkeit der Einzelne nachgeht, sein hohes Bewusstsein zeichnet ihn als Alphatier aus. Der Ehrenkodex eines hohen Wertemaßstabs wird direkt im Lebensfluss erlebt. Keine Anstrengungen sind nötig, um ein guter Mensch zu sein. Einfach so, weil die Menschen Spaß miteinander haben, vermögen sie es, miteinander zu feiern und sich fröhlich aufeinander einzulassen. Die Welt der Zukunft wird mit wenigen Richtlinien auskommen, der bewusste Zeitgenosse hat immer auch das Wohl des Nächsten im Visier, kann und will nicht aus purem Eigennutz und auf Kosten seiner Mitmenschen eine Extrawurst braten.

Die Kraft des Hier und Jetzt

Gepaart mit der Erlösung der Lebensthemen gilt die Kraft des Hier und Jetzt als einer der stärksten Schlüssel zum Erfolg des Bewusstseinswegs. Keine Vergangenheit und ohne gedankliche Abschweifungen in die Zukunft können wir das ganze Kraftlevel abrufen – ein Energiebündel, das uns nur in der vollen Präsenz der Gegenwart zur Verfügung steht. Die Hingabe an jeden Augenblick ohne Abschweifung bringt großes Gelingen. Wenn wir dann noch die Gedanken mit unserer Intuitionskraft vertauschen, haben wir das Ideal erreicht, die Meditation mit einer befreiten inneren Stimme.

Wo erkennen wir das Hier und Jetzt? Gegebenenfalls im schönsten Moment des Einsseins mit dem Partner, dem sexuellen, energetischen, ja tantrischen Orgasmus! Wenn er gelingt, bleibt für Augenblicke die Welt stehen, Vergangenheit und Zukunft verschwinden ganz und gar. Gefährliche Situationen bieten weitere außergewöhnliche Momente, in denen die Zeit stillzustehen scheint, und der Mensch wird von außen gezwungen, die permanente gedankliche Verknüpfung mit Vergangenem und Zukünftigem aufzugeben.

Solch spannende Augenblicke der Gegenwart bieten einzigartige Wachstumschancen, sich in einer anderen Geschwindigkeit zu bewegen, einer Art Zeitlupe. Diese beinhaltet die Möglichkeit, mit der vollen Achtsamkeit Bewusstsein in alle Richtungen auszusenden, um mit sofort zurückkehrender Information und plötzlich gesammelter Handlungskraft, in völliger Zentriertheit den günstigsten Ausgang der Konstellation herbeizuführen.

Das, womit wir sonst so beschäftigt sind, ständiges Nachdenken, Aufarbeitung alter Bilderreihen oder das Hin- und Herwälzen von Zukunftsideen, hört schlagartig auf. Es existiert nur noch dieser eine Moment. Lebensgefahr fördert das Bewusstsein für das einzig reale Zeitgefüge, die Gegenwart. Das absichtsvolle Wahrnehmen und eiserne Festhalten am Sein im Hier und Jetzt gewähren ein wunderbares Geschehen so ganz nebenbei, die traumatischen Ausgeburten unseres Dramas verschwinden von einer Sekunde auf die andere, wir erleben den Freiraum des wahren Seins. Wir sind angekommen in der realen Wirklichkeit, dem Jetzt.

Das absolute Leben in der Gegenwart ist nichts anderes, als der Freiheit des Christus-Bewusstseins, der Buddha-Natur, nahezutreten. Im reinen Lebensfluss werden alle Lebensthemen automatisch erlöst. Denn man lässt sich nicht mehr von irgendwelchen Impulsen der traumatabezogenen Krankheitsbilder aus der Vergangenheit leiten. Authentisch, spontan und ohne Voreingenommenheit, begegnen die Mutigen ihrem Schicksal, ja gestalten es dadurch erst in höchster spiritueller Eigenmächtigkeit im Einklang mit der Existenz.

Der so befreite hohle Bambus des wahren Seins lässt von nun an die göttlichen Weisen erklingen. Als gereinigtes Werkzeug Gottes tritt der Mensch in Erscheinung. Dieses allgegenwärtige Bewusstsein nennt man vielerorts Erleuchtung. Es ist die universale Heimkehr nach einer langen Reise auf der Evolutionsspirale.

Benutzen wir also die Technik des Hier und Jetzt, experimentieren wir mit den Gegebenheiten, die sie bringt. Achtzugeben haben wir dabei auf den Verstand, er erweist sich ohne Vergangenheit und Zukunft als Illusion. Doch diese Prägung uns eingebrannter innerer Erlebniswelt will von selbst nicht weichen. Hier hilft das Zeitlose, das reine Sein! Die Leere, das Nichts, die direkte Verbindung mit dem göttlichen Ganzen, voll überquellender Liebe und Geborgenheit!

Aber der Ego-Verstand nimmt das Zeitlose als Bedrohung und aktiviert sofort seine Abwehrkräfte. Das fortgesetzte Identifizieren mit dem inneren Tabernakel der Traumata, dem Bereich, dem wir freimütig glauben, unser eigentliches Selbst darzustellen, kommt noch erschwerend hinzu. So erhält unser wahres Sein kaum eine Chance, aus neuen Erkenntnissen heraus ebenso neue Handlungsweisen einzuführen.

Verbleiben wir also von jetzt an lieber im einzigen Moment, der uns wirklich als Handlungsebene zur Verfügung steht, der Gegenwart, dem Hier und Jetzt. Ein gutes Werkzeug ist dabei, den An- und Ausschaltknopf des Verstandes nur für den kleinen Restposten, die für den Alltag wichtigen Dinge, zu betätigen. Damit verwehren wir dem Restschmerz des Traumata-Dramas den Einlass in unser göttliches Haus des wahren Seins. Und wir bemerken unverzüglich und recht deutlich, wie anders es sich anfühlt, in jedem Augenblick sein Heil zu erschaffen, statt sich gänzlich verrannt in Sackgassen wiederzufinden. Die Folgen der traumatischen Erlebnisse können nur über den Kanal des Gedankenapparats unser Handeln beeinflussen. Wenn dieser lahmgelegt ist, bleibt nur noch die Stille des Gegenwärtigen, des achtsamen Beobachters, des Bewusstseins.

Entdecken wir die Magie des Momentanen. Lockern und lüften wir täglich einmal kräftig Körper, Geist, Seelensystem. Dabei ist es oft gesünder, gerade nicht in das Hamsterrad von superaktivem Sport einzusteigen oder sich schnell noch einmal etwas Naherholung zu verschaffen.

Das Leben erweist sich als oberflächlich, wenn wir nicht rechtzeitig anhalten, gegensteuern. Der Zeitgeist lässt die Welt stets rasanter drehen. Zeitmanagement als Schlüsselwort hält Einzug in eine gestresste Welt der Kommunikation. Erwartungen und Ziele vor die Nase gehängt wie ein Büschel Heu, lässt den Esel laufen wie ein Sprinter. Leistungsfähigkeit, ein anderes Zauberwort, bringt die Menschen auf die Überholspur. Gnadenlos ausgenützt, erhöht sich so ständig das Tempo, legt die Latte des Erträglichen höher und höher.

Doch wahres Zeitmanagement entschleunigt den Alltag so merklich, dass Gelassenheit, Glück und liebevolles Miteinander Einzug halten. Damit stoppen wir das unbewusste Vorbeiziehen von Tagen, Monaten und Jahren. Die Tiefe eines in Langsamkeit verbrachten Nachmittags eröffnet ein Portal in ein anderes Zeitgefühl. Ob meditatives Sitzen, einfach ein Mittagsschläfchen halten oder ein Sonnenbad nehmen – dies durchbricht vortrefflich das aus Schuld, Makel und schlechtem Gewissen installierte Standbild der Personamaske.

Dagegen wird man von allen Seiten angehalten, nur ja keine Zeit zu verlieren! Hastiges, gestresstes Reden und Bewegen sind dabei Aufforderung zur Unterordnung und ganz deutliche Anzeichen einer tickenden inneren Uhr in Richtung Burn-out-Syndrom, Herzinfarkt oder Magengeschwür. Wenn die Bombe dann platzt, schaut man in erschrockene Gesichter, als hätte man es mit Kindern zu tun, denen man vergessen hat, die Welt zu erklären!

Bei genauer Betrachtung stellt sich heraus, dass dies schon immer ein Trick war, die Menschen unter Kontrolle zu halten. Lebt der Erdenbürger unter dem Druck der Zeit, vergisst er leicht, auf der inneren Entdeckungsreise den Sinn seines Lebens zu erforschen. Der Druck und der Makel, die Schuld der Traumata machen aus einem freien Seelenmenschen ganz einfach eine willenlose Puppe, die krampfhaft versucht, alles richtig zu machen, um die erwünschten Streicheleinheiten einzufahren, auf die er vielfach seit der Geburt verzichten musste.

Der ewige Zeitfaktor verbietet die Wahrnehmung der Magie des Moments. Die Batterien der Vitalität versagen, ein Auftanken ist nicht mehr möglich. Das System Mensch ist komplett hausgemacht auf dem Weg in die Sackgasse. Der Zeitdruck in Schule und Beruf frisst seine Kinder, lässt Liebe, Freundschaft, Mitgefühl und Synergie verschwinden. Niemand hat für irgendetwas, für irgendjemanden wirklich Zeit. Die wertvollen Augenblicke im Leben haben alle mit Genießen zu tun! Lassen Sie sich also Ihr Zeitfenster zum Glück nicht nehmen, bauen Sie es sich in aller Ruhe!

Leben wir doch mal ganz einfach in den Tag hinein, lassen wir uns überraschen. Beginnen wir damit an unseren freien Tagen. Experimentieren wir mit der Intuition, lassen uns ohne Gedanken durch den Tag gleiten mit der Gewissheit, stets im stimmigen Augenblick mit etwas, was es auch sein mag, loszulegen oder es sein zu lassen. Eine gestärkte Intuition beflügelt dabei das Vertrauen in die Spontanität eines jeden Moments. Nicht ein schnelleres Tempo macht die Musik, sondern die Qualität des Besonderen. Abenteuerliche Erlebnisse oder bewusst herbeigeführte Auszeiten der inneren Stille lassen den Zeitdruck schmelzen. Die bunten Bilder einer achtsam gelebten Gegenwart verzaubern das Zeitgefühl des Betrachters, bringen den Film der Erinnerung zum Leuchten.

Wer sein Drama der Lebensthematik ablegt, wird die Grenzen des Selbst neu ausloten. Damit wird man in völlig neuer Weise auf der individuellen Lebensbühne Regie führen, als Chefdesigner sogar die Requisiten auswählen. Die alte Marionettenshow als Leidgeplagter der Traumata-Erzeuger gehört nun endgültig der Vergangenheit an.

Im krassen Gegensatz dazu bleiben wir dank der fortwährenden Identifikation mit dem Verstand stets Gefangene der Zeit des zerstörerischen inneren Tyrannen und der Personamaske. Ewig verdammt im unerfüllbaren Pool der Bedürftigkeit, dessen Auswüchse ertragen zu müssen. Ob reich oder völlig verarmt, das spielt hier keine größere Rolle. Fast ausschließlich an Erwartungen und Erinnerungen gefesselt, schleppen wir uns mehr recht als schlecht durch die an sich so wertvolle Erdenzeit.

Der Gegenwart wird währenddessen jeden Augenblick die Erlaubnis entzogen, vom wahren Sein eingenommen zu werden. Damit setzen wir uns selbst in eine Zwanghaftigkeit, uns ohne Ende und beinahe ausschließlich mit Vergangenem oder Zukünftigem auseinanderzusetzen. Doch Erlösung kann lediglich in der Gegenwart, im Hier und Jetzt, erreicht werden. Gegen die geballte Kraft der Zwangsidentität wird nur der Verzicht auf die Drama-Vergangenheit den Durchbruch bringen.

Gedankenfreiheit bringt Zeitlosigkeit, führt in die Beendigung der Traumata; Erkennen des Sinns und die Aufarbeitung der Vergangenheit erlauben die Sichtweise auf die Erfüllung der Lebensthemen, gestatten die Erlösung im Hier und Jetzt, fließen als Lebensfluss direkt in den Ozean von Berufung und Vision! Aus diesem ewigen Moment des bewusst Gegenwärtigen entsteht permanent das grenzenlose wahre Sein. Jeden Augenblick neu entpuppt, gebärt es den authentischen Zeitgenossen.

Altgewohntes Nachdenken ist nicht in der Lage, das hier Vorgetragene zu erfassen oder zu verstehen. Daher sollten wir bereits in der Anfangsphase der Erlösung der Lebensthemen lernen, den Gedankenapparat abzuschalten. Über die Intuition erfahren wir von unserer inneren Stimme die wahren Zusammenhänge und bekommen Tipps, sie in eine Transformation bringende Realität umzusetzen.

Sobald die Instanz des wahren Selbst in uns diese Gesetzmäßigkeit erfasst, schaltet der Bewusstseinsschalter automatisch von der Verstandestätigkeit auf die Funktionsweise des wahren Seins.

Da Vergangenheit und Zukunft nur als Erinnerungen oder geistiges Gebilde im Raum stehen, handfeste Veränderungen aber immer nur im Hier und Jetzt erfolgen, befasst sich der fortgeschrittene Bewusstseinsforscher dementsprechend damit. Ein Nachsinnen oder intuitives Erfühlen der Zukunft ist dabei selbstverständlich ebenfalls Teil der bewussten Handlungsebene. Dies ist allerdings etwas völlig anderes als ein verstandesmäßiges Vordringen in jene Dimensionen, die ja über keinerlei wirkliches Eigenleben verfügen. Daher erwachsen auch Ideen vom Samen bis zur Blüte im Idealfall über die Intuition. Genau das gelingt dann ganz leicht, wenn in der Gegenwart die Freiheit regiert.

Wir befinden uns unversehens im »Hyperraum« einer strahlenden Aura des bewussten Seins, total lebendig, in uns selbst geborgen. Das ist der kolossale spirituelle Erlebnisbereich einer wachstumsorientierten Seele. Nach grundlegender innerer Verdauung alter Seelenpein erntet der erlöste Mensch seine Verwandlung in höchste Glückseligkeit.

Reihen wir uns heute ein in den Kreis derer, die dem Erwachen nahestehen oder ihren Quantensprung bereits hinter sich gebracht haben. Fassen wir Mut, eine Menge Leute stehen dieser Tage am Absprung, werden wir Geburtshelfer des neuen Menschen. Jeder Erdenbürger ist imstande, den direkten Draht durch sich selbst ins Universelle, Göttliche zu knüpfen.

Damit schließt sich der Kreis, das Nichtmanifeste des Universellen bekommt den Ausdruck ins Manifeste und der Erlöste steigt auf in die Kategorie des göttlichen Handlangers, im Sinne der himmlisch absichtsvollen Entfaltung.

Wie ein altes orientalisches Sprichwort sagt: »Binde erst dein Kamel an, bevor du zu Gott sprichst.« Optimal begegnen wir dementsprechend den täglichen kleinen und großen Aufgaben. Wo wir den Verstand dazu benötigen, wird er mit allem Respekt eingeschaltet, um das Nötige zu bewerkstelligen. Doch mit dem bereits fest installierten inneren Beobachter lassen wir keine weiteren Tricks der Ego-Abwehrmechanismen zu. Mit dieser absolut wachen Achtsamkeit vermeiden wir die Entstehung weiterer Karmas. Erneute Identifikation mit dem Traumata-Drama würde nämlich unverzüglich vergangenheitsorientierte oder allerlei zwanghafte Zukunftsperspektiven durch jede Menge Projektionen auf die Lebensbühne zwingen.

Noch besser, wir lernen zwar aus Vergangenem, sind aber in der Aufarbeitung nicht über den Kopf gesteuert, sondern bemerken noch während des Experimentierens mit der Intuition, wie anders sich dieses Gebaren immer anfühlt. Wir beziehen uns auf das Gelernte, Transformierte und transportieren die entstehenden Ideen im Hier und Jetzt in Richtung Erfüllung, Visionen nehmen Gestalt an, werden wahr. Hiermit endet die Zeitwahrnehmung alter Couleur, die »Zeitlupe« des wahren Seins steht nun im Mittelpunkt. Das bedeutet Freiheit im Selbst und zugleich, am regen Leben des Marktplatzes gebührend teilzunehmen.

Das Tabernakel –
der Glaube daran, zu sein, was wehtat

Das Tabernakel, benannt nach dem Allerheiligsten in der katholischen Kirche, das Schmuckkästchen, in dem der liebe Gott wohnt. Gleich neben dem ewigen Licht wird dort die heilige Speise, die Hostien der Christen, aufbewahrt. Genauso horten wir sinnbildlich in diesem Kästchen in uns alle Fehlschläge, Missbrauchserlebnisse, Versagen, Angst, Gefühle der Einsamkeit und des Verlorenseins.

Bei der Frage »Wer bist denn du?« antwortet die Mehrzahl der Gefragten: »Ich bin mein Schmerz und meine Angst.« Es herrscht eine vom Ego gesteuerte vollkommene Identifikation mit dieser Schmuddelkiste. Während der Veränderung merkt der Wandlungswillige dann, wie schwer es ihm fällt, diese Kiste loszulassen. Das Ego suggeriert uns sofort, dass wir unser Allerheiligstes, unser Innerstes, opfern und dies auf gar keinen Fall tun dürfen, wir dann sehr böse wären. Es fühlt sich innen so an, als ob ein Teil sterben würde.

Mit dieser Ebene müssen wir vollständig aufräumen! Kein Gramm darf mehr überbleiben, sonst könnte das System Mensch zu jeder Zeit wieder absolut dramatisch und traumatisch vergiftet werden. Zieht doch Unerlöstes stets die Dinge auf die Lebensbühne, die uns in die Veränderung zwingen sollen. Das innere Schatzkistchen hält die vor der Geburt geordneten Utensilien der Lebensthematik dafür kontinuierlich bereit. Dabei wirkt das Festhalten am Tabernakel des

Schmerzes, der Trauer und Depression wie ein nie enden wollender nassgrauer Novembertag. Nichts Erhellendes kann diesen Geschmack vom künstlichen Sein übertünchen.

Erst die aktive und kraftvolle Auseinandersetzung mit der Lebensthematik steuert die Aufmerksamkeit des Bewusstseins in diese machtvolle Grauzone. Die Neuorientierung – wer ich bin und wohin meine Bewusstseinsblume wächst – erlaubt mir jetzt, mithilfe einer klaren inwendigen Entscheidung ein Aufräumen bis in die Erlösung.

Dadurch entfällt die Identifikation mit dem, was als Schmerzmanifestation den Menschen bisher umrissen hat. Von innen her steigt ein neuer Duft an die Oberfläche, in der Aura wechseln die Farben, ein neuer Mensch wird sinnbildlich geboren. Das ist die Auferstehung, beschrieben in den vielen Weisheitsüberlieferungen aller Jahrhunderte.

Bei der Bearbeitung der Tabernakel-Ecke werden zwar alle akkumulierten negativen Erlebnisse dieser Erdenzeit als Transformationsmittel wahrgenommen, aber nicht weiter als Begrenzung der Realität zugelassen. Die hierbei so wichtige Wissenschaft vom Inneren erlaubt Einsichten in die Funktionsweise der universalen Gesetze, die wie im Kleinen auch im Großen wirken.

Der Glaube, zu sein, was wehtat, will zwar freiwillig nicht weichen, jedoch das aus dem Dornröschenschlaf erwachte wahre Sein hat den direkteren Draht in die Realität und wird aus diesem himmlischen Kraftfeld aufmunternd in ein Dasein von hundert Prozent gelotst.

Der Tod des Scheinselbst –
die Auferstehung ins wahre Sein

Wie verrückt hält der Leidende an seinem Scheinselbst fest. Es ist ihm das Wichtigste auf Erden geworden, sein begehrlicher Ersatz, Sicherheitsbereich für existenzielles Überleben. Die Verbiegung in dieses Gebilde des Überlebens hatte ihre Gründe und sicherlich auch Berechtigung in der Kindheit, trug es doch die Seele in diesem Körper während des Lebensthemen-Spannungsbogens zur Entwicklung in Eigenständigkeit und Authentizität. Doch jetzt, nach all den Jahren, zeigt sich die Gefangenschaft der Seele in einem Pseudobereich, Zwischenreich, eingekerkert im Unglück der unerlösten Lebensthematik.

Genau hier entsteht dann der Knackpunkt bei therapeutischen Vorstößen. Die unsägliche Verbindung von Personamaske, innerem Tyrann und Tabernakel will nicht weichen. Es kommt zu ewigen Verzögerungen oder sogar zur Entscheidung des wahren Seins, vor lauter Angst lieber vollends den Kampf um den Klassenerhalt aufzugeben. Man schießt sich permanent Eigentore und steigt ab in drittklassige Ligen. Es kann so beim besten Willen nicht gelingen. Kein Kampfesmut, kein Auflehnen, Aufbäumen, ein scheinbar willenloses Achselzucken ist das einzige Überbleibsel eines einst heroischen Feldzugs für Glückseligkeit.

Anfängliche Begeisterung liegt zerstört auf den Schlachtfeldern der Abwehrmechanismen. Der Verstand als strammer Vasall dieser inneren Gangster flüstert schnell, aufgeregt oder schließlich, mit Triumph im Auge, genüsslich den Gralsritter in den ewigen Schlaf einer tragischen Galionsfigur des Abgrundes.

Trauer, Verrat, Energiekapitulation, Dunkelheit, Handlungsbarriere, Depression, das Zwischenreich des unendlichen Fegefeuers auf Erden hat diese Seele ergriffen. Der in solch heikler Situation Steckende meint, die Erstarrung der Bewegungsunfähigkeit nie wieder durchbrechen zu können. Das Ego-Scheinselbst brachte den vermeintlichen Bewusstseinsarbeiter zwar nie in das Füllhorn wahrer Erlösung, doch es zu verlassen würde den Verrat an die liebgewonnene Sicherheitsbehausung bedeuten. Dort sitzen all die gehuldigten Traumata-Erzeuger auf ihren Podesten, angebetet von der um Liebe bettelnden Randfigur einer anstehenden Transformation und wirklichen Ergebung in den Sinn des Lebens. Dazu kommt noch eine Gesellschaft, die immer wieder lieber Traumata erzeugt, als der Menschheit mit adäquaten Mitteln aus der Patsche zu helfen. Der Mensch hängt an seinen Pseudowurzeln, meint tatsächlich, dass seine Prägung seinem wahren Sein entspricht. Dem ist aber beileibe nicht so!

Jeder Erdenbürger ist ein Seelenwesen auf Erkenntnisreise der Reinkarnation. Seine jeweiligen Lebensthemen formen den Tropfen bis zum Wiedereintritt in den universalen Ozean.

Und was wir gewinnen, hat mit den Tragödien der angstgebeutelten Zauderer überhaupt nichts zu tun. Doch der als heilige Rahmen verehrte künstliche Bereich des Scheinselbst feiert bei jeder Fehlentscheidung des Transformationswegs fröhliche Urständ. Er vergrößert den Abstand zur Erlösung und der Betroffene fühlt sich anschließend auch noch irgendwie erleichtert. Bricht mit allen Wohltätern, die eben noch so hoch geehrt ihm die Hand zum Quantensprung reichten.

Über den Verstand machen sich die Gedanken des scheinbaren Gewinns, die dunkle Seite der Macht, sofort im ganzen System breit. Das bleibt dem inneren Beobachter meist erst mal verborgen, sein Bewusstsein ist ausgeschaltet. Man hat dadurch letztlich zwar den Eindruck, das Richtige getan zu haben, doch ein fader Beigeschmack erinnert noch daran, dass da irgendetwas goldig Glänzendes war. Und der innere Tyrann kann sich ein hämisches Lächeln währenddessen nicht mehr verkneifen. Egal wie krank der Mensch auf der körperlichen oder psychischen Ebene auch ist, die Kälte dieses tyrannischen Schattenwesens zeigt sich in den Augen und der Stimmlage des Transformationsversagers.

Ich spreche hier aus Erfahrung mit beiden Seiten des Yin/Yang-Symbols, den Couragierten, wagemutig Kühnen, die unerschrocken und unverdrossen in ihr Abenteuer Zukunft aufbrechen, aber auch den Feigen, Sicherheitskomfortzonenfanatikern, Verrätern jeglicher Transformation, die ihre Verantwortung gegenüber ihrem Evolutionsweg nicht annehmen wollen, denjenigen, die fortwährend ihre traumatischen Elternthemen oder sonstige Erlösungsbereiche vor sich herschieben, die sich mit irgendwelchen Argumenten rausreden.

Doch das Eis ist dünn und an vielen Stellen ist man schon bis zum Hals eingebrochen. Es gibt also kein Zurück, sonst wird man lediglich Bitterkeit ernten. Und damit bin ich bei den schwer Betroffenen, die traumatabedingt entweder in Krankheit dahinsiechen, wegen der Wandlung vom Opfer zum Täter im Gefängnis sitzen oder im Verborgenen ihr Unheil anzetteln.

Sind die Bewusstseinsaufgaben auch hoch gewählt, haben wir sie doch als Erlösung aufrecht zu durchwandern. Falls dabei die Prüfung der Demut, der Nichtbeachtung oder die Entwürdigung bis in den Tod eine wichtige Rolle spielen, gilt dafür genau dasselbe.

Auf keinen Fall ist der Sinn dieses »verkorksten« Lebens aufzugeben in quälender Selbstzerstörung und nicht enden wollendem Selbstmitleid. Die Schuld dafür nach außen zu projizieren zeugt gleichfalls lediglich von der inneren Bewusstseinsstufe. Der kleine ohnmächtige Tyrann möchte am liebsten die ganze Welt zerstören und hätte dabei noch keinerlei Genugtuung.

Es existiert ein Weg hinaus und das ist nun jedermanns angesagte Straße ins Leben. Denn es steht keinem zu, wegen noch so verständlichen Schmerzen und Trauer über das zugefügte Leid Unheil anzurichten, noch sollte die kostbare Lebenszeit als Unfugsschiene für Untergänge aller Art weggeworfen werden.

Das ewige Papa-/Mama-Syndrom

Die Liebe der Eltern verwechseln wir Erdenbürger verständlicherweise mit dem eigentlichen Aufgehobensein im Göttlichen. Im zarten Kindesalter sind wir zu jung, um zu verstehen, und später stehen zumeist die Informationen zur Seelenreise nicht zur Verfügung. Es bleibt nichts anderes übrig, als über den dornigen Weg der Selbstfindung passable Antworten auf offene Fragen zu finden.

Doch wer diese Fragen nicht an die Oberfläche des Bewusstseins treten lässt, kann eben auch nicht in die Verwandlung treten. Das heißt, sein Leben verläuft dadurch automatisch in selbigen Kreisen und an bestimmten Stellen verdichten sich die Geschehnisse auf der Lebensbühne immer wieder in gewisser Härte. Wo man eigentlich über eine Entwicklungsschwelle geschoben werden soll, tritt häufig Versagen ein.

Die andere Möglichkeit ist, dass der Betroffene auf der Lebensbühne Ersatzveranstaltungen für die Entschlüsselung der Vater- oder Mutterliebe betreibt, sich entweder in Beziehungen und der Arbeitswelt Ähnliches aussucht, wie er es mit Mama und Papa erlebt hat, oder zum scheinbaren Gutmenschen oder sogar Bösen mutiert, um über diese Ersatzebenen an Liebesenergie heranzukommen.

Als Beispiel möchte ich einen Fall aufzeigen, an dem schön abzulesen ist, wie weit der Mensch geht, ohne aufzuwachen. Bei einer Klientin stellte sich in der Einzelsitzung heraus, dass sie ihr Leben wie auf den Kopf gestellt lebte. Nichts war an seinem gesunden Platz.

Während der Kindheit hatte ihr Vater ihr nie den liebevollen Platz an seiner Seite gewährt. Gefühle zeigen war nicht seine Stärke, seine Welt. Im Gegenteil, wenn etwas Gefühl in der Luft lag, wurde er sehr mürrisch und verließ augenblicklich das Zimmer. Er stieß seine Tochter sogar von sich, wenn sie auch nur die leiseste Umarmung oder Zärtlichkeit wollte. Doch ihr Herz stand in Flammen und sie versuchte, zumindest an die Füße des Vaters heranzukommen, um durch das Halten eines seiner Treter zumindest etwas Liebe zu ergattern. Doch mit dem anderen Fuß stieß er sie regelmäßig von sich.

Im heutigen Leben arbeitet die Dame als Fußpflegerin, immer mit dem Ausspruch auf den Lippen: »Umso größer das Hühnerauge am Fuß des Klienten, desto größer meine Freude.« Der Vater hatte schon sehr dunkel behaarte Quanten und im Hier und Jetzt waren ihr die scheußlichsten Füße die liebsten. Jedem Leser wird hier der Zusammenhang klar, nur die Dame wollte erst einmal überhaupt keine Einsicht zeigen.

Als Weiteres irrte sie in ihrem Umfeld in jede mögliche Hilfsaktion für Bedürftige und holte sich über dieses Hamsterrad die Anerkennung und Liebesenergie, die ihr seit der Kindheit so sehr fehlte. Zusätzlich hielt sie das Tagwerk in ihrem Familienverbund aufrecht, wobei der Ehemann bereits seit einigen Jahren sich in die Unnahbarkeit eines Kranken zurückgezogen hatte.

Im Außen erntete die Dame auffällig viel Lob und jeder benutzte gerne ihre Tatkraft, ohne sie dafür zu honorieren oder Gegenleistungen zu erbringen. Zeit für sich selbst kannte sie nicht, schon ein Kaffee im Stehausschank der Bäckerei galt für sie als etwas Sündhaftes. Ihr Gemahl, den sie schon sehr früh geheiratet hatte, riet ihr damals, statt ein Studium zu beginnen, doch lieber putzen zu gehen, das würde wenigstens sofort Bares bringen. Später hatte sie ihre Mutter-Teresa-Rolle dermaßen verinnerlicht, dass ihre Schöpferkraft wie verrückt den Aschenputteljobs nachjagte und ihr innerer Tyrann dabei entschied, dass ein höheres Maß an Wohlstand ihrem wahren Sein nicht zustünde.

Ihre beiden Kinder hatten derweil bereits sehr früh begriffen, dass die von ihrer Mutter erzeugte Außenwelt irgendwie nicht recht stimmte. Sie zogen sich daraus zurück und es gelang ihnen in späteren Jahren nicht, einen Zugang zur Kommunikation mit Freunden oder Schulgefährten zu finden.

Das oberste Gebot war für die Klientin, unbewusst und bewusst, immer nur, die Energie ihres Vaters zu erbeuten, eben auch auf den von ihr erschaffenen Ersatzebenen. Nichts konnte diesen inneren Marschbefehl stoppen, nicht die Liebe für ihre Kinder und erst recht nicht die Liebe zu sich selbst, von Männern ganz zu schweigen. Erst der Zusammenbruch ihrer Gesundheit und das »zufällige« Erfahren von der Lebensthementherapie brachten einen neuen Input für ihr veraltetes Daseinssystem.

Doch die Lebensthementherapie ist nur so wirksam wie die Entschlusskraft des Klienten. Und nach der ersten Hürde des Verstehens, des mit dem Schicksal verknüpften Lebensthemas einschließlich der nötigen Sofortmaßnahmen für eine erfolgreiche Reifeprüfung, folgt die um einiges längere Phase des Prozesses der Transformation aller angehäuften Mechanismen, die ein unerlöstes Lebensthema kennzeichnet.

Es ist dies die Selbstschau mit eingebundenem Coaching. Kann die Lebensthematik noch relativ leicht durchschaut werden, hat der Klient bei dem Erkennen dessen, wo überall in seinem System die alten Mechanismen lauern, allein meist größere Probleme. Im Alltag liegen hier die Knackpunkte in den Momenten, wenn man meint, spontan aus einem »echten« Gefühl oder Gedanken Handlungsimpulse unbeleuchtet auf seine Umwelt loszulassen. Hier helfen die Quantensprung-Seminare doch sehr. Denn ein Coach und Therapeut kann innerhalb eines fünftägigen Seminars sehr wohl während der Seminarstunden, aber auch in den Pausen und Essenszeiten diese unbewussten Handlungsimpulse deutlich beobachten.

Und gleichwohl hatte die Klientin erhebliche Schwierigkeiten, nach der Erstverbesserung das Energielevel zu halten.

All die Nischen und Abwehrmechanismen permanent mit dem dritten Auge abzutasten und vor allem den Wahnsinn oder, besser gesagt, all den Unsinn, den sie sich selbst, ihrem Mann und ihren

Kindern, aber auch all den von ihr mit ihrem Gutmenschsein »beschenkten« Zeitgenossen angetan hat, war ihr kaum möglich auszuhalten. Sofort ging sie in ihrem Energiesystem lieber auf Zusammenbruch und damit in die Hilflosigkeit, zurück in die Blindheit, sie stellte sich lieber in ihre Verantwortungslosigkeit, als dem von ihr ausgehenden Missbrauch endlich ein Ende zu bereiten.

Vermeintlich zu schwer schien ihr die Aufgabe, überall auszuputzen. Und dem Papi-Thema endlich eine Absage zu erteilen gelang ihr zwar verbal gerade noch, aber es im Inneren vom Sockel der Macht zu stoßen und damit auch ihrem eigenen inneren Tyrannen und der Personamaske Adieu zu sagen, war noch einmal ein ganz anderes Thema. Ebenso war es ein allzu großer Kraftakt für sie, sich von der Identifizierung mit ihrem Aushängeschild, dem Gutmenschen, und ihrem inneren Trauerkloß, dem Tabernakel der Trauer, zu verabschieden.

Meine Klientin konnte oder, besser gesagt, wollte keinen inneren Beobachter installieren, der sofort die Notbremse zieht, wenn die Lüge im Anmarsch das wahre Sein überlistet. Man weigert sich, die Verantwortung eines Erwachsenen zu übernehmen, und bleibt lieber dieses kleine verletzte innere Kind, das mit dreiundvierzig Jahren immer noch als Tyrann die Fäden zieht. Die Antwort auf dieses Lebensthema heißt, Vertrauen und Liebe zu finden! Die Antwort der Klientin allerdings lautet: Macht um jeden Preis. Kontrolle und Machtmissbrauch, Täterschaft, das ist das einzige adäquate Mittel, das ein Bewusstseinsfeigling in dieser Situation gelten lässt. Ein in dieser Weise gearteter Mensch ist mit niemandem in Liebe verbunden! Er wird automatisch zum Heimzahler seiner eigenen Leiderfahrungen, zum Täter!

Meine Klientin zockte letztlich ebenfalls das neue Umfeld ab, das ihr als therapeutische Hilfe zur Verfügung stand. Bis zu ihrem Auftauchen in einer Einzelsitzung hatte sie als Antwort auf ihren traumatischen Lebensthemen-Spannungsbogen via Gutmensch jeg-

liche Seelen energetisch ausgenommen und in der Zeit ihrer The-
rapiereise verschlang sie nun dort alle Energie, derer sie habhaft
werden konnte.

Mehrfach gelangen ihr zwar an Schlüsselpunkten scheinbare
Wachstumsschritte, doch nach nur kurzer Dauer hatten sich alle
alten Mechanismen wieder selbst installiert. Sie beklagte sich dann
darüber, dass ihr Kopf irgendwie in den Wolken hing und dass alles
so anstrengend wäre. Und, was ganz typisch ist, sie versuchte wieder,
mit ihren alten unwirksamen Werkzeugen die Situation zu meistern.
Zu keiner Zeit hatte sie sich wirklich vorgenommen, ihre ganze
Entschlusskraft und Schöpfungskraft zusammenzunehmen, um ihr
Lebensthema der Erlösung zuzuführen.

Von außen betrachtet muss man festhalten, wie genial die Abwehrmechanismen ständig ihren Unfug treiben und Dinge tun, die
einzeln betrachtet auf deren Manipulation gar nicht hinweisen,
lediglich aneinandergereiht ihre Spur belegen. Wer allerdings diese
Realität, den Sinn des Lebens in der Wandlung, theoretisch und
praktisch begreift, kann dann aber nie wieder behaupten, er hätte
keine Ahnung oder nicht die volle Verantwortung für sein Lebensthema und die darin verborgene selbst gewählte Transformationshürde als Erlösung und Kristallisation des Bewusstseins. Einem
Handeln nach dem Motto »Mein verletztes inneres Kind ist halt so
und ich kann auch nichts dafür und vor allem nichts dagegen unternehmen« begegnen die universellen Gesetze mit der daraus entstehenden Konsequenz. So hat der Mensch zwar immer seinen
freien Willen, trägt aber beim Versagen auch die oft als sehr hart
empfundenen Folgen.

Der Elfenbeinturm – gefangen im Ego

Doch vor den Folgen, dem Fall, kommt der Hochmut. Der Mensch verschließt seine Türen, verlässt die Realität der Lebensbühne, steigt hinauf in die Einsamkeit des Rechthabens und will von guten Ratschlägen oder Ähnlichem nichts mehr wissen. Das Ego an der Schaltzentrale vernagelt die Einsicht. Geistig abgeschieden, unberührt von der Welt, verstiegen und abgekapselt, versucht man, trotzdem die Fäden des Gelingens zu spinnen.

Hier macht sich bemerkbar, was ich den Aufbau eines Käfigs der Narretei nennen möchte: mit spöttischem Blick, fest entschlossen, mit dem Kopf durch die Wand zu rennen, und dabei meinen, es gäbe keine Grenzen für Unfug und Unsinn. Ob Manipulation, Übergriff oder Verrat, der hier Beheimatete erhebt sein stolzes Haupt weit über Umfeld und Mitbürger. Von Liebe keine Spur.

Manch einer behauptet nach dem Erwachen, er hätte völlig unbewusst gehandelt und doch irgendwie gespürt, bewusst gehandelt zu haben. Das Verrückteste dabei ist, oftmals haben die »Elfenbeintürmler« alle Informationen, die genauestens belegen, dass dieser Turm einem Lügengebäude gleicht, wie man es in Liebe auflösen, besser machen könnte, und dennoch harren sie weiterhin trotzig dort oben aus. Menschen, die in diesen luftigen Höhen vegetieren, genießen zum Teil sogar die erfolglosen Bemühungen der Annäherung von Geliebten oder Therapeuten, laben sich an der Verzweiflung vieler, die mit ihnen in wahrer Liebe verbunden sein wollen.

Sie sind aber im wahrsten Sinne des Wortes »verrückt«, es ist ein Krankheitsbild, eine Verstiegenheit, aus der auszubrechen nur ein unverrückbarer Wunsch nach Veränderung hilft.

Uneinsichtig und starr, teilen sie, wenn man nicht ihrem Willen entspricht, oft gerne Skorpionstiche nach allen Seiten aus. Gerade weil diese traumabedingten Mechanismen bereits Jahrzehnte ungezügelt laufen und irgendwie sogar richtig »guttun«, kann der

Mensch sich einfach nicht entschließen, der Realität Raum zu geben. Eine ganz eigene Art von Macht hat Besitz von ihm genommen, das Ego.

Wie von einem Ring aus Eis ist das Herz fest verschlossen. Nie erfahrene wirkliche Liebe und Vertrauen ließen dieses Packeis zu einem Ring der Kraft mutieren, hinter dem der Herzschlag nicht mehr spürbar ist. Eine freundliche Personamaske verbirgt die Gier nach Heimzahlung und sehr geschickt weiß der Elfenbeintürmler, wie er seine Mitmenschen dazu bringt, nach seiner Pfeife zu tanzen, und das auch noch wohlgemut und froh.

Solange dieses Gehabe nicht von außen oder innen aufgedeckt wird, kann nur der Einsturz des Turms den Täter zur Umkehr bewegen.

Das ehemalige Opfer der Kindheit wird zum Täter und manchmal gelingt es ihm, dies bis ans Ende seiner Tage aufrechtzuerhalten, aber richtig glücklich kann ein dermaßen kranker Mensch nicht werden. Selbstbetrug und Heimzahlung, Angst und Dominanz wollen Kontrolle und Macht. Verschmelzung in Liebe hat an dieser Stelle überhaupt keinen Platz. Als großes Sensibelchen zeigt sich hier der Uneinsichtige, wenn er einmal ins Kreuzfeuer der Kritik gerät. Sofort beginnt er aus der Hüfte zurückzuschießen. Und der innere Tyrann freut sich kindisch über jeglichen Pulverdampf.

In einem Fall war die Klientin dermaßen hinter der Energie des Vaters her, dass sie als Ersatz in der Altenpflege ihr Heil suchte. Mit dem ein Leben lang entwickelten Pseudohitzeblick der Liebe schaffte sie es spielend, über Blickkontakt in die alten Menschen einzudringen, deren Zugangscodes zu knacken und sich ihrer seit Jahrzehnten im Inneren darbenden Liebe zu bemächtigen. Sie versuchte als »Erzengel«, die Herzen der alten Menschen dem »lieben Gott« näherzubringen, und labte sich an den energiespendenden Reaktionen der hilflosen Heiminsassen. Das ist keine Liebe! Das ist Missbrauch von Schutzbefohlenen.

Nachdem die Altenpflegerin einem sterbenden Heiminsassen beigestanden hatte, sprach die Witwe ihr einen tiefen Dank aus und das Zeugnis: »Sie hatten in den letzten Wochen einen viel besseren Draht zu meinem Mann als ich mein ganzes verbrachtes Leben lang mit ihm.« Doch die Aufgabe der Pflegerin wäre vielleicht eher gewesen, die Verbindung von Mann und Frau noch einmal in diese gemeinsame Nähe zu bringen. Sie hatte den sterbenden Ehemann weg von der Verbindung zu seiner Frau hypnotisiert. Hier greift der pervertierte Hang und Drang zu der lange vermissten Verschmelzung mit dem eigenen Vater. Anvertraute werden unter der Liebesmaske in den Missbrauch gezwungen, tyrannische Mechanismen spielen in »teuflischer« Absicht das Göttliche vor. Nach außen sieht das alles glänzend aus und die Pflegerin empfindet tiefe Befriedigung, aber es hat den Makel des Energieabzockens, es ist nicht aus einer tiefen aufrichtigen Liebe für den Sterbenden entstanden. Heiligenschein und Mutter-Teresa-Orden sind der Pflegerin allerdings jetzt schon fast sicher.

Diese Klientin war geradezu süchtig nach der geraubten Liebe von Patienten. Dazu kommt, dass sie krankhaft hinter der vom Vater nicht bekommenen Anerkennung her war. Obwohl sie eigentlich nicht weiter in der Altenpflege tätig sein wollte, brauchte sie für ihre Zufriedenheit das dreijährige Zertifikat, das einjährige hatte sie bereits. Ihre eigentliche Berufung lag nach dem Kennenlernen ihrer Lebensthemen und der Prägungskonsequenzen in der Arbeit als Therapeutin, um dank der Erkenntnisse ihres eigenen heiligen Kreuzweges anderen Menschen zu helfen, nicht die gleichen Fehler zu begehen; einerseits also Pflegepersonal zu schulen und andererseits Menschen davor zu bewahren, im Alter unerlöst in der Sackgasse der nicht verwandelten Lebensthemen zu sitzen.

In den Pflegeberufen geschieht heutzutage so viel Unfug, weil dort eher im Leben gestrandete Menschen voller Wut im Bauch und mit nicht transformierten Lebensthemen ihr Unwesen treiben. Eine richtige Antwort hier wäre, das alte Vaterthema loszulassen, in die wirkliche Selbstliebe zu finden und eine nie gekannte Nähe mit einem Partner und Freunden in tiefer Liebe zuzulassen.

Doch die Sucht nach der Ersatzenergie braucht, um zu wandeln, eine alles beleuchtende Therapiephase und ein längeres Coaching, bei dem darauf geachtet wird, wo noch überall das ehemalige Opfer bereits zum Täter mutiert ist. Gerade in der Partnerschaft wird, wenn überhaupt jemand so nahe herangelassen wird, dieser mit allen Mitteln traktiert, um ihn in die Befehlsgewalt, unter Kontrolle oder ganz einfach völlig zerstört links liegenzulassen. In alldem liegt kein Funken von etwas, was man Liebe nennen könnte.

Ein Kind, das von Vater und Mutter ständig als wertlos betrachtet wurde, entwickelt ein krankes Ego, es fühlt sich verwundet, voller Trauer, verstoßen. Lieblosigkeit, Wertlosigkeit, völlige Minderwertigkeit nehmen in den Folgejahren Besitz von dem Erdenbürger. Das Ego ist ein Kunstgewächs, das im Zusammenleben mit den Menschen entsteht. Das echte Zentrum ist das wahre Sein, die Seele selbst. Leider werden wir lange Zeit wie Marionetten vom tief vergrabenen Unbewussten geleitet, von dem, was uns die Prägungsjahre eingegeben haben. Doch der Sinn des Lebens ist, sich aus der Unwissenheit herauszuschälen und absichtsvoll den von der Seele vor der Geburt entschiedenen Weg der Transformation, der Kristallisation des Bewusstseins zu gehen.

Mein Alkoven – der geheime Schlafplatz

Hier tritt ein anderes Phänomen in Kraft, der Verrat von Liebe, Freundschaft und Berufung aus Gründen der Feigheit, Angst, Kontrollverlust und unkreativer Planlosigkeit. Kunstvoll vorgetragen zwar, doch mit aller Raffinesse wird ein authentischer Kern vermieden.

Ins Unbekannte aufzubrechen klingt wie ein Höllentrip, nach einem freien Fall mit wiederum sicherlich traumatischem Erwachen. Und wann immer ein Mensch in einer solchen Situation von Zeit redet, die er noch brauchen würde, will er einfach noch nicht über die mit Sicherheit schon lang anstehende Hürde springen. Doch es wird immer derselbe Sprung bleiben!

Eine weitere Strategie der Abwehr von Transformation zeigt der Betroffene in Form von: »Ich weiß einfach nicht, wie ich es richten soll.« Statt von der Intuition geleitet, giert er nach Hilfe von außen. Die ewig unterschwellige Bedürftigkeit bettelt um ein kleines Zubrot. Aufgefordert, aus dem Blödsinn auszusteigen, reagiert der Angesprochene in diesem Moment eher mit Lügen als mit dankbarem Veränderungswillen. Die Lebensenergie kocht plötzlich auf winzig kleiner Flamme. Das endgültige Verlassen des Kokons fühlt sich an, als ginge es ans Sterben. Doch dem Scheintod möchten an dieser Stelle nur wenige wirklich begegnen.

Die meisten Anhänger hat der Alkoven allerdings bei den Unwissenden und Maulhelden. Die einen können nicht und die anderen wollen nichts von den Möglichkeiten eines Phönix wissen. Sie kennen nur die Anpassung, leben als kernlose Mitläufer, stets darauf bedacht, nicht anzuecken und auf gar keinen Fall Farbe zu bekennen. Höchstens das Ergattern von Macht verschafft ihnen ein ausgleichendes Gefühl, dass sie auch etwas darstellen. Doch wenn man ihnen tief in die Augen schaut, ist niemand zu Hause.

Lernen wir, das Leben als Chance wahrzunehmen. Es kostet natürlich reichlich Selbstüberwindung, über das Profane hinauszuwachsen. Aber wer das Ziel aus den Augen verliert, spürt irgendwann die Belanglosigkeit, geht unterwegs verloren. Und wird doch über die Reinkarnation immer wieder an dasselbe Thema herangeführt. Jede Seele ist der Evolution verschrieben, kann nicht aus dem Rad der Wiedergeburt einfach so aussteigen. Wir gehen praktisch alle durch eine Lebensschule. Selbstüberwindung als Mensch erlöst das Seelenwachstum. Wer das nicht versteht, verliert sich selbst, sein wahres Sein. Normalerweise leben wir damit ein Leben ohne Tiefgang und im Verdruss. Wer die Schulung versteht, spürt die Vorbereitung auf etwas Größeres. Die rein weltliche Ebene hingegen hält einen stets kurz vor der Abschlussprüfung und man findet sich ständig wieder in die Schulbank gedrückt.

Das Lebensschiff gilt es aufzutakeln und dann in See zu stechen, alles andere ist Vergeudung von Lebenszeit. Doch die Takelage der Prägung reicht nicht, um wirklich auf dem Bewusstseinsmeer voranzusegeln. Die falschen Aufbauten lassen das Schiff auf der Stelle dümpeln oder mit wehenden Fahnen untergehen.

Andere bereiten alles perfekt vor und dann verlässt sie der Mut, tatsächlich abzureisen, geradezu periodisch wird die Abreise wegen irgendeines Vorwands hinausgezögert.

Man kann sich nicht der Verantwortung gegenüber dem Leben entziehen. Wer das nicht verstehen will, hortet entweder um sich herum die Goldbarren des Scheins, entgleitet in Siechtum oder zieht den Zusammenbruch auf die Lebensbühne. Damit ist zwar vielleicht das jetzige Leben beendet, aber der Sinn des Lebens völlig außer Acht gelassen.

Den Sinn des Lebens kann keiner diktieren, er ergibt sich aus sich selbst! Beobachtet, studiert man das Leben in allen Facetten, erkennt man gewisse Gesetzmäßigkeiten.

Das Leben ist wunderbar, nichts daran ist falsch. Und es existiert ein Sinn über das Leben hinaus. Wie an einer Perlenkette aufgereiht, findet die Seelenentwicklung Leben für Leben statt. Wer danach sucht, muss bis zum Auge des Zyklons vordringen. Eine Radnabe symbolisiert hier am besten, wie die Dinge in der Welt ineinanderpassen. Das, um was es geht, bleibt ewig dasselbe, der Rest bewegt ständig die Gemüter. Das Leben ist also kein Ziel, sondern ein Weg. Die Kunst des Balancierens, des Pirschens fördert indes den unausweichlichen Prozess der Bewusstseinskristallisation. Das Wesentliche liegt im Zentrum der auf der Lebensbühne vorüberziehenden Gegebenheiten. Vieles wird mühselig wiederholt, bis Transformation erblüht, können Zeitalter vergehen. Lassen wir den Fokus auf die Nabe des Weltrades gerichtet, können wir unsere Verwandlung nicht aus den Augen verlieren.

Ich bin Täter –
die Heimzahlung des Unerlösten

Täter spielen ist nicht schwer, bewusst sein dagegen sehr! Ob ich als Tyrann im Ego, Elfenbeinturm oder Alkoven sitze, ist völlig egal, das Heimzahlungsschwert darf als mein wichtigstes »Bewusstseinswerkzeug« nicht fehlen: »Sag, was du willst, was mir angetan wurde, berechtigt mich ganz einfach, mit meinen Mitmenschen umzugehen, wie es mir passt, basta.«

Wer glaubt, dies wäre ein Einzelfall, irrt sich. Es sind die üblichen Energiebahnen, die unter der Oberfläche der Personamaske unbewusst oder sogar gezielt von den meisten Menschen eingesetzt werden.

Von Selbstverantwortung und Verantwortung im Sinne des Sinns des Lebens lässt man sich hier leider noch nicht tragen. Das Schlimme daran ist, dass, wenn der Karren erst einmal an die Wand gefahren ist, der Zusammenbruch sprichwörtlich wurde, man meint, sich im Gebet berechtigt an Gott zu wenden oder sich in die Obhut eines Therapeuten zu begeben. Das eigene Energielevel ist aber nun so niedrig, dass die Kraft für eine Verwandlung aus eigenem Antrieb gänzlich fehlt. Einsicht braucht große Energie, da sie über die Hürde der Abwehrmechanismen klettern muss. Ohne sie fegen die negativen Gedankenkräfte jegliche Wandlung stets vom Tisch. In kleinen Schritten, eventuell vom Krankenbett aus, muss man sich mühsam zurückarbeiten, um so viel Lebensenergie anzureichern, die es für eine Transformation braucht. Und dann steht aber auch schon wieder das Ego in irgendeiner Form bereit...

Das Ego versucht über alle Schattenplätze den großen Boykott auf alles, was zur Wandlung ansteht. Es schiebt erst die leisen, dann die lautstarken Gedanken ins Hirnkästchen, um den Machtanspruch und -erhalt immer wieder neu zu definieren. Ist der Betroffene auf einer Ebene von der Missgunst des Ego überzeugt, sucht dieses sich eine andere Nische und bauscht den dort gefundenen Schatten zu einem Abwehrbollwerk auf. Wenn nun ein Coach in akribischer Kleinarbeit, einem Detektiv ähnlich, all die Zwischenfächer aufdeckt und nachweislich recht behält, versucht das Ego, mit seinen Schleichpfaden irgendeine andere Lücke auszumachen, dem Therapeuten etwas Schlechtes anzuhängen und damit den Ring der Kraft der Veränderung wiederum zu sprengen.

Deswegen ist ein meisterlicher Therapeut vonnöten, dem hier nichts Negatives nachzuweisen ist. Und trotzdem wird das Ego mit einer Spitzfindigkeit aufwarten, die an Energieleistung kaum zu überbieten ist und dem Krankheitsbild des Klienten voll entspricht. Wer jetzt nicht über hundert Prozent Veränderungswillen an den Tag legt, hat bereits verloren.

Seine anfänglichen Einsichten werden nicht in Taten umgemünzt, das bereitgestellte Wissen voll zur Abwehr eingesetzt. Und ab diesem Moment wird der Betroffene boshaft und völlig skrupellos! Die eben noch existierende liebevolle Dankbarkeit über die Mühe des Therapeuten schlägt um in blanken, fast unverhohlenen Hass.

Kurzerhand heißt der innere Marschbefehl, wie in der ehemals traumatisierenden Prägung: »Vorsicht, Falle, ich werde angegriffen!«, das System setzt auf volle Abwehr und schaltet in den Überlebensmodus. Es besteht keine Chance mehr, in das System Mensch eine vernünftige Auseinandersetzung einzubringen. Der Klient ist völlig abgeschottet, man steht dem trotzigen verletzten inneren Kind gegenüber, dem jetzt ziemlich aufgeblasenen Tyrannen. In diesem

Modus ist das wahre Sein des Klienten im Inneren zusammenge-
fallen, hat die Handlungsmacht an die alten Gesellen der Tyrannei
abgegeben. Was einst als Selbstschutz und Überlebenswille geboren,
verbaut einem im Heute den Weg in die Transformation, die Glückseligkeit, ja sogar meist jede wirkliche Menschlichkeit.

Das ist die völlig bloß liegende Täterschaft, die unkontrolliert ihr
Eigenleben frönt. Genau das ist die größte Gefahr im Leben eines
Menschen, dass er an der Stelle der Verwandlung aus Angst den falschen Hebel wählt und damit Fakten schafft, die oft in dieser Erdenzeit nicht mehr gutzumachen sind. Derartige Geschichten liest man
dann vielerorts in der Zeitung: Das ehemalige Opfer wird zum
Gewalttäter. Statt den Sinn der Prägung zu erfassen und für die
Wandlung zu nutzen, setzt er jetzt noch etwas völlig Unwürdigeres
obendrauf.

Der übergriffige Täter wird ferngesteuert von der traumatischen
Prägung der Vergangenheit. Er tut dabei so, als wäre er dafür nicht
verantwortlich, doch er handelt nur ähnlich dem, der meint, aus
Kriegsgründen wären Vergewaltigung, Folter und Zerstörung aller
Lebensgrundlagen dem göttlichen Willen gleichgeschaltet.

Werte können nur mit dem Bewusstsein wachsen, von außen auf-
gezwungen erreichen sie nicht die Tiefe, die es braucht, damit sich
im Einzelnen und in der Gesellschaft wirklich etwas zum Besseren
wandelt. Dies erfordert aufgeklärte Menschen, die an ihrer Lebensthematik erfolgreich arbeiten, die wissen, nur eine enorme Selbstdisziplin kann die Prägungsmechanismen zur Aufgabe zwingen.
Und genauso ist es mit dem, das nicht dem wahren Sein entspricht,
es muss vom Menschen selbst zur Aufgabe gezwungen werden,
muss weichen, damit das wahre Sein leben kann, muss regelrecht
das System verlassen – muss sterben!

Kontrolle oder Disziplin

Wenn wir in der Selbstbeobachtung mutiger, achtsamer und vor allem unverrückbarer aus dem wahren Sein her agieren, merkt man sehr schnell, wie unrühmliche Dinge in uns allein vom genauen Betrachten anfangen, von allein in Auflösung aufzusteigen. Der bewusste Beobachter spürt geradezu, wie damit freigelegte Energien ins System zurückfluten.

Das, was vorzeitig sehr viel Lebensenergie verbrauchte, etwa den frühen körperlichen Alterungsprozess in Gang setzt, kann über das Bewusstwerden genau diese Energielöcher stopfen. Die bewusste Platzierung des Seelenseins wirkt wie ein Jungbrunnen.

Kreativität entsteht, wenn wir das Tabernakel mit seinen Trauerklößen entlassen und aufkeimende Wut oder Angst, ohne sie in Schubladen zu packen und auszugrenzen, anschauen. Das, was unecht ist, nicht der Authentizität des wahren Seins entspricht, verschwindet oder wir entfernen es ganz bewusst. Ganz anders hingegen verhält es sich mit den Unterabteilungen des wahren Seins, Liebe, Standfestigkeit, Vertrauen, Einfachheit, Menschlichkeit, diese Attribute gehen bei genauer Betrachtung keinesfalls verloren, gehen in die Ausbreitung, blühen regelrecht auf.

Daran kann man ermessen, was gesund oder ungesund, falsch oder richtig ist. Das Falsche erlischt und das Richtige gedeiht. Die alten Erkenntnisse der Alchemie, Schmutz in Gold zu verwandeln, entsprechen genau dem Sinn des Evolutionsreigens.

Wenn auch nur ein winzig kleiner Restschatten im Inneren versteckt bleibt, kann man immer noch nicht diesem Verfechter von Wissen, Gewissen, Moral oder geistiger Größe voll vertrauen. Jederzeit kann der tyrannische Rest einen Anschlag auf die Wahrheit und Realität ausüben und mit einer perfekten Tarnung einer geschulten Personamaske wird manipuliert, ausgetrickst, in Abhängigkeit gebracht oder gar im höchsten Grad traumatisiert.

Dagegen gelingt der Weg in die Freiheit von Prägung und Lebensthemen nur mit der richtigen Portion Selbstdisziplin. Mit eisernem Willen und allen verfügbaren Bewusstseinswerkzeugen lassen wir uns nicht mehr in Prägungszwänge einbinden. Der Transformationswillige kämpft einen makellosen Kampf mit sich selbst und gewinnt. Meditation, Innenschau und bewusstes Aussuchen der Handlungsebenen gestatten ihm, den großen Heilbogen zu spannen. Er lernt, sich selbst im Zaum der Achtsamkeit zu halten, und wird immer klarer in der Einsicht, wie seine Mitmenschen im Bewusstseinsreigen mitmischen. Er wird zum Hüter seiner selbst und aller, die sein Dasein berühren.

Selbstdisziplin ist das einzige adäquate Mittel, um die Transformation voranzutreiben. Damit wird das wahre Seelensein endlich zum Chef des Systems Mensch gekürt.

Größer könnte ein Gegensatz nicht sein, Ego bedeutet Manipulation, Kontrolle – Selbstdisziplin dagegen Verstehen, Freiheit ohne das alte innere Tier des Prägungs-Ego. Kontrolle unterdrückt den authentischen Lebensfluss. Wenn Bewusstsein wächst und sich ansammelt, entsteht dagegen völlig natürlich und spontan das Phänomen Selbstdisziplin.

Das Energiefeld der Entscheidung – die Schöpferkraft

Das von vielen Physikern weltweit erkannte Phänomen eines selbst erschaffenden Energiefelds, aus dem heraus wir unseren Lebensweg kreieren oder, besser gesagt, den Dingen, die uns widerfahren, begegnen, beschreibt genau die Tatsache der Veränderung des eingeschlagenen Pfads, sobald wir eine neue Entscheidung treffen und ausführen. Das meint, welche Wahl wir treffen, beeinflusst den Lebensweg!

Eine Entscheidung kreiert allemal die greifbare Tat und löst etwas im Umfeld aus. Transformation bedeutet, ein Rädchen im Ganzen tickt plötzlich in eine andere Richtung, verändert damit das Gesamtwerk des Daseins. Damit haben wir etwas in der Hand, sind nicht nur Opfer und müssen uns nicht mit Krümeln oder Tristes begnügen. Der Ausbruch aus dem Schneckenhaus der Gewohnheit bringt den Gewinn dessen, sich selbst zu fühlen und zu begreifen, was mit ursprünglich geknechtetem Vorhandensein nichts mehr gemein hat.

Man tritt praktisch aus dem Kreis des alten Kokons hinaus, verlässt die bindende Identifikation mit der Prägung, fügt seinem Dasein etwas Neues hinzu. Aus Reaktion wird Aktion, man betritt den Aktionspunkt und der ist absolut frei, unabhängig. Unweigerlich verrücken die Traumatagrenzen. Um diesen gerade noch völlig unbekannten Bewegungsradius halten zu können, braucht es aber ebenso neue Energiebahnen, damit gesunde Entscheidungen ungebremst von alten Bewegungsriten an die Handlungsoberfläche getragen werden. Die stets in uns sprudelnde Schöpferkraft hilft dabei, die neue Handlungsebene mit genügend Energie zu versorgen, Abwehrmechanismen haben so keine Chance auf die Rückinstallation alter Prägungsschatten. Wir erschaffen so das, was wir uns im Innersten wünschen. Geläutert von der Transformation der Lebensthemen, werden wir zum göttlichen Gralshüter, formen mithilfe unseres bewussten Daseins die universelle Matrix der Evolution.

Hingabe und Vergebung im
kraftvollen Freiraum von Gegenwärtigkeit

Die Impulse aus dem Tabernakel, dem ewig innewohnenden Trauerkloß als Taktgeber, können einen trotz Transformationswillen und öfter, als einem vielleicht lieb ist, kräftig an der Nase herumführen. Man begegnet dem am besten mit der steten Hingabe an die Bewusstseinswandlung der eigenen Lebensthematik.

Der Schmerzberg wird oft von Abwehrmechanismen oder Ego-Gebaren und ebenso vom verletzten inneren Kind, dem Tyrannen, aktiviert, um Weiterentwicklung auf der Seelenebene zu boykottieren, besser, komplett zu verhindern. Das Scheinsein will nicht weichen!

Je nach Bewusstseinslage fliegen die Handlungsimpulse während einer Auseinandersetzung zwischen zwei Personen aus dem Tabernakel des einen gerne dem noch Unbedarften nur so um die Ohren. Üblicherweise erwecken sie im Gegenüber sofort eine Kampfreaktion und Gegenwehr. Das geht dann meistens Schlag auf Schlag und schon ist das Tischtuch zerschnitten, sind die Parteien völlig zerstritten.

Der bewusst beobachtende Zeitgenosse hat genau hier durch seinen bereits geläuterten Bewusstseinszustand den Vorteil, dass er nicht automatisch dagegen handeln muss. In ihm entsteht jederzeit die Umsicht, einen neutralen inneren Raum zu schaffen. Einen Platz, an dem er sich voll und ganz in der Zeitschiene des Hier und Jetzt aufhält. Das ist der ersehnte Schlüssel. Damit bekommt er einen gewissen Zeitvorsprung, der wesentlich dazu beiträgt, angemessen agierend nicht aus der eigenen inneren Mitte zu fallen.

Bei der Anwendung des inneren Raums schaltet man weder auf Abwehr noch auf Rückzug, lässt eher den Moment, in dem der andere die Identifikation mit seinem Tabernakel erlebt, entspannt und gelassen an sich vorüberziehen. Lässt sich also, von dem Angriff nicht beeindruckt, auf keine Reaktion ein. Man nützt den freien

Raum, um ähnlich einem asiatischen Meister der Kampfkunst unverletzt und unbeeindruckt die Aufmerksamkeit des Angreifers möglichst in die Gegenwärtigkeit zurückzuführen. In einem solchen Augenblick kann Transformation relativ leicht geschehen, denn die Verbindung von Tabernakel, Angst und Denkapparat wird zusätzlich vom Wind der Liebe berührt.

Gerade mit der Kraft der Liebe können wir in den so wichtigen Beziehungen mit Kindern oder dem Partner viele unnötige Reibereien vermeiden. Und Lieben heißt ebenso Vergebung. Wir erlauben praktisch damit dem anderen, Fehler zu machen. Wichtig ist hierbei allerdings, dass alle Beteiligten möglichst ihr Bestes geben, den Willen zur Wandlung in sich tragen und unbewusstes Verhalten nicht ständig wiederholen!

Den Raum der Gegenwärtigkeit nutzen heißt dementsprechend, nicht bei jeder Gelegenheit bis ins kleinste Detail dem Unbewussten oder Angreifer aufdeckend das Versagen vor Augen zu halten. Das erlaubt seinem Selbstwert ein erforderliches Durchatmen, um erneut mit der Entscheidung für ein Handeln als großer oder kleiner Bewusstseinsritter Erfolge zu verbuchen. Ansonsten sollte man dem Austeiler von der eigenen ruhenden Mitte heraus aufzeigen, wie verletzend er sich verhält.

Wer ständig unbewusst vom Tabernakel her agiert, hat für diese Zeitspanne das Handeln aus dem wahren Sein völlig verlassen, geradezu vergessen. Wir wissen aber, dass das nicht das wirkliche Zuhause dieses Mitbürgers ist. Und was sehr wichtig ist: Wir lassen uns von dieser Ersatzebene nicht auf dieselbe unbewusste Ebene herunterziehen, bleiben in der hohen Energie, die hier am meisten hilft, in der Liebe, versuchen, von diesem Standpunkt aus sein wahres Sein erneut zu entzünden, bringen Licht ins Dunkel.

Liebe ist die Energieform, die wir am meisten vermissen, wenn die Negativität des Tabernakels von uns Besitz ergreift. Ein liebevoller Energierahmen bewirkt meist einen kurzen Verschnaufer und plötzlich verwandelt das negative Energiefeld sich in ein positives, schlägt um und der Mensch ist wieder in seinem wahres Sein geborgen.

Paare können sich bei derartig bewusstem Umgang miteinander genau an dieser Stelle gegenseitig in ihren auftretenden Notlagen wunderbar unterstützen. Je nachdem, wer gerade seinen »Absturz« erlebt, wird vom anderen mit dem Freiraum der Gegenwärtigkeit auf den Teppich des wahren Seins zurückgespiegelt. Ohne großes Tun oder Besserwisserei erlaubt ihnen das ein gemeinschaftliches Erleben auf sehr hoher und sauberer Energieebene, und zwar von immer längerer Dauer.

Das entstandene vertrauensvolle Bewusstseinsband führt in ein Begegnen ohne Grenzen und Angst. Es schmilzt bei aufkeimender Zwietracht die Illusion der Prägungsjahre einfach dahin. Man findet sich aufgehoben in der Realität des Seelenseins, dem wahren Sein.

Der altgediente Kokon der Sicherheit, entstanden während der Traumatisierung, verliert so seine Anziehungskraft, das Wagnis Gegenwart beginnt. Lassen wir uns nicht mehr von dem, was wir an Unangenehmem erleben, aus der Ruhe bringen, keinerlei Wut und Widerstand vernebelt mehr den inneren Spiegel. Spontan aus dem Augenblick heraus begegnen wir jetzt den Dingen des Lebens mit unglaublicher Freude und natürlich dem nötigen Bewusstsein. Handlungen entstehen nicht aus vergangenen Erfahrungen, sondern in völliger Klarheit und angemessen für den Moment.

Gedankenstille – Meditation

Dies Buch soll nicht enden, ohne auf Meditation etwas ausführlicher einzugehen, im ostasiatischen Raum seit Langem das adäquate Mittel zu Selbstfindung und innerem Frieden. Dies sind zwei wichtige Komponenten, die ein übergriffiges Verhalten zumindest eindämmen oder gar völlig ausklammern. Denn beides kann nicht zusammen existieren: Täterschaft/Trauma und Meditation/innerer Frieden eines Buddhas.

Das Schöne an Meditation ist, dass wir alle schon einmal davon gehört haben und alle mitmachen können, egal wie alt man ist. Denn ob jung oder alt, Gedankenstille gibt der Präsenz des Momentanen erst die richtige Würze. Wer hier experimentiert, dem entfliehen alle blödsinnigen Gedanken. Ob Kindheitsprägungen, ihre Konsequenzen, Täterschaften, alles steigt ins Bewusstsein auf und lässt einen los. Es erwacht ein erhöhtes Wertebewusstsein aus dem innersten Kern eines jeden Menschen, aus seinem wahren Sein. Unstimmige Hamsterräder von Karriere oder Partnerverschleiß in der Liebe weichen einer Suche nach Reflexion, einem Empfinden für wahre Berufung und einem Umgang der Menschen, der aus einer klaren inwendigen Quelle entspringt, dem kristallisierten Bewusstsein, dem gewachsenen Seelensein.

Der Bewusstseinsexperte teilt die inneren Stimmen in zwei Kategorien: zum einen die gedankliche Kopfstimme, der denkende Verstand, zum anderen das Bauchgefühl, die authentische Stimme des wahren Seins.

Fangen wir an, den Dialogen etwas aufmerksamer zuzuhören. Viele Experimentierfreudige werden feststellen, dass sie eigentlich nur eine einzige Stimme wahrnehmen, nämlich das ewige Gequatsche des Verstandes. Doch gleichzeitig wird man sich nach einer Weile des Phänomens, und zwar des Abstands von dem zu beobachtenden Gedankenapparat, bewusst, sodass man öfter versucht, von einem anderen Posten aus zuzuhören. Man nimmt sich tatsächlich als Zeuge wahr, bemerkt eine vom Verstand völlig unabhängige Instanz. Das ist unser wahres Sein, das plötzlich auf der Bildfläche erscheint und eine neue Dimension von gegenwärtiger Bewusstheit erfährt. Wir fühlen ganz klar den Abstand zu den Gedanken, egal worum und wie herum sich diese drehen.

Einmal erlebt, lässt sich der Zustand gänzlich im Alltag anwenden. Die Macht der Gedanken, die uns aus welchen Gründen auch immer verfolgt haben oder uns zu Taten haben hinreißen lassen, die eigentlich gar nicht unserem Wertemaßstab entsprechen, ist unterbrochen. Genau genommen wird Aufmerksamkeit zu unserem neuen Zuhause, der Erfolg unterstützt das innere Dranbleiben. Jahrelang erfahrenes zwanghaftes Denken kann nicht länger die Chefrolle im Leben spielen. Wir geben dieser Ecke keinerlei weitere Energie und lösen gleichzeitig die Identifikation mit dem Drahtzieher alter Prägung.

Wer das erste Mal diese Gedankenfreiheit erfährt, fühlt als Folge dessen die tiefe Freude und Freiheit. Wo erst nur Lücken im Gedankenstrom auftreten, können wir mit verschiedenen Meditationstechniken diese Abstände ständig erweitern, bis wir merken, wie Harmonie, ein innerer Ruhepol und ein nie gekanntes Gefühl von Tiefe ständig zunehmen. In diesem Zustand entdecken wir ein völlig neues Verbundensein mit allem, was uns umgibt, und eine vorher eher unterdrückte Instanz meldet sich immer deutlicher zu Wort, unsere Intuition.

Ähnlich der Freude und dem Verbundensein mit einem Partner im hohen tantrischen Haus, steigt eine feine Energiewolke bis in die Aura und weiter, von tiefer Harmonie, Freude und Liebe und trotzdem in völliger Klarheit und Bewusstheit. Dabei völlig präsent im Hier und Jetzt und auf allen Ebenen vital, erlebt man eine Strahlkraft hoher Energiefrequenz. Wir erfahren eine wunderbare neue Realität, die Wahrheit unseres Selbst.

Tabernakel, Prägungsemotionen, Gedankenvielfalt haben ihren Einfluss verloren, diese Energien stehen nach ihrer Erlösung ebenfalls als Vitalkraft zur Verfügung. Dies alles ist kein neuer egoistischer Zustand, sondern die Erfahrung von Erwachen und nie gekannter Selbstlosigkeit.

Neue Energiebahnen –
den Aktionspunkt verschieben!

Mit den vorhin erwähnten neuen Energiebahnen den Aktionspunkt, die ausgehenden Handlungsimpulse, zu verschieben bedeutet, dass man nicht mehr an den Folgen der Prägungsjahre anhaftet. Die Erlösung der Lebensthemen befreit von alten Strukturen und wir sind erstmals in der Lage, alte Baustellen mit neuen Energiebahnen zu umschiffen. Der bewusste Beobachter begleitet alle Handlungsimpulse, einem Aufzug gleich, auf einer neuen Energiebahn ohne Hindernisse. Diese Energiebahnen erzeugen wir in uns, indem wir so tun, als ob alle Schritte, die ins Außen führen, von einem freien Kanal in uns ausgehen, der, einem neugeborenen Menschen gleich, nichts mit jeglicher Identifikation mit dem, der wir bis jetzt waren, zu tun hat. Auf dieser Energiebahn verwirklicht man den hundertprozentig bewussten Zeitgenossen, an dem keine andere Faser mehr als das wahre Sein die Oberhoheit hält. Erst jetzt kann man von einer wirklich freien Seele sprechen.

Dank unseres bewussten inneren Beobachters können wir der Impulse, die in Handlungen führen sollen, bereits in ihrer Entstehung gewahr werden. Wir müssen ihnen nicht mehr wie in den leidvolleren Tagen automatisch ohne Aufmerksamkeit unsere Tunebene schenken, wir haben mit der Erlösung der Lebensthemen die volle Einsicht und Handlungsfreiheit erworben. Nun gilt es mit großer Selbstdisziplin nicht weiter in alte Gewässer abzudriften. Das Halten eines transformierten Zustandes gelingt uns dabei, indem wir alten Prägungsimpulsen keinen Weg mehr in die Realität des Seins gewähren. Gleichzeitig zünden wir, wenn wir das möchten, andere Handlungsimpulse, die genau dem entsprechen, wie wir aus unserem wahren Sein heraus entscheiden wollen.

Beides führt an den neu installierten Energiebahnen an die Oberfläche des ausgesprochenen Wortes oder direkt ins Tun. Der Montagepunkt ist es, der, begleitet vom inneren Zeugen, die Taten umsetzt, die als Entscheidung an der Energiebahn aufsteigen. Er ist also gewissermaßen ein Kreuzpunkt, der den Handlungsimpuls in Einklang mit dem wahren Sein schaltet.

Knack den Ego-Code

mit der Lebensthementherapie

Der Therapeut erarbeitet mit dem Klienten die Hintergründe seiner Traumaprägung. Die Lebensthementherapie wird hierfür in ca. einstündigen Einzelsitzungen angewandt. Anhand der herauskristallisierten Lebensthematik zeigt sich in relativ kurzer Zeit der rote Faden der darin liegenden Aufgabe zur Wandlung. Der Klient begreift sein Schicksal als Herausforderung, den Sinn seines Lebens als Transformation seiner Lebensthemen, eine Erweiterung seines Bewusstseins.

Um das Verstandene langfristig zu integrieren, sei hier das Seminar zum Buch empfohlen: Ego-Crash – das Seminar.

Ego-Crash – das Seminar

Sinn und Zweck meiner Traumata? Wie bleibe ich bewusst auf der Spur meines Bewusstseins? Wie kann ich in meinem System alle Ecken und Winkel erkunden, um nicht immer wieder an den alten Prägungsmechanismen zu scheitern?

Diese Fragen und vieles mehr klären wir in diesem Seminar. Dem Teilnehmer eröffnet sich seine persönliche Chance für einen erfolgreichen Quantensprung in die Bewusstseinsebene, die seine Lebensthemen vorschreiben.

Das an Traumata erstarkte Seelensein, das wahre Sein, übernimmt mithilfe der angebotenen Bewusstseinswerkzeuge die Chefrolle im System Mensch. Jetzt führen freie Entscheidungen in das, was wir uns wünschen: Glück, Liebe, Freiheit und Berufung!

Das fünftägige Seminar findet in regelmäßigen Abständen in einem Tagungshotel auf dem Land statt.

Das Programm der Akademie

Die Quantensprung-Seminare

Ein kompakter therapeutischer Prozess, der hinführt in die Erlösung der Lebensthemen und darüber hinaus! Mit dem Verstehen, Erkennen und Aufarbeiten der persönlichen Vergangenheit und Gegenwart kann Heilung auf den Ebenen von Körper, Psyche und Seele geschehen. Die Bewusstseinsentwicklung, die jede Seele in diesem Erdenleben über die spezifischen Lebensthemen durchlaufen möchte, wird sichtbar. Aktiv wird der bewusste Mensch von diesem Moment an in das Geschehen eingreifen. Mit den in den Seminaren erlernten Bewusstseinswerkzeugen kann man den eigenen Lebensweg sprichwörtlich in neue Bahnen lenken. Egal wo ich aufbreche, in meinen individuellen Quantensprüngen gewinne ich den Schlüssel zu Liebe, Gesundheit, Berufung und Glück.

I. TEIL

GYMNATION – das Seminar –
Eine Reise ins Licht der Chakra-Themen

Die Lebensthemen spiegeln sich in den Chakra-Themen. Die sieben Chakren stehen für verschiedene Aufgaben und Themen, die es zu entwickeln und zu verarbeiten gilt. Sie sind unsere feinstofflichen Energiezentren. Der Name kommt aus dem Sanskrit und steht für

Kreis oder Rad. In der Tat handelt es sich um kleine, in ganz unterschiedlichen Frequenzen schwingende Energiewirbel, durch die wir Energie entweder aufnehmen oder abgeben. Die Chakren dienen uns als Verteilerstellen der Energie, Tore der Kraft, für die Körper-, Geist- und Seelenebene. Die sieben Chakren sitzen zwischen Scheitel und Damm in einer gedachten geraden Linie entlang der Wirbelsäule im Ätherkörper.

Grundsätzlich sind alle Chakren und Chakra-Themen miteinander verbunden, sie transportieren Energie zwischen der Körper-, Seelen- und Berufungsetage. Die sieben Chakren versuchen ständig, alle Lebensthemen auszugleichen und zu harmonisieren. In diesem Seminar führen wir mithilfe der Bewusstseinswerkzeuge die in den Lebensthemen eingeschlossene und nun frei fließende Lebenskraft den Chakren zu, der Bewusstseinsprozess verläuft so wesentlich leichter, was die Transformation der jeweiligen Themen sehr unterstützt.

Wenn der Mensch die Herausforderung seiner Lebensthematik annimmt, stellt er sich den Chakra-Themen auf optimale Weise. Er beschreitet dank seiner Erlösung, aufrecht, entspannt, erfolgreich, liebevoll und vorbildlich mit einer strahlenden Aura, seinen weiteren Lebensweg.

Die sieben Chakra-Themen spannen den spirituellen Bogen von existenziellem Überleben, Sexualität, Liebe, Partnerschaft, Wahrheit sprechen, Intuition, Drittes Auge bis zur Einheit mit der göttlichen Dimension. Also transformiert die Seminararbeit Themen wie »Was mache ich hier auf diesem Planeten?«, Missbrauch, Krankheit oder plötzlicher Unfall, Familien- und Partnerschaftsprobleme, Mobbing, Berufung und »Gibt es ein höheres Bewusstsein?«.

In diesem Seminar bewegen wir uns mit Spiel, Spaß und Spannung durch die Chakra-Themen. Verschiedene Werkzeuge sowie praktische Übungen, Bewusstseinsarbeit, therapeutische Einsicht, Kraftplatz und Energie-Meditationen bringen uns in die Begegnung mit dem, was uns noch festhält. Wir kommen mit unserer innersten Wahrheit in Kontakt und schaffen den lange ersehnten Durchbruch. In einer Vision-Quest gelingt es, Ziele herauszukristallisieren, die ab sofort auf Umsetzung drängen. Jeder Teilnehmer erarbeitet sich während des Seminars eine Mappe, die ihm für die nächsten Monate als *Roadmap* dient.

Das fünftägige Seminar findet in regelmäßigen Abständen in einem Tagungshotel auf dem Land statt.

II. TEIL

Transformation der Lebensthemen – das Seminar zur Lebensthementherapie

Für Fortgeschrittene, die im *zweiten Teil der Quantensprung-Seminare* nach erfolgreich bearbeiteten Chakra-Themen ihre weiteren Lebensthemen aufspüren und sie in die Erlösung schicken.

Dank der Transformation in neue Entscheidungen und Handlungsweisen, optimaler Klarsicht und des erworbenen Mutes auf mehr Kulissenschau in *Teil I. GYMNATION – das Seminar – Eine Reise ins Licht der Chakra-Themen* und der damit gewonnenen Auseinandersetzungen mit den inneren und äußeren Instanzen, aber auch erneuter Leidensdruck oder einfach nur erwachte Abenteuerlust erzeugen im Menschen die Energie, die gebraucht wird, um Großes, das endgültig erlöste Sein, zu vollbringen. Angestachelt von Erfahrungen und Erzählungen, Geschichten, die das Buch beschreibt, von denen, die es geschafft haben, und inspiriert in Einzelsitzungen, wählt der angehende Meister seines Lebenswegs eine nächste Herausforderung, die *Transformation der Lebensthemen!*

Es geht um Ihr persönliches Thema im Leben, das es letzten Endes zu bearbeiten gilt! Das ist der Hintergrund für die Geschehnisse auf Ihrer Lebensbühne, das Buch, das Sie gerade lesen, und für dieses Seminar!

Finden Sie Ihr wesentliches Thema!

Tief in Ihnen schlummert das Wissen um die Aufgabe, die Sie sich für dieses Leben vorgenommen haben, die sich daraus ergibt. Und damit auch die Chance, sie jetzt zu lösen, damit Ihre Seele einen weiteren großen Entwicklungsschritt gehen kann und Sie Ihr Glück, das Paradies auf dieser Erde, erschaffen, nach dem Sie sich schon so lange sehnen. Alles, was Ihnen im Alltag und den Etappen Ihrer Biografie begegnet, weist Sie auf diese Lebensaufgabe hin. Wir entwickeln und erarbeiten uns die Gunst des Schicksals und erfüllen uns dank der befreiten Kraft der erlösten Lebensthemen sämtliche Wünsche und Träume!

Das Schicksal eines Menschen ist verknüpft mit der gewählten Lebensthematik. Alles, was uns im Leben widerfährt, möchte uns dazu auffordern, unsere Lebensthemen zu erkennen. Probleme, Krankheit und Leid zeigen uns spiegelbildlich, wie wichtig es ist, die Lebensreise zu erforschen!

Die lebensthemengemäße Wahl der Eltern, Umstände und der Zeitschiene führt innerhalb des Lebensthemen-Spannungsbogens über den Überlebensmechanismus in die Ego-Dreifaltigkeit Personamaske, wahres Sein und innerer Tyrann, der seinem Heimzahlungsnimbus folgend dem wirklichen Leben ein Schnippchen schlägt. Erst das Erkennen und bewusste Bearbeiten der Lebensthemen erlösen uns aus dem Kreislauf tyrannischer Machtspiele, der uns wie seltsam aufgehängte Puppen an den Fäden der Lebensthemen auf den Abgrund oder die Erlösung zusteuern lässt!

Das Seminar TRANSFORMATION DER LEBENSTHEMEN wird Ihnen helfen, die Wahrheit über Ihren persönlichen Lebensweg herauszufinden. Lassen Sie sich jetzt darauf ein, setzen Sie durch Ihren Mut einen Umwandlungsprozess in Gang, der Sie schnell zur *Erlösung Ihrer Schwierigkeiten* führt!

Der nun erreichbare Zustand von Gesundheit, Glück, Liebe und die Gewissheit des *Eins-Seins mit der göttlichen Schöpferkraft* bringen Sie in Kontakt mit dem göttlichen Füllhorn, das im Zusammenspiel mit Ihrem befreiten wahren Sein die größten Wünsche mühelos erfüllt, es geleitet Sie in die höchste Bewusstseinsetage, der *Berufung und Vision Ihrer Seele*, die Buddha-Natur!

Das fünftägige Seminar findet in regelmäßigen Abständen in einem Tagungshotel auf dem Land statt.

III. TEIL

Die Buddha-Natur – Quelle des Seins, wir erschaffen, was wir sind!

Der Schlüssel der Bewusstheit öffnet das Schloss in die Buddha-Natur, ein Seminar, in dem wir das Unglaubliche, das Unfassbare möglich machen!

Der Fokus liegt auf der Erlösung der Restlebensthemen, dem Experimentieren mit Meditation, dem Halten dieses Zustands über vierundzwanzig Stunden am Tag und dem Sprung vom Verstand in das göttliche Sein. Spirituelles Ego, Personamasken und jegliches tyrannische Verhalten werden aufgespürt und in Verstehen und Liebe umgemünzt, lose Enden des Prozesses integriert. Der plappernde Verstand ergibt sich in die Stille der Meditation.

Das Erlernen diverser weiterer Bewusstseinswerkzeuge und das damit mögliche Halten der Energie und Aufsteigen in die Buddha-Ebene bringt den weiteren Durchbruch in die höchste Bewusstseinsklasse. Satori-Erlebnisse ebnen den Weg in die Buddha-Natur.

Gleichzeitig bemühen wir uns, mit größter Achtsamkeit den bewussten Beobachter deckungsgleich mit dem wahren Sein auf dunkle Fleckensuche auszuschicken.

Die nächsten Wochen und Monate wird sich das totale Bewusstsein erweisen. In Nachfolgetreffen und Retreats wird mithilfe aller Bewusstwerdungswerkzeuge gegenseitiges Aufdecken von Unreife anvisiert. Im Bewusstseinskreis aller Teilnehmer erlöst das bewusste Sein auf dieser hohen Energieebene weitere Schatten des spirituellen Ego. Im täglichen Umgang, ob im Beruf oder der Berufung, im Freundeskreis, Partnerschaft und der Wahlfamilie, wird nichts anderes gelebt als die höchsten Werte, die man verwirklichen möchte. Bei Fehlhandlungen kann durch eine bewusste neue Entscheidung und das disziplinierte Halten der Energieebene ein nächstes Abrutschen vermieden werden. Es geht im Umfeld und für jeden individuell nicht um Sieg oder Niederlage, sondern um Bewusstseinsarbeit!

Wir sind als »Götter« geboren und können nun, nach der Erlösung der letzten Lebensthemen, auf der Evolutionsspirale unsere Göttlichkeit tatsächlich anvisieren!

Jetzt beginnt ein nächster Schritt in die Berufung! Die Werte einer erlösten Seele und das meisterliche Sein wirken automatisch im morphogenetischen Umfeld für die Genesung und Auferstehung weiterer Seelen.

In diesem Seminar können die Teilnehmer im Zusammenspiel und unter der Anleitung des spirituellen, meisterlichen Therapeuten mit dem wichtigsten Quantensprung ihrer Seelenreise experimentieren, dem Schritt in die eigene Buddha-Natur!

Das fünftägige Seminar findet in regelmäßigen Abständen in einem Tagungshotel auf dem Land statt.

***

Alle Seminare werden von Satyam S. Kathrein und seinem Team gehalten!

Nachfolgetreffen und Retreats

In regelmäßigen Abständen lädt die Akademie die Teilnehmer der Quantensprung-Seminarreihe ein, ihren Status quo zu überprüfen. In Gesprächen, Übungen und Meditationen versuchen wir, aufkommende Fehlentwicklung aufzuspüren und in einem Miteinander-Einstimmen füreinander Lösungen und richtungsweisende Hilfsmittel zu erarbeiten.

Vor allem dienen diese Zusammenkünfte dazu, die Freiheit des wahren Seins in der Meditation zu vertiefen. Es ist wie ein vertrauensvolles Schweben und Aufgehobensein im göttlichen Reigen. Ab einem bestimmten Entwicklungsgrad ist die Meditation voll integrierter Bestandteil des Alltags und die absolute Wachheit des Bewusstseins ein dauerhafter Zustand.

Die Seelen erblühen und teilen mit den anderen Teilnehmern ihre Eingebungen, Ideen und Vorhaben. In diesem synergetischen Kreis finden wir Unterstützung und Gleichgesinnte, um unsere Taten zu vollbringen.

Diese Wochenendseminare halten Satyam S. Kathrein und sein Team in regelmäßigen Abständen in der Akademie oder einem Tagungshotel auf dem Land.

Therapiesitzungen mit der Lebensthementherapie

Satyam S. Kathrein und sein Team geben Einzelsitzungen in der *Lebensthementherapie.* Aufarbeitung der Lebensthemen bieten wir für Einzelpersonen, in der Partnerschaftsberatung, der Familientherapie, Hilfe für Kinder aller Altersstufen und auch im Bereich des Firmen- und Managementcoachings. Themenorientiertes Auflösen von Krankheitssymptomen auf der Körper-, Psyche- und Seelenebene, bei Mobbing, in Lebenskrisen und der Berufungs-, Visionssuche sind feste Bestandteile der Lebensthementherapie.

Eine Liste der Fachtherapeuten in Ihrer Nähe bitte in der Akademie für Lebensthementherapie erfragen!

Die Lebensthementherapie: Ausbildung zum Therapeuten

Wir bieten Schulungsseminare für die Ausbildung zum Therapeuten der *Lebensthementherapie* mit Diplom an, außerdem die Weiterbildung von Psychologen, Psychotherapeuten und Körpertherapeuten.

Für weitere Informationen wenden Sie sich bitte an unser Münchner Stammhaus (Adresse siehe S. 269): Akademie für Lebensthementherapie.

Die Quantensprung-Seminare: Ausbildung zum Seminarleiter

Für geschulte Therapeuten in der Methode der *Lebensthementherapie* bieten wir als Weiteres die Ausbildung zum Seminarleiter für *die Quantensprung-Seminare* an.

Für weitere Informationen wenden Sie sich bitte an unser Münchner Stammhaus (Adresse siehe S. 269): Akademie für Lebensthementherapie.

Der Forschungskreis:
Aufbruch ins Goldene Zeitalter –
der Neue Mensch!

Satyam S. Kathrein, Initiator und Teilnehmer an dem Forschungskreis, erarbeitet mit kompetenten Kollegen aus allen Sparten der Gesellschaft neue tragfähige Modelle des Miteinanderseins für eine lebenswerte Zukunft in Europa und für alle Erdenbürger.

Ob Stiftungen, Einzelpersonen oder politische Einsicht, viele Menschen unterstützen dieses Tun aus demselben Grund, wir haben keine andere Chance! Nur das Bündeln und Mobilisieren aller Kräfte ohne politisches Kalkül hilft uns, in eine lebenswertere Zukunft aufzubrechen.

Wir brauchen viele Enklaven voll experimentierfreudiger Menschen, die versuchen, zeitgerechte Modelle für alle Ebenen der Gesellschaft zu entwickeln. Der Zustand auf Erden fordert uns geradezu heraus, Neues zu testen.

Vernageltes Sicherheitsdenken und ein altgedientes, evolutionär nicht weiter tragbares Anhäufen und Hamstern von Ressourcen und finanziellen Mitteln hört dank der *Erlösung der Lebensthemen* endlich auf. Ein Mensch kann nach dem Tod nichts Materielles mitnehmen, nur die Bewusstseinsentwicklung ist der Gewinn seiner Seele. Alle Religionen werden zur simplen Wahrheit und Realität zurückkehren, *Wir sind alle eins!* Der Kampf der Seelenfänger hat ein Ende. Gott ist Liebe, wir alle sind Liebe und das werden wir nach der Transformation unserer Lebensthemen unweigerlich zeigen!

Arbeits- & Lebensgemeinschaft
für innovative Schulung e. V.

Das Team der Akademie gründet den Verein und arbeitet mit Gleichgesinnten an der Umsetzung einer *Enklave der Wahrheit, der Realität – gelebter Paradigmenwechsel der äußeren und inneren Werte* in Form eines Zentrums mit Seminarbetrieb, Schulungshotel, mit Kuraufenthalt für Transformation und Meditation, ein Platz, an dem Neues erprobt, Gemeinschaft erlebt und Schulungen für viele Bereiche der Gesellschaft vorbereitet und durchgeführt werden. Das Herzstück ist dabei immer die Aufarbeitung der eigenen Thematik, *die Erlösung der Lebensthemen!*

GYMNATION –
Gymnastik & Meditation

Ein guter Tipp für zu Hause:

Die 9 Stationen von Gymnation entwickelte Satyam S. Kathrein zum Gesunderhalten von Körper, Psyche und Seele, ausführlich in Bildern beschrieben und mit Übungs-CD versehen in seinem Buch *GYMNATION – Gymnastik & Meditation. Die sanfte Fitness*, Allegria Verlag. Leichte sportliche Bewegungen gepaart mit anschließender Ruhephase bringen den Menschen in eine optimale Voraussetzung für die Erlösung seiner Lebensthemen! Gedankliche Stille in Meditation versetzt der Eingebung, der Intuition, einen kleinen Schubs, den sie braucht, um dem Suchenden ein Licht auf seinem Weg zu sein.

GYMNATION ist eine wunderbare Möglichkeit, über die Gymnastik in die Energiearbeit einzusteigen, damit hat man den Schlüssel für Meditation in der Hand, die Reise zu sich selbst zu starten! Die 9 Stationen aktivieren und harmonisieren das Chakren-System. Die Chakren sind unsere feinstofflichen Energiezentren. Der Name kommt aus dem Sanskrit und steht für Kreis oder Rad. In der Tat handelt es sich um kleine, in ganz unterschiedlichen Frequenzen schwingende Energiewirbel, durch die wir Energie entweder aufnehmen oder abgeben. Die Chakren dienen uns als Verteilerstellen der Energie für die Körper-, Psyche- und Seelenebene. Die sieben Chakren sitzen zwischen Damm und Scheitel in einer gedachten geraden Linie entlang der Wirbelsäule im Ätherkörper.

Jedem Chakra ist hier eine Übung zugeordnet; sie besteht aus folgenden Teilen: Gymnastik, Summen und Farbvisualisierung. Die GYMNATION Gymnastik & Meditation-Heilklänge komponierte Hans-Jürgen Buchner, HAINDLING, angelehnt an die Urweisen des tibetischen Buddhismus.

Die Gymnastik ist für jedermann und alle Altersstufen geeignet! Mit diesen Übungen stärken wir sämtliche Körperpartien; die Lebensenergie fließt frei, vital und frisch! Mit dem erhöhten Kraftpotenzial enträtseln wir unsere Alltagsprobleme, erlösen die Lebensthemen. Die 8. Übung dient unserer Aura zum Schutz und zur Stärkung.

Nach den 8 Gymnastikübungen setzt man sich bequem in einen meditativen Sitz und spürt in der 9. Station mit der wunderbaren Kraft der Heilklänge, wie die soeben aufgebaute Vitalkraft frei im Körper fließt. Gleichzeitig lernt man abzuschalten und in Gedankenstille eine meditative Pause einzulegen.

Ausbildungskurse in der
tibetischen Energie-Medizin

Die tibetische Energie-Medizin:
REIKI – universale Lebenskraft

Die Reiki-Energie-Medizin wurde vor einigen Jahrhunderten in den Klöstern Tibets von den Medizinlamas entwickelt. Sie war ein fester Bestandteil des Medizinrads, des tibetischen Gesundheitswesens. Der Urgedanke der buddhistischen Mönche war, den einfachen Menschen ihres Landes, des zerklüfteten Hochlands von Tibet, ein Instrument der Heilung in die Hand zu geben, das einfach und schnell zu erlernen ist. In der Mitte des 19. Jahrhunderts stieß der Japaner Dr. Mikao Usui bei seinen Recherchen zur Energieheilung auf diese alte Methode. Er meditierte lange darüber, wie das Wissen in einer auch für uns verständlichen Form zur Anwendung gebracht werden könnte. Er entwarf das komplette Behandlungs- und Ausbildungssystem, das auch heute noch in dieser Art und Weise gelehrt wird.

Satyam S. Kathrein begegnete dieser Methode auf einer seiner fernöstlichen Reisen, in einem Bus von Kathmandu in Richtung Anapurna im Himalaja. Er war so fasziniert, dass er, statt Treckingurlaub zu machen, die Ausbildung in die alte tibetische Reiki-Energie-Medizin antrat. Nach Monaten des Lernens und der praktischen Anwendung verließ er als Meister und Lehrer den fernen Osten, um in seiner Heimat die ersten Reiki-Seminare anzubieten. Seit vielen Jahren bieten wir nun diese Seminare bis zum Meister- und Lehrer-Grad im Neo Holistic Institut – München an.

DER ERSTE REIKI-GRAD

Im Reiki-Grundkurs erlernen wir die Wirkungsweise der Energie-übertragung mithilfe der Hände rund um das Chakren-System. Auch die Energieerhöhung für Speisen und Getränke, vor allem die Levitation der Wassermoleküle, sowie die Anwendung für Tiere und Pflanzen ist Teil der Ausbildung.

Mit dem ersten Reiki-Grad erwirbt man sich ein gutes Rüstzeug gegen viele Alltagsbeschwerden, das man mit etwas Übung sofort in der eigenen Familie und im Freundeskreis anwenden kann.

In einem Einführungsseminar zu Reiki bekommt man weiterhin vermittelt:

■ Einstimmungsrituale: Hier wird der Energiekanal geöffnet.

1.) Die Eigenbehandlung: Die grundlegenden Positionen an Kopf, Vorder- und Rückenseite sowie entlang der Gliedmaßen werden hier erlernt. Die Kraft der eigenen Hände wird erprobt.

2.) Die Partnerbehandlung: Ich gebe eine Reiki-Einzelsitzung für Freunde, Kinder, den Partner oder als Therapeut in eigener Praxis.

3.) Die Reiki-Positionen und ihre Wirkung: Welche Positionen mit welchen Chakren, Organen, Körperteilen, Krankheiten, psychischen Problemen oder Mobbing am Arbeitsplatz, Krisen etc. als Aufgaben und Lebensthemen korrespondieren, wird hier generell erklärt.

Nach erfolgreichem Abschluss des Kurses erhält jeder Teilnehmer eine Urkunde als Zertifikat.

DER ZWEITE REIKI-GRAD

Mithilfe von Kraftsymbolen, Mandalas, und energetisch hochwirksamen Wortsilben, Mantras, können wir für unsere Gesundheit und Bewusstseinserweiterung einiges tun. Ebenfalls die Wohlfühlsituation, das *feng shui*, in den eigenen vier Wänden, auf Reisen oder an Orten, wo man sich nicht gut beieinander fühlt, sofort verbessern, die Lebensqualität heben.

Im Seminar zum zweiten Reiki-Grad steht Folgendes auf dem Programm:

4.) Die Energiereinigung von Räumen.

5.) Schutzfunktion auf Reisen.

6.) Die Affirmationsbox, Ziele und Vorhaben lassen sich mit den Symbolen und Mantras unterstützen.

7.) Die Reiki-Fernbehandlung, das Senden von Energie an Menschen oder in Krisengebiete.

8.) Reiki-Energie-Depots für die Zukunft anlegen, bei Prüfungen, Operationen, Vorstellungsgesprächen, Auftritten vor Publikum.

Nach erfolgreichem Abschluss des Kurses erhält jeder Teilnehmer eine Urkunde als Zertifikat.

DER DRITTE REIKI-GRAD

Der dritte Grad ist der sogenannte Meister- und Lehrergrad.

Er befähigt, als Reiki-Meister und -Lehrer alle Reiki-Seminare abzuhalten. Die Meistereinstimmung beendet das »Schülerdasein« und ist gleichzeitig der Einstieg in den Reiki-Meisterweg. Mit der Meistereinstimmung wird das bewusste Sein gereinigt und energetisiert, das Ego tritt zurück und der Mensch wird zum Werkzeug der göttlichen Existenz.

Voraussetzung für die Ausbildung als Reiki-Meister ist die aktive Transformation der Lebensthemen. Nach erfolgreichem Abschluss des Kurses erhält jeder Teilnehmer eine Urkunde als Zertifikat.

Alle Ausbildungsseminare finden in regelmäßigen Wochenendkursen im Neo Holistic Institut – München und anderen Großstädten statt.

***

Anschrift – Info – Anmeldung

Akademie für Lebensthementherapie
NEO HOLISTIC INSTITUT –
Zentrum für Gesundheit und Bewusstsein

Germaniastr. 10
80802 München
Tel. 089 – 33 89 33
Fax 089 – 68 00 25 44

Internet: Neo-Holistic-Institut.de
E-Mail: SatyamKathrein@hotmail.com

OSHO - die kreative Antwort zum Jetzt

OSHO
Intelligenz
Die kreative
Antwort
zum Jetzt

Mut
€ 7,95 · 224 Seiten
ISBN: 3-548-74113-4

Kinder
€ 9,95 · 528 Seiten
ISBN: 3-548-74109-6

Das Buch vom Ego
€ 10,95 · 624 Seiten
ISBN: 3-548-74110-X

Das Buch der Frauen
€ 10,95 · 696 Seiten
ISBN: 3-548-74111-8

Das Buch der Heilung
€ 10,95 · 480 Seiten
ISBN: 3-548-74213-0

Das Buch der Männer
€ 11,95 · 656 Seiten
ISBN: 3-548-74212-2

Intelligenz
€ 8,95 · 272 Seiten
ISBN: 3-548-74161-4

Kreativität
€ 8,95 · 240 Seiten
ISBN: 3-548-74215-7

Intuition
€ 7,95 · 224 Seiten
ISBN: 3-548-74112-6

Intimität
€ 7,95 · 224 Seiten
ISBN: 3-548-74214-9

BewusstSein
€ 8,95 · 256 Seiten
ISBN: 3-548-74211-4

Reife
€ 8,95 · 224 Seiten
ISBN: 3-548-74216-5

Gymnastik und Meditation – das neue sanfte Fitness-Programm

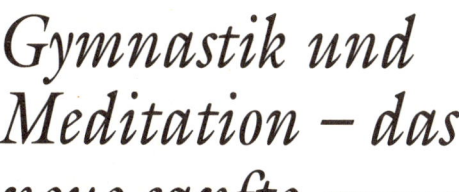

SATYAM S. KATHREIN
GYMNATION®
Gymnastik und Meditation
– Die sanfte Fitness
176 Seiten
€ [D] 18,– / € [A] 18,50/ sFr 31,60
ISBN 978-3-7934-2063-7

GYMNATION ® – Gymnastik und Meditation
– ist ein einfaches neues Fitnessprogramm, das bereits in zahlreichen Fitness-Studios angewandt wird und sich hervorragend zur Selbstanwendung eignet. Es ist schnell erlernbar und nimmt weniger als eine Stunde der täglichen Zeit in Anspruch. Bei jeder Kondition praktizierbare Übungen bringen alle Muskeln des Körpers in Schwung, kräftigen den Muskelaufbau und vitalisieren die Zellen. In der meditativen Phase kehrt zu den Heilklängen der beiliegenden CD innere Ruhe ein, und die Selbstheilungskräfte des Körpers können sich entfalten.